管理层权力制衡强度、投资驱动与资本结构

戴雨晴 著

中国财经出版传媒集团
中国财政经济出版社

图书在版编目（CIP）数据

管理层权力制衡强度、投资驱动与资本结构／戴雨晴著．－－北京：中国财政经济出版社，2023.8

ISBN 978－7－5223－2439－5

Ⅰ.①管… Ⅱ.①戴… Ⅲ.①企业－资本结构－研究 Ⅳ.①F275

中国国家版本馆 CIP 数据核字（2023）第 157906 号

责任编辑：李昊民　　　　　　　　责任印制：张　健
封面设计：陈宇琰　　　　　　　　责任校对：徐艳丽

管理层权力制衡强度、投资驱动与资本结构
GUANLICENG QUANLI ZHIHENG QIANGDU，TOUZI QUDONG YU ZIBEN JIEGOU

中国财政经济出版社 出版

URL：http：//www.cfeph.cn
E－mail：cfeph@ cfeph.cn
（版权所有　翻印必究）

社址：北京市海淀区阜成路甲 28 号　邮政编码：100142
营销中心电话：010－88191522
天猫网店：中国财政经济出版社旗舰店
网址：https：//zgczjjcbs.tmall.com
北京财经印刷厂印刷　各地新华书店经销
成品尺寸：170mm×240mm　16 开　17.5 印张　286 000 字
2023 年 8 月第 1 版　2023 年 8 月北京第 1 次印刷
定价：72.00 元
ISBN 978－7－5223－2439－5
（图书出现印装问题，本社负责调换，电话：010－88190548）
本社质量投诉电话：010－88190744
打击盗版举报热线：010－88191661　QQ：2242791300

前　言

《国企改革三年行动方案（2020—2022年）》指出，完善中国特色现代企业制度，需要明晰各治理主体的权责。该方案虽是针对国有企业，但其内容可以作为各类企业进一步改革的方向。上述方案提到，党委会的职责是"把方向、管大局、保落实"，董事会的职责是"定战略、作决策、防风险"，经理层要"谋经营、抓落实、强管理"。董事会的决策权、经理层的执行权较易理解；而党委会的"把方向、管大局"即是要求其指引企业的发展方向，"保落实"即是要求保障"方向、大局"方面的决策落实。然而，各类决策的落实程度与企业内部治理结构监督体系的设计、运行密切相关。但目前较多企业存在董事、高管职能混淆，董事过度参与经理层日常经营管理的现象，削弱了董事、高管等管理层内部的制衡关系，企业内部的监督力度下降。因此，强化董事、高管这类管理层人员内部的权力制衡强度，有利于内部监督体系的有效运行，缓解代理冲突，以利于党委会"保落实"职责的正常发挥。此外，资本结构作为重要的财务决策之一，能够作为"保落实"的重要体现。那么，企业在坚持党的领导下，研究董事、高管这类管理层人员内部的权力制衡强度对优化资本结构决策的影响显得尤为重要；同时，还能够为理解党委会的"把方向、管大局、保落实"职责提供理论参考、经验证据。

本书将董事、高管这类管理层内部不同权力主体之间，各权力既制约又平衡的程度界定为管理层权力制衡强度，认为增强管理层权力制衡强度有利于治理水平的提高，对代理冲突产生积极影响，进而影响公司的资本结构决策。同时，公司的投资行为与融资水平密切相关。基于此，本书选取管理层权力制衡强度作为研究的切入点，考察管理层权力制衡强度对资本结构的影响，并从投资驱动引发的投资扩张过快进而导致过度投资的角度出发，研究管理层权力制衡强度影响资本结构的内在机理。本书以实证研究为主，并结合相关的规范分析，选取 2010—2018 年沪深两市 A 股非金融类上市公司为样本，对上述问题进行详细研究。通过实证结果发现：第一，管理层权力制衡强度对静态的资本结构水平能够产生显著影响，且能够提高资本结构调整速度；当资本结构偏离目标水平时，公司通过增加负债向上调整资本结构的概率增大，通过减少负债、发行股票向下调整资本结构的概率增大。第二，管理层权力制衡强度通过缓解过度投资程度，进而影响资本结构。第三，随着公司过度投资程度的增加，管理层权力制衡强度与资本结构调整方式之间的关系会被显著削弱。

同时，产权性质和成长机会对债务约束效应、公司内部治理机制产生一定的影响，进而可能会影响管理层权力制衡强度与资本结构的关系。因此，本书在进一步研究和拓展性检验中，检验了产权性质和成长机会对管理层权力制衡强度影响资本结构的调节作用；并将样本分为国企、民企、家族企业三种子样本后，再检验主检验结果是否存在差异。实证检验表明：第一，国企身份、高成长性均会显著削弱管理层权力制衡强度对资本结构的治理效用；第二，管理层权力制衡强度对资本结构的影响及其影响机理，在家族企业中最明显；第三，随着管理层权力制衡强度的增大，不同产权性质的企业，资本结构调整方式存在差异。

本书是由作者的博士学位论文改编而成的，旨在为完善中国特色现代企业制度提供理论参考、经验证据，使其优化资源配置、强化风险防控意识，进而提高公司制企业资本结构决策的科学性、合理性。

戴雨晴

目 录

第一章 导论 ... 1
第一节 研究背景与研究意义 ... 1
第二节 研究思路 ... 7
第三节 基本概念界定 ... 8
第四节 本书结构安排及创新之处 ... 14
第五节 本章小结 ... 18

第二章 文献综述 ... 19
第一节 管理层权力方面的相关研究文献 ... 19
第二节 权力制衡方面的相关研究文献 ... 22
第三节 资本结构方面的相关研究文献 ... 25
第四节 企业投资行为方面的相关研究文献 ... 28
第五节 权力制衡与资本结构之间关系的研究现状 ... 32
第六节 本章小结 ... 33

第三章 基本理论、制度背景和基本分析框架 ... 35
第一节 管理层权力制衡强度研究的基本理论 ... 35
第二节 资本结构研究的基本理论 ... 40
第三节 企业投资行为研究的基本理论 ... 45
第四节 过度投资研究的基本理论 ... 47
第五节 公司治理基本理论 ... 49

第六节　中国企业管理层权力制衡机制的演进 …………………… 53
第七节　不同类型企业的公司治理与管理层权力制衡机制 ……… 56
第八节　权力制衡强度、投资行为与融资决策之间的理论分析 … 61
第九节　本章小结 …………………………………………………… 65

第四章　管理层权力制衡强度、过度投资与公司负债水平 ………… 66

第一节　引言 ………………………………………………………… 66
第二节　理论分析与研究假设 ……………………………………… 68
第三节　研究设计 …………………………………………………… 73
第四节　实证结果及分析 …………………………………………… 81
第五节　稳健性检验 ………………………………………………… 98
第六节　进一步研究：产权性质、成长机会的调节效应 ………… 101
第七节　拓展性检验 ………………………………………………… 108
第八节　本章小结 …………………………………………………… 127

第五章　管理层权力制衡强度、过度投资与资本结构调整速度 …… 129

第一节　引言 ………………………………………………………… 129
第二节　理论分析与研究假设 ……………………………………… 131
第三节　研究设计 …………………………………………………… 135
第四节　实证结果及分析 …………………………………………… 145
第五节　稳健性检验 ………………………………………………… 166
第六节　进一步研究：产权性质、成长机会的调节效应 ………… 169
第七节　拓展性检验 ………………………………………………… 177
第八节　本章小结 …………………………………………………… 193

第六章　管理层权力制衡强度、过度投资与资本结构调整方式 …… 195

第一节　引言 ………………………………………………………… 195
第二节　理论分析与研究假设 ……………………………………… 196

第三节　研究设计 …………………………………… 198
　　第四节　实证结果及分析 …………………………… 206
　　第五节　稳健性检验 ………………………………… 232
　　第六节　进一步研究 ………………………………… 234
　　第七节　本章小结 …………………………………… 256

第七章　研究结论和启示 …………………………………… 258

　　第一节　主要研究结论 ……………………………… 258
　　第二节　政策启示 …………………………………… 260
　　第三节　研究局限性 ………………………………… 261
　　第四节　未来研究方向 ……………………………… 262
　　第五节　本章小结 …………………………………… 263

参考文献 ……………………………………………………… 264

第一章 导 论

第一节 研究背景与研究意义

一、研究背景

在第十三届全国人民代表大会上（下文简称全国人大的第一次、第二次、第三次会议等），时任总理李克强在政府工作报告中给企业的进一步改革指明了方向。以国有企业为例，李克强总理在全国人大第三次会议中提出，要提升国资国企改革成效，实施国企改革三年行动。而《国企改革三年行为方案（2020—2022年）》中的第一项任务就是，完善中国特色现代企业制度建设。其要求区别于西方传统的公司治理机制，将党委会融入公司内部治理中，并厘清不同治理主体的权责边界。关于如何实现以上企业制度建设，该文件给出了相应的方向指引，即党委会要"把方向、管大局、保落实，结合不同层级、不同类型企业实际制定党委前置研究讨论的重大经营管理事项清单，厘清各治理主体权责边界；董事会要定战略、作决策、防风险，全面依法落实董事会各项法定权利；经理层要谋经营、抓落实、强管理，全面建立董事会向经理层授权的管理制度，充分发挥经理层经营管理作用"。随后2020年年底的中央全面深化改革委员会第十七次会议，通过了《关于中央企业党的领导融入公司治理的若干意见（试行）》，提出建设"权责法定、权责透明、协调运转、有效制衡的公司治理机制，正确处理党委会、董事会、经理层等治理主体的关系"。政策出台后，各地为了尽快明确党委在国企治理中的职责权限，落实各权力主体法定的权责，纷纷出台了"国企党委前置研究讨论事项"；相较于"三重一大"集体决策而言，该"讨论事项"更为细致，包括国企更多方面的事项。上述会议、文件的核心在于，强调公司内部各治理主体之间需明确职责权限，并形成有效的制衡结构。由此可见，较好的公司治理机制对企业的可持续发展颇为重要。

建设具有中国特色的现代企业制度较为明显的特点就是，坚持党组织的领导作用。其实除了国有企业外，越来越多的民营企业也开始设置党委会，可见党组织统领发展方向的治理效应必不可少。且不少相关研究发现，民营企业设置党委会会给企业带来明显的正面影响（何轩和马骏，2018）。正如《国企改革三年行动方案（2020—2022年）》中指出治理主体的法定权责，党委会的职责是把方向、管大局、保落实，董事会是定战略、作决策、防风险，经理层要谋经营、抓落实、强管理；即表明董事会拥有企业的决策权，经理层拥有相应的执行权；而党委会的"把方向、管大局"职责表明其领导企业发展方向的作用，"保落实"即是对企业发展方向、决策等的落实，而非参与企业的日常经营决策活动。那么，增强企业内部治理结构的监督力度，便能更好地保障方向、大局。也就是说，企业坚持党组织的领导，提高董事、高管等管理层人员（这类人员拥有企业日常的经营决策权）内部的权力制衡强度，以增强企业内部治理结构的监督力度，以便更好地实现"方向、大局"的落实。可见，党委会的"保落实"职能与董事、高管这类管理层人员内部的权力制衡强度有着密切关系，因而上述权力制衡机制很有研究的必要性。

常规的公司内部治理结构是由股东大会、董事会、监事会、高管团队及员工之间形成的权责利相互监督制衡的制度体系，其核心是各利益主体间的制衡机制。换句话说，股东大会、董事会和经理层并非简单的等级关系，相互之间实际为制衡关系。《中华人民共和国公司法》关于股东大会、董事会、监事会、经理人员的职权规定，实质是指出权力主体彼此之间的契约关系，即董事会由股东大会选举产生，经理层由董事会选举产生。而股东之间的权力制衡要求股东选举董事不能完全由某类大股东控制，其他大股东或者中小股东的选举权同样应得到尊重，这样才能够对该类大股东的行为起到监督、约束的作用，以避免某类大股东滥用权力对企业造成负面影响（赵国宇和禹薇，2018）。现有众多研究者指出，股权制衡度的提高能够缓解终极股东对中小股东的掏空、提高投资效率、提高公司治理效率等（Gomes & Livdan，2004；王化成等，2015；汪茜等，2017；赵国宇和禹薇，2018）；增大股权制衡度实质为提高股东之间权力制衡的有效程度。同理，另一个重要的权力制衡机制，即董事、高管等管理层人员内部的权力制衡，要求董事会选举总经理不能完全由董事长决定，其他董事的选举权同样该得到尊重；也就是说，董事的权力是平等的，董事长只是董事会的代表人，向经理层授权是董事会的职责而不是董事长的个人决定

（高明华，2018）。由于董事会已经给经理人员授权，让其从事日常经营活动，则不能随意干涉经理层的经营管理（仲继银，2018）。那么，董事、高管这类管理层人员内部的权力制衡强度，同样能够影响企业内部制衡机制的有效性，应该也会对公司价值、投资效率等产生治理效用。然而，股权制衡的重要性已经引起实务界和学术界的广泛关注，但董事、高管这类管理层人员内部的权力制衡还未引起足够的重视。

在我国，无论是国有企业还是民营企业，董事、高管人员职责划分不清，均被当成管理层的现象较多。例如，董事、高管"混为一体"共同经营管理公司业务，使得董事监督高管的职能被弱化。造成的结果就是，董事长往往对公司拥有较大的控制权，凌驾于其他董事和高管之上，董事长变成了公司的"一把手"，总经理降为"二把手"；董事会过度干涉经理层的经营决策，公司日常的行为决策大多为董事会意志的体现；董事长履行的职责相当于西方公司的 CEO，董事和高管合谋的可能性增大，董事、高管等管理层内部的制衡关系大大减弱，严重者会导致制衡关系直接切断。这样一来，会出现西方公司治理中常见的股东与经理人之间的代理问题，在我国则更多地体现为在董事会控制下，股东与董事、高管这类经营者之间的代理问题。那么，增大董事、高管这类管理层人员内部的权力制衡强度将有利于缓解此类代理问题。

资本结构作为公司重要的财务决策之一，一直以来备受学者们的关注。资本结构的影响因素是以 Jensen 和 Meckling（1976）提出的代理理论为基础，之后学者们拓展了相关研究。国内外众多学者指出，公司存在一个目标资本结构，公司也一直处于不断向目标资本结构靠近的状态。而公司是否对资本结构进行调整，取决于公司对于调整成本和调整收益的权衡。而调整成本和调整收益又会受到宏观经济运行、法律环境、媒体报道等外部环境因素的影响（Cook & Tang，2010；Öztekin & Flannery，2012；黄继承等，2014；林慧婷等，2016），以及公司自身特征、发展方向等内部因素的影响（盛明泉等，2016）。除了这些影响因素外，更重要的是，公司的资本结构决策会受到董事、高管之类的经营者的意愿的影响。拥有较大控制权的内部经营者，在公司资本结构决策中就会有较大的话语权，从而影响资本结构的调整。若股东与经营者之间的利益存在较多的不一致，权力过于集中，那么即使调整资本结构有利于公司的发展，经营者也会出于自利动机放弃调整资本结构，而从其他方面谋取私利。因此，降低股东与董事、高管这类的经营者之间的代理冲突程度，增大董事、高管这类管理层人员内部的权力制衡强度对优化资本结构决策显得尤为重要。目前缓解"内部人控制"导致的代理问题的方法主要还是通过薪酬激励、股权激励等激励机制（黄继承等，2016；盛明泉等，2016），或是呼吁加强外部监管力度，如提高资本市场的透明度、提高法制环境（黄继承等，2014；林慧婷等，2016），这些措施的实施有利于资本结构决策的科学性。鲜有学者从改善董事会、经理层的治理结构出发，研究对资本结构的影响。本书的研究便是以董事、高管等管理层内部的权力制衡强度为视角，研究其对资本结构的影响。由于资本结构决策包括静态的资本结构水平和动态的资本结构调整，而动态的资本结构调整又包含资本结构调整速度和资本结构调整方式，因此，本书分别探讨了董事、高管等管理层内部的权力制衡强度对以上三个资本结构变量的影响。

另外，董事、高管这类管理层人员内部的权力制衡强度作为治理机制的一种，会影响公司治理水平，进而体现在公司的行为决策上。现有研究发现，管理层权力越大，管理层越倾向于利用权力影响自身薪酬的制定，对企业的盈余、信息披露等事项进行操纵；倾向于扩大投资规模，从而易造成过度投资，结果就是不利于企业业绩的提高（Adams，2005；Harjoto & Jo，2009；卢锐等，2008；赵青华和黄登仕，2011；卢馨等，2014；周军，2017；张敦力和张婷，2018）。由此可见，董事、高管的权力未得到有效约束和监督，易滋生其机会主义行为，从而使其偏向做出高风险的行为决策。投资决策和融资决策都是公司重要的财务决策，且公司的投资意向决定了公司的融资需求，实际融资水平反过来会限制公司的投资规模。鉴于此，本书还从投资驱动引发的投资扩张过快，进而导致过度投资的视角出发，研究董事、高管这类管理层人员内部的权力制衡强度影响资本结构的作用机理。

鉴于上述分析和概括，本书的研究目标主要有以下六点：第一，结合社会学、政治学、法学等现有研究成果，提出"管理层权力制衡强度"的概念；本书参照股权制衡度，将董事、高管这类管理层人员内部的权力制衡强度称为管理层权力制衡强度。第二，从制衡机制出发，研究管理层权力制衡强度与资本结构之间的关系，试图找出影响公司资本结构的内因。第三，从公司决策的科学性角度出发，透过投资驱动的视角，研究管理层权力制衡强度影响资本结构的作用机理。第四，分别以产权性质和成长机会作为调节变量，检验其对管理层权力制衡强度与资本结构关系的影响。第五,将样本分为国企、非家族企业的民企和家族企业的子样本后,考察管理层权力制衡强度对资本结构的影响及该影响的作用机理,及其在子样本中是否存在差异。第六,基于研究结论,细化企业内部治理中党组织、董事会、经理层的权责边界,给建设中国特色现代企业制度提出针对性的政策建议。

二、研究意义

公司制企业的"内部人控制"问题一直是学术界和实务界所关注的热门话题,如何合理、有效地降低由内部人控制所带来的代理成本,也一直困扰着人们。当前缓解代理冲突的方式,主要是对董事、高管之类的管理层实施激励、监督两种措施。激励措施如货币薪酬激励、非货币薪酬激励、股权激励等(盛明泉等,2016;卢锐等,2008);监督措施包括内部监督和外部监督,内部监督如提高独立董事比重、加大监事会的监督力度等,外部监督如提高机构投资者的持股比例、提高市场机制的透明度、增强法律环境及媒体关注等(黄继承等,2014;林慧婷等,2016)。以上激励和监督的措施,实质上都是为了提高公司的治理水平,进而缓解所有者与经营者之间的代理问题。事实上,想要提高公司治理水平,改善公司内部治理结构、强化外部治理机制是关键,这是因为内、外部治理机制是影响公司治理水平的重要因素。外部治理机制大多受到客观因素影响,优化内部治理结构才是发挥公司主观能动性的重要的一方面。然而,董事、高管人员都是公司内部的经营者,可以整体视为"经营者机构";那么西方现代公司治理中有关股东与经理人之间的代理问题,就我国企业而言,即为股东与董事、高管等管理层之间的代理问题(仲继银,2018);而公司董事、高管等管理层内部制衡机制的有效性会影响股东与经理人之间的委托代理关系。本书的研究将基于以上背景,讨论管理层权力制衡强度(本书将董事、高管这类管理层人员内部的权力制衡强度称为"管理层权力制衡强度",下文会对该概念进行界定)对资本结构的影响。具体而言,本书包含一定的理论意义和实践意义:

第一,本书进一步丰富了权力制衡方面、资本结构方面的文献。本书以管理层权力制衡机制为研究方向,采用实证检验的方法,就管理层权力制衡强度与资本结构之间的关系进行深入研究。公司治理中有关控制权配置、权力制衡方面的文献中,学者们多数关注的是股东的控制权配置、股权制衡度等产生的经济后果，关注点主要聚焦在股东大会上，较少关注董事、高管等管理层内部的权力配置及其制衡机制。目前，研究管理层权力制衡机制的相关文献不多，且以规范分析为主，实证研究鲜少。笔者通过本书的研究，进一步丰富相关文献。

第二，本书拓展了管理层权力理论的研究视角。以往研究董事、高管权力，多数关注其权力过大导致的不良经济后果；或是使用定性研究的方法，在研究建议中指出需要增强内部治理的监督力度。本书从分权制衡的视角，考察管理层权力制衡强度所产生的经济后果，使用定量的实证检验方法得出结论，据此提出的建议能够更为具体化。

第三，本书的研究内容在一定程度上，能够为建设中国特色现代企业制度提供理论参考和经验证据。本书认为我国企业应以《国企改革三年行动方案（2020—2022年）》中关于"中国特色现代企业制度建设"的内容为其进一步改革的方向，应将党组织嵌入内部治理体系，更新经营管理上的旧思想，界定好党组织、董事会、经理层的权责边界。党组织负责企业的发展方向（即党组织的"把方向、管大局"职责），监督保障各类方向、大局等经营决策的落实情况（即党组织的"保落实"职责），而非参与董事、高管等管理层的日常经营决策。也就是说，党组织的"保落实"职责应通过强化监督的方式实现。那么，企业须健全、完善各项规章制度，改变无章可循、有章不循等现象；在分配控制权时须关注董事、高管这类内部经营者之间相互牵制、互相制约的关系，应尽量避免一个权力主体或者一个权力群体拥有企业经营决策、战略决策的绝对控制权，增强权力制衡意识，使得董事、高管等管理层内部形成有效制衡。此外，权力制衡强调各方利益主体的权力、责任、利益的平衡，因而本书的研究还建议须完善相关的问责机制，将集体责任落实到个人，从而提高董事、高管决策的谨慎性。董事、高管等管理层内部的分权制衡，改善了企业内部的监督体系，给党组织"保落实"职责的有效发挥提供了良好环境。

第四，本书的研究内容能为企业的领导、人才队伍建设提供针对性建议。企业在坚持党的领导下，需要着力培养敢于创新、治企有方等高素质的管理层人才队伍，大力推行市场化聘用、职业经理人制度等。具体来说，企业在选拔董事及高管人员时，应以市场为导向，尽量避免"近亲繁殖"，减少董事之间尤其是外部董事与内部董事之间的关联性，弱化高管之间、高管与董事之间的过强关联性；家族企业中需要控制家族成员在董事会、总经理办公会的任职比重。以此组成的管理层队伍，强化了董事、高管这类管理层人员内部的权力制衡强度，对市场反映较为敏感，具有较强的市场适应性能力，有效提高了企业内部治理效率，利于企业可持续发展。

第二节　研究思路

本书主要是讨论管理层权力制衡强度对资本结构的影响，以及该影响的作用机理。由于资本结构决策包括静态的资本结构水平和动态的资本结构调整，因而本书分别研究了管理层权力制衡强度对静态、动态资本结构决策的影响。本书具体的研究思路如下：

（1）公司制企业面临的主要问题之一是股东和经理人之间的代理问题，而目前缓解代理问题的主要方法还是通过激励机制提高委托人的监督、加强外部监管力度。但股东与经理人之间其实是间接的委托代理关系，其中包含了股东与董事会的委托代理关系、董事会与总经理办公会的委托代理关系。在目前的上市公司中，董事参与公司的经营管理是常态，若董事与高管合谋追求私利，则会加剧代理冲突。因此，本书从管理层权力制衡强度的视角出发，结合社会学、政治学、法学及管理学现有的研究成果，认为增大董事、高管这类管理层人员内部的权力制衡强度，形成有效制衡的治理结构，将有利于公司治理水平的提高，从而对代理冲突产生影响。

（2）公司在董事、高管这类管理层人员内部的权力制衡强度上的差异，将导致公司决策上的区别。资本结构是公司重要的财务决策之一，那么，管理层权力制衡强度的不同能够影响其财务决策，从而体现为公司资本结构方面存在差异。

（3）管理层权力制衡强度会影响治理效率，进而体现在公司日常的行为决策上。公司重要的财务决策当属投资决策和融资决策，且公司的投资意向决定了融资需求，而公司的实际融资能力限制了投资水平。管理层权力制衡强度较小的情况下，董事权力、高管权力得不到有效的监督和约束，易滋生这类经营者的机会主义行为，从而使其偏向作出高风险的行为决策。我国经济发展大多是由投资拉动的，企业的发展也受其影响，常以投资驱动效益，易引发投资扩张过快并造成过度投资。过度投资加剧资本结构扭曲，进而使得资本结构失衡。因此，管理层权力制衡强度影响资本结构的内在机理为较大的管理层权力制衡强度能够削弱过度投资对资本结构的不利影响（见图1-1）。

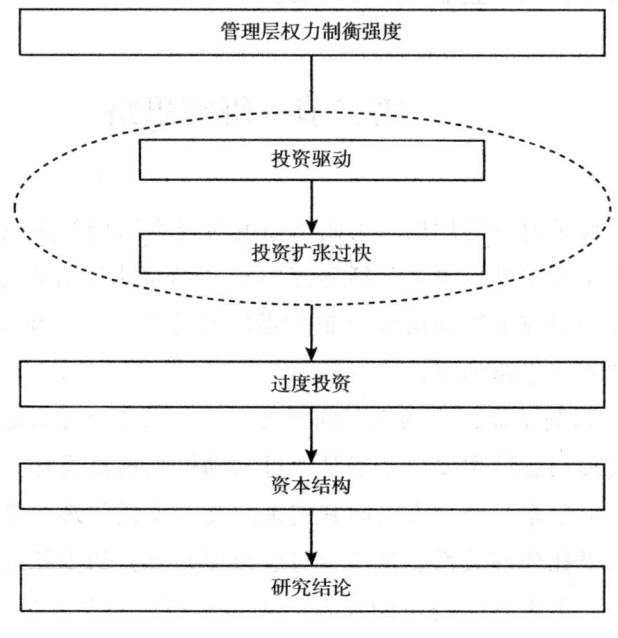

图1-1 研究思路

第三节 基本概念界定

一、权力制衡

国内外政治学家指出，国家官吏行使国家权力时，需要对其实行必要的监督、检查；对于国家官吏利用权力作出的行为决策，也需要进行相应的约束。如何对国家官吏拥有的国家权力进行有效监督、约束，政治学中常使用"监督""制约""制衡"三个概念。

"监督"思想是在中国封建君主集权制的社会背景下形成的，在国家、国家权力、国家官吏产生的情形下，存在国家官吏滥用国家权力、超越现有权力行使职权的现象。因此，需要对官吏行权的执政行为进行有力的"监督"。

"制约"思想也是在中国封建君主集权制的社会背景下形成的,"制约"除了强调需要对官吏的权力进行监督外,还需要设立相应的制度,对官吏行使权力过程中的不当行为进行有效控制、约束。

"制衡"思想主要源于西方政治学家在资产阶级革命后提出的"三权分立"制度。代表人物有法国的孟德斯鸠及美国的杰弗逊等,其认为的制衡原则是,国家的立法权、行政权、司法权应当掌握在不同的机构和人员手中,从而使得权力相互制约、相互平衡,防止国家官吏的权力专断、腐败现象。同时,为了保证立法、行政、司法权之间形成相互制约、相互平衡的效果,三权中任何一种权力都不能超越其他权力。我国著名法学家张友渔在《世界议会辞典》中也指出,制衡是指立法、行政、司法权之间形成相互牵制、相互协调及相互监督的形式。由此可知,权力制衡是与"三权分立制度"密切相关的,强调的是立法权、行政权、司法权之间不仅形成相互分立的关系,还存在互相监督、互相制约且互相协调、互相平衡的权力关系。

二、管理层权力制衡强度

由于股东与经理人之间存在利益不一致、信息不对称、契约不完备等问题,因此公司内部不能仅通过契约来缓解代理问题,还需要相应的制度机制约束内部经营者的行为。所以,股东并不是直接将经营权交予经理人员,而是先以一种信托的方式交予董事会,董事会再通过委托代理的关系选聘经理人员经营公司(仲继银,2018)。由此可见,股东大会、董事会以及经理层(总经理办公会)之间并非上下级的行政关系,而是相互制衡关系(高明华,2018)。公司内部治理的制衡原则表明,董事会的权力来自股东,但股东不能随意收回已经授予董事会的权力;经理层(总经理办公会)的权力来源于董事,董事同样不能随意收回已经赋予经理层的权力。股东可以通过股东大会和公司章程来"管理"董事会,但不是董事会的行政上级,因而不能直接给董事会下指令(仲继银,2018);同理,董事可以通过董事会、公司章程以及法律法规等来"治理"经理层(总经理办公会),但不是经理层(总经理办公会)的行政上级,也不能直接给经理层下命令(高明华,2018)。

公司内部为各权力机构分配权力时,应当明晰各种权力的权力主体,即各权力机构应当明确在内部治理中享有哪些权力,不享有哪些权力,避免一种权力在多个权力机构中重叠(石少侠,1996)。在明确各权力主体享有的权利后,还应当避免权力过度集中,应当使不同权力主体之间形成权力制衡(赵宝云,2009),这样可以利于公司决策的科学化、民主化。

笔者从公司内部权力分配、内部治理结构、权力制衡等方面,提出"管理层权力制衡强度"的概念。管理层权力制衡强度是指,董事、高管这类管理层内部不同权力主体之间各权力既制约又平衡的程度;还可具体解释为,为了取得一定的控制权,董事会、总经理办公会内部不同的权力主体消耗的能量以及卷入的程度(黄毅锋,2013)。管理层权力制衡强度的内涵是,董事、高管这类管理层人员内部的权力都具有相当的独立性,为了使各权力间真正实现相互牵制、平衡,就不能让任何一个权力膨胀到超过另一个权力(赵宝云,2009)。管理层权力制衡机制要求,既要对执行权进行监督制衡,也要对决策权进行监督制衡。监督执行权,主要由董事会进行(仲继银,2018);而对决策权的监督制衡,主要由外部董事、独立董事进行。如此而言,对执行权的监督制衡主要表现为董事会选聘或解聘总经理,并根据总经理的提名聘任或解聘副总经理、财务负责人(即《中华人民共和国公司法》对于董事会职权的规定);董事、高管之间重叠的权力主体越少,如董事长与总经理不由同一人任职、董事兼任高管的情况控制在一定程度等,越有利于董事长权力制衡总经理权力、董事会权力制衡总经理办公会权力,从而提高对执行权的制衡强度(高明华,2018)。对决策权的监督制衡主要表现为董事会内部设置的外部董事、独立董事的比重,此比例越高,表明对内部董事行为决策的约束程度较高,即对董事会权力的监督力度越大(如《中华人民共和国公司法》要求上市公司设置独立董事的比例不低于1/3),从而提高对决策权的制衡强度。常规的公司内部治理结构包括股东大会、董事会、监事会及经理人员,因而本书的管理层主要涉及董事、高管,高管如总经理、副总经理、财务负责人、董事会秘书等。在后文的实证研究中,基于管理层权力制衡强度的概念思路,本书将从董事长对总经理的制衡强度(即董事长制衡总经理,表现为两个职位是否分设)、董事会对总经理办公会的制衡强度(即董事会制衡总经理办公会,表现为董事会选聘总经理、副总经理等高管,董事兼任高管控制在一定比重等)以及董事会内部的制衡强度(即外部董事、独立董事制衡内部董事,表现为外部董事、独立董事的比例)三个维度来衡量管理层权力制衡强度(具体的管理层权力制衡强度结构图如图1-2所示)。

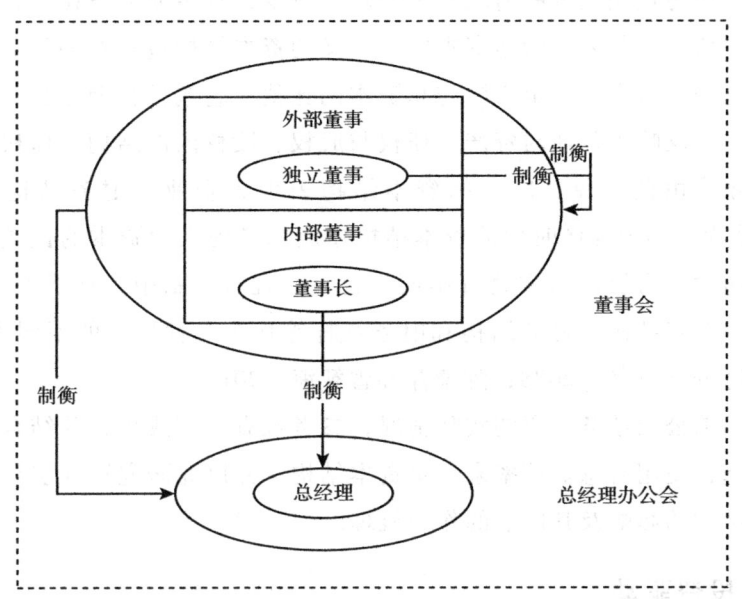

图1-2 管理层权力制衡强度结构图

三、资本结构

Modigliani 和 Miller 两位学者在 1958 年合作发表的《资本成本、公司财务和投资理论》一文中,深入研究了资本结构与公司价值的关系。随后,资本结构相关的理论研究得到广泛发展。早期西方的大多数学者都将资本结构界定为企业股权融资和债务融资之间的比重。之后的进一步研究,考虑到了公司内部的治理机制,又将资本结构划分为股权与债权之间的比重、股权融资内部的内部股权和外部股权之类的比重、债权融资内部的短期债务和长期债务之类的比重。郝二辉(2011)在其博士论文中指出,Masulis(1983)将资本结构定义到具体内容,认为资本结构应当包含银行借款、往来债务、员工的递延补偿及或有负债等。张维迎和吴有昌(1995)指出,企业的资本结构就是人们常说的融资结构,是企业所有资金来源的组成;企业资金来源包括内源融资和外源融资,内源融资即为留存收益,而外源融资包括对外的股权融资和债权融资。纵观国内外学者对于资本结构的定义可知,资本结构主要划分为狭义的资本结构和广义的资本结构两大类。狭义的资本结构是指企业的长期资本来源及其比重,而长期资本来源包括长期债务资本和权益性资本。狭义的资本结构不包括短期债务，因为短期债务的需求和来源较常改变，且短期债务在总资本中往往占比较小，所以将其列入营运资本中。广义的资本结构包括短期债务，其认为资本结构是企业所有的资金来源与总资本的比值，它包括长期债务、短期债务和股东权益，反映了负债与资产、债权与股权、股权内部结构、债权内部结构之间的关系。由此可见，广义的资本结构表现为企业的财务结构。Zingales (2000) 认为，知识经济时代的资本结构还应当考虑人力资本的比重，即资本结构还应包含人力资本与实物资本所占比重。现有文献中，有不少学者认为，资本结构、融资结构、财务结构和财务杠杆等均为一种概念的不同表述方式，无须严格区分（马辉，2008；陈德萍和曾智海，2012）。

鉴于目前公司债务融资的实际情况，参考现有研究成果，并结合本书的研究目的，选择使用有息负债率来衡量资本结构，并以此研究管理层权力制衡强度对资本结构的影响及其影响的作用机理。

四、投资驱动

投资驱动是指当企业发展到一定阶段时，拥有的人力、财力、物力等有形资源和无形资源较为富足，同时企业有能力对资源进行吸收和改造；此时，企业有较强的意愿和能力扩大投资，以希望能提高企业在市场中的竞争能力。投资对于任何一个国家的经济发展而言，都拥有举足轻重的作用；我国也不例外，我国的经济增长仍主要靠投资拉动，导致投资规模常年处于高水平（程仲鸣等，2008）。在这种情形下，无论是国际市场还是国内市场，不同产业内部的竞争都会相当激烈。产业内部的不同企业为了获得较强的市场份额，必须通过扩大规模来获得规模经济，或者扩张投资以维持竞争优势。从我国近十年的经济发展来看，2008年金融危机之后，我国的经济发展主要依靠投资，进而导致一些产业（如钢铁产业）的低端产品产能过剩，而高端产品缺乏。

五、过度投资

学者们对于过度投资的界定，主要包括两类观点。一类认为企业的投资水平与自由现金流密切相关，企业是否存在过度投资，关键在于对自由现金流的操控。Jensen (1986) 指出，过度投资是企业将自由现金流用于净现值小于零的项目。随后，不少学者都得出类似的结论，表明企业的自由现金流过多时，企业会将其投向净现值为负的项目，或投资于高风险的项目（郝二辉，2011）。

由此可知，企业将富余的自由现金流投向非盈利或者高风险的项目从而产生降低企业价值的过度投资现象，是由股东与经理人、股东与债权人的代理冲突导致。股东与经理人之间存在代理冲突时，经理人将净现金流投资到净现值小于零的项目中，追求私人利益，这将引发过多的投资；股东与债权人之间存在代理冲突时，经理人代表股东利益选择高风险或者非盈利的项目，也会造成过度投资。

另一类是将企业的实际投资水平与预期投资水平进行比较，差值即为企业投资水平偏离最优投资水平的程度。该种方法认为，企业的投资水平与成长机会、融资约束、行业及其他因素有关，因此可以建立这些变量的回归模型，模型的残差就是企业实际投资水平偏离最优投资水平的程度。Richardson（2006）的残差模型是衡量企业非效率投资程度的经典模型之一，为国内外多数学者借鉴。他指出，维持性投资和新增投资共同组成企业的总投资，企业的新增投资由预期投资和非预期投资两部分组成，预期投资与成长性、融资约束等相关，非预期投资是模型回归的残差部分。非预期投资高于零，说明企业过度投资；非预期投资低于零，说明企业投资不足。Chen等（2011）也以类似视角进行研究，认为企业过度投资程度是实际投资水平与预期投资水平的差值。而本书的研究参照Richardson（2006）的做法建立模型，以此度量过度投资。

六、公司治理

根据委托代理理论、资源依赖理论及利益相关者理论等来看，公司治理可以从狭义和广义两个方面来理解。狭义的公司治理是通过一系列的制度，在股东与经理人之间形成一种监督与制衡的机制，明确股东与经理人各自的权力和责任。借助股东大会、董事会、监事会、经理层之类的形式，建立公司内部的治理结构，降低经营者违背所有者利益的风险，从而实现股东财富的最大化（仲继银，2018）。广义的公司治理是通过一系列正式或非正式、内部或外部的制度安排，平衡公司与所有利益相关者之间的利益关系。公司的目标不仅限于股东财富最大化，而是所有利益相关者的利益最大化。

对于公司治理内涵的理解，应当从三个方面加以思考。首先，由于公司内外部环境不同，公司治理机制应当包括内部治理结构和外部治理机制。内部治理结构包括股东大会、董事会、监事会、高管团队及员工之间形成的相互监督制衡的体系，明确了公司内部各利益主体之间的权责利关系（高明华，2018）。同时，单一的内部治理结构无法解决所有的治理问题，还需要外部治理机制对公司的行为决策进行约束。外部治理机制主要是市场机制，如控制权市场、经理人市场和产品市场等，会对公司的行为进行监督、约束。其次，公司治理的实质其实为委托代理情形下的权利、责任和利益的分配，由于所有者和经营者之间存在信息不对称、目标利益不一致的情况，因而会产生道德风险和逆向选择的代理问题。为了缓解代理问题，可以通过完善契约、增强委托人的监督及对经理人进行激励等措施来提高治理水平。公司内部设立的股东大会、董事会、监事会和经理层也是为了实现权力的配置与制衡，以求降低代理成本。但是，现实中公司基本的"三会一层"的治理结构无法平衡各方的利益，还应当明确、理顺各方权益主体的权、责、利，才能有利于公司的可持续发展。换句话说，各利益方的权力制衡并非公司治理的目标，而是利于科学决策的方法。最后，治理结构和治理机制是公司的重要资源，如何运用这些资源体现公司的治理能力。公司治理能力一般体现为管理者的领导能力、治理工具等；治理能力不同，对资源的运用就不同，最后表现为公司的绩效存在差异，而治理能力往往难以复制和模仿。公司内部治理结构图如图1-3所示。

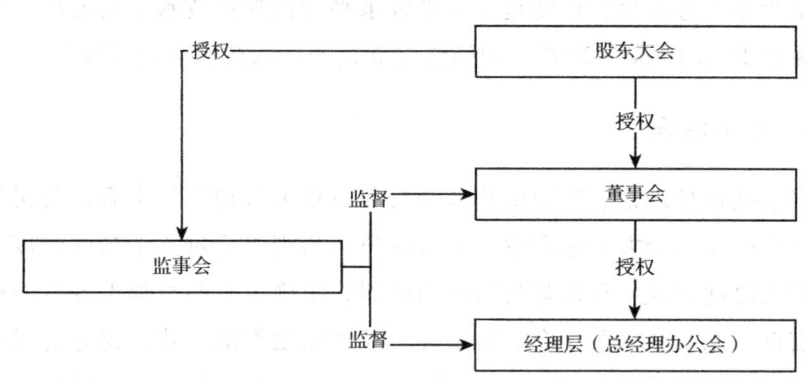

图1-3　公司内部治理结构图

第四节　本书结构安排及创新之处

一、本书结构

本书内容主要包括以下七个章节，全书结构如图1-4所示。

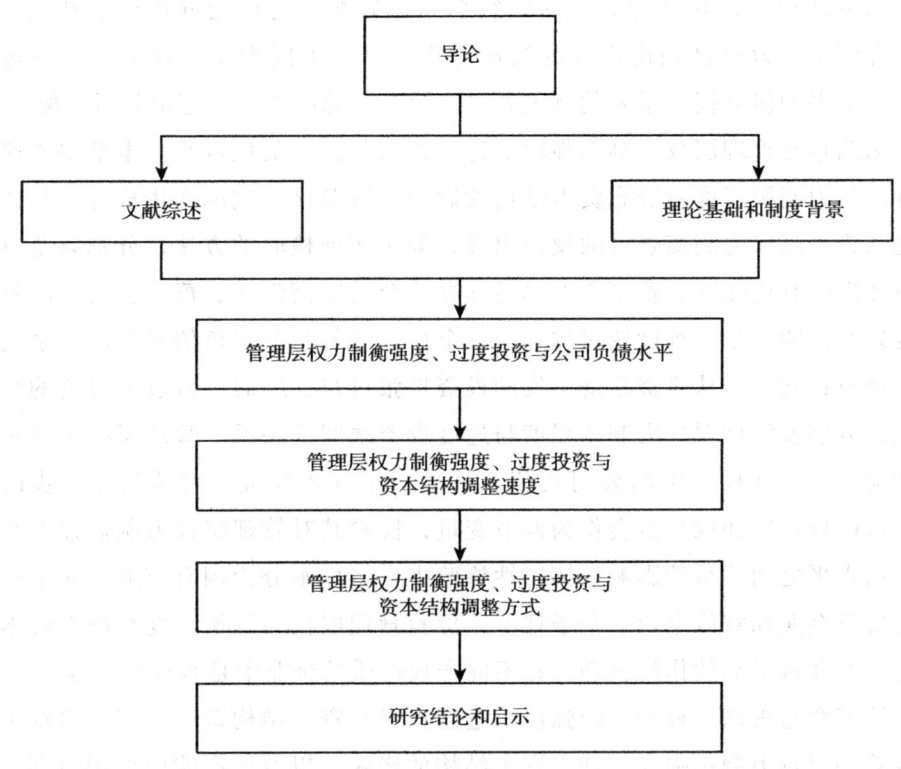

图1-4 本书结构图

第一章是导论。本章为总领部分，研究的背景、意义、思路及方法构成本章主体。本章对相关的研究概念进行界定，论述了本书整体的框架结构，指明主要研究问题，并指出创新点。

第二章是文献综述。本章主要回顾了国内外现有的研究现状，包括管理层权力、权力制衡、资本结构、企业投资行为领域所涉及的与本研究相关的文献以及最新的研究进展，并对其进行了简要的归纳和评述。由于目前对权力制衡的研究都集中在股权方面的制衡，管理层权力制衡强度相关的研究，目前只涉及研究管理层的权力有多大，能产生什么样的经济后果，鲜有甚至没有研究管理层权力制衡强度。因此，本研究在已有成果的基础上，提出管理层权力制衡强度这个概念。

第三章是基本理论、制度背景和基本分析框架。第一，回顾了与本书相关的理论，如管理层权力理论、资产阶级思想家的权力监督制衡理论、冲突理论、MM理论、权衡理论等，以及委托代理理论、资源依赖理论、利益相关者等公司治理理论，并进行必要的归纳总结，为本书的理论分析奠定基础。第二，介绍了权力监督制衡机制的演进过程，以及不同类型企业的公司治理变革，为本书的研究提供重要的制度背景。第三，总结本书的逻辑分析框架。

第四章是管理层权力制衡强度、过度投资与公司负债水平。本章主要研究管理层权力制衡强度对静态资本结构的影响，以及该影响的作用机理。具体来说是从管理层权力制衡强度的视角出发，采用实证检验的方法，分别就董事长对总经理的制衡强度、董事会对总经理办公会的制衡强度、董事会内部的制衡强度以及由四个单一维度变量构建的三个综合变量与公司负债水平的关系进行深入研究；同时，从投资驱动引发的投资扩张过快，进而导致过度投资的角度出发，分别就管理层权力制衡强度与过度投资之间的关系、管理层权力制衡强度如何通过过度投资影响公司负债水平进行了深入研究。后续的进一步研究中，以产权性质和成长机会作为调节变量，检验其对管理层权力制衡强度与公司负债水平之间关系的影响。拓展性检验中，将样本分为国有企业、非家族企业的民营企业和家族企业三个子样本，检验管理层权力制衡强度对静态资本结构的影响和该影响的作用机理，在不同产权性质的企业中是否存在差异。

第五章是管理层权力制衡强度、过度投资与资本结构调整速度。本章主要研究管理层权力制衡强度对动态资本结构的影响，以及该影响的作用机理。具体来说，是从管理层权力制衡强度的视角出发，采用实证检验的方法，分别就董事长对总经理的制衡强度、董事会对总经理办公会的制衡强度、董事会内部的制衡强度以及由四个单一维度变量构建的三个综合变量与资本结构调整速度的关系进行深入研究；同时，从投资驱动引发的投资扩张过快，进而导致过度投资的角度出发，分别就管理层权力制衡强度与过度投资之间的关系、管理层权力制衡强度如何通过过度投资去影响资本结构调整速度进行了深入研究。后续的进一步研究中，以产权性质和成长机会作为调节变量，检验其对管理层权力制衡强度与资本结构调整速度之间关系的影响。拓展性检验中，将样本分为国有企业、非家族企业的民营企业和家族企业三个子样本，检验管理层权力制衡强度对资本结构调整速度的影响和该影响的作用机理，在不同产权性质的企业中是否存在差异。

第六章是管理层权力制衡强度、过度投资与资本结构调整方式。本章是在第五章管理层权力制衡强度对资本结构调整速度影响研究的基础上，进一步探讨该影响的作用路径，即检验管理层权力制衡强度与资本结构调整方式的关系。具体来说，是从管理层权力制衡强度的视角出发，采用实证检验的方法，分别就董事长对总经理的制衡强度、董事会对总经理办公会的制衡强度、董事会内部的制衡强度以及由四个单一维度变量构建的三个综合变量与资本结构调整方式的关系进行深入研究。同时还从投资驱动引发的投资扩张过快，进而导致过度投资的角度出发，以过度投资为调节变量，检验其对管理层权力制衡强度与资本结构调整方式之间关系的影响。后续的进一步研究中，将样本分为国有企业、非家族企业的民营企业和家族企业三个子样本，检验管理层权力制衡强度对资本结构调整方式的影响，在不同产权性质的企业中是否存在差异。

第七章是研究结论和启示。首先，根据理论研究与实证检验的结果进行总结，得出结论。其次，根据上市公司的实际情况，结合得出的结论，提出针对性的建议。最后，根据本研究的结论和不足，对未来的研究提出展望。

二、研究创新

本书可能的创新之处主要体现在如下几点。

首先，本书从管理层权力制衡强度出发，采用实证检验（而非相关研究较多的规范分析方法），就管理层权力制衡强度与资本结构之间的关系进行深入研究，研究视角较为新颖。公司治理方面关于控制权配置、权力制衡的文献中，多数学者关注的是管理层权力、股权配置、股权制衡等治理结构决策所产生的经济后果，权力制衡视角的关注点更多集中在股权层面，管理层方面仍聚焦其权力的大小，而董事、高管这类管理层内部的权力配置及其制衡机制的相关研究依然有限。此外，管理层权力制衡强度的相关研究，大多为规范分析，鲜少有实证研究，因此，本书能够进一步丰富相关研究。

其次，本书结合社会学、政治学及法学等理论研究成果，提出了"管理层权力制衡强度"的概念。另一方面，本书选择公司重要的财务决策——资本结构，研究管理层权力制衡强度对资本结构产生的影响以及该影响的作用机理，并为有效的内部治理机制在资本结构决策中的正面影响提供了证据。

最后，本书在对管理层权力制衡强度的变量选取上，与以往研究相比，更全面、系统。笔者从董事长对总经理的制衡强度、董事会对总经理办公会的制衡强度、董事会内部的制衡强度三个维度来衡量管理层权力制衡强度。后续分样本检验中，对于家族企业样本，我们还增添了股东大会对董事长的制衡强度这一维度。这些变量的设置既兼顾到董事长、总经理这样的个人，又考虑到董事会、总经理办公会这样的团体内部的权力制衡。

第五节　本章小结

　　本章为导论，是全书的统领部分。首先介绍了本书的研究背景和研究意义，指出由第十三届全国人民代表大会第一次会议、第二次会议产生的指导意见以及"三重一大"的集体决策，明确了企业进一步发展的方向，表明企业内部形成有效的制衡体系对企业持续发展的重要性。其次，本章指出了本书研究需要解决的关键问题：提出管理层权力制衡强度的概念；探讨管理层权力制衡强度对资本结构的影响；检验管理层权力制衡强度影响资本结构的作用机理。第三，阐述了本书的研究思路，对与本书研究相关的基本概念进行界定。最后，对本书的结构安排进行总结、归纳，并指出本书的创新点。

第二章 文献综述

本书将董事、高管这类管理层内部不同权力之间既制约又平衡的程度,称为"管理层权力制衡强度",目前相关研究成果有限。但是,研究管理层权力的文献较为丰富,本书将以此为切入点对国内外现有的研究成果进行述评。权力制衡方面的相关研究,文献主要集中在股东层面的权力制衡,因此,本书也选择对此变量进行综述。此外,本书的研究思路是探究管理层权力制衡强度对资本结构产生的影响,以及该影响的作用路径(本书涉及的是投资行为);因此,本书将根据研究思路中涉及的变量,分别综述研究现状。基于本书题目中的相关变量,将研究内容分成管理层权力、权力制衡、资本结构、投资行为等几个主题,并对以上主题的研究现状进行归纳、总结。

第一节 管理层权力方面的相关研究文献

目前国内外学者关于管理层权力方面的研究较丰富,学者们主要是研究管理层权力产生的经济后果。而且,由得出的研究结论可知,由于多数企业的内部治理结构未完善,外部监督机制未能发挥有效作用,从而管理层权力越大,往往会给企业带来负面影响。目前学者们从多个角度来研究管理层权力所产生的影响,包括薪酬激励、投资行为、经营业绩、内部控制、信息披露等等,下面就各个方向进行综述。

一、管理层权力与薪酬激励

研究管理层权力对薪酬激励的文献最多,薪酬激励是以最优契约理论和管理层权力理论为基础(Bebchuk & Fried,2004),以此为视角,才引发了管理层权力对其他方面产生影响的研究。管理层权力对薪酬的影响,学者们得出的结论大多相似,即管理层权力越大,管理层越会利用权力去影响甚至决定自己的薪酬,或者会通过各种方法,对企业的盈余、决策等进行操纵,以产生有利于自身利益的结果。国外学者 Main 等（1995）指出，企业非职工代表的董事并非由股东大会选举产生，很多董事尤其是外部董事，是由 CEO 提名的，且 CEO 对此有较大的控制权，以至于 CEO 的业绩考核较不客观，出现异常薪酬的可能性较高。Cheng 等（2008）研究发现，管理层薪酬业绩的敏感性具有强烈的非对称性，即管理层的盈利业绩会使得其薪酬提高更快，而亏损业绩不会使得其薪酬下降更快，甚至会出现亏损业绩的管理层，其薪酬反而更高。Morse 等（2011）的研究用外部董事占比、外部董事是否同时在 12 家以上公司任职及董事会人数来度量管理层权力，发现管理层权力与其薪酬呈显著正相关关系。Fahlenbrach（2009）也得出类似的结论，其用多个指标构建管理层权力的综合变量，发现 CEO 权力越大，则薪酬总额越高。甚至，即使 CEO 的业绩连续几年都排在行业后位，但是 CEO 可以凭借其权力在下一年继续任职（Stephen & Cheng Wang，2005）。Harford 和 Li（2007）在研究并购中管理层的薪酬问题时发现，CEO 薪酬不会因为公司股票的负收益而有所影响。而当公司内部治理结构较弱，无法对管理层权力进行有效约束时，股权激励会提高管理层机会主义行为的可能性（Laux & Laux，2009）。国内学者的研究结论类似，如卢锐（2007）、卢锐等（2008）研究管理层权力与薪酬激励的关系时发现，管理层的权力越大，高管团队内部及高管与员工之间的薪酬差距均较大，在职消费水平更高，但是薪酬业绩的敏感性却很低。管理层权力与管理层薪酬、异常高薪酬、获取的私有收益都是显著正相关关系（王清刚和胡亚君，2011；权小锋等，2010）。王烨等（2012）研究指出，管理层权力大小与设定的股权激励行权价格呈显著负相关关系，此现象在国企中更为严重。赵青华和黄登仕（2011）认为，股权激励强度和权力累积量的交互作用越大，公司的业绩越差。高管权力引发的腐败现象，股权激励并不能起到抑制作用（刘光军和彭韶兵，2018）。

二、管理层权力与投资行为

管理层权力对投资行为的影响研究，国内外学者得出的结论基本相似。多数学者均发现，随着管理层权力逐步增大，加之内部监督机制不完善，公司的投资规模增大，投资效率降低。La Porta 等（2000）研究指出，管理层权力越大，使用自身权力满足机会主义行为的概率更高，因为获得的收入要远远高于付出的成本；而权力较小的管理层，需要谨慎权衡利益和成本，从而非效率投资的行为会较少。权力过于集中，内外部治理机制失效，这些都给管理层滥用权力谋取私利创造了良好条件，如进行过度投资（Dyck & Zingales，2004）。当管理层发现，突破权力的制约追求过度投资获得的收益远远大于成本时，便会继续过度投资（Laurent & Carolina，2010）。由于信息不对称、目标利益不一致，管理层权力越大，便越会利用此优势来获取私有利益（Morse et al.，2011），而扩大投资规模绝对是选择之一。国内学者研究管理层权力与投资行为的关系时，发现管理层权力越大，投资规模越大（卢馨等，2014；杭建民和于蕾，2016）。而且其基本都认为，管理层权力与过度投资有显著相关性，与投资不足的相关性不显著。但是，在考虑产权性质下研究管理层权力与过度投资之间的关系，学者们得出了不同的结论。有部分学者发现，国有企业中过度投资的现象更严重（董红晔和李小荣，2014），但李胜楠等（2015）认为，国企并不会加剧管理层权力所诱发的过度投资，民企会加剧管理层滥用权力所导致的过度投资，周军（2017）也指出，国企高管权力与过度投资并无显著相关性。卢馨等（2014）研究发现，管理层权力对投资规模的正向影响在民企中更显著。若进一步将国企样本分为央企和地方国企，会发现，相较于央企，地方国企的投资水平、过度投资与管理层权力之间的关系更显著（周军，2017；杭建民和于蕾，2016）。本书认为，之所以得出不同的结论，可能和管理层权力引发过度投资的"爆发点"不同有关，而"爆发点"的不同更多取决于企业面临的监管力度的大小。相较于民企来说，国企面临的监管环境更严格；相较于地方国企来说，央企受到的约束程度也更高；因此，管理层权力与投资规模、投资效率之间的关系，在国企与民企之间、央企与地方国企之间存在一定程度的差异。

三、管理层权力与其他领域的相关研究

除了高管薪酬、投资行为外，国内外学者还研究了管理层权力对其他方面的影响，如对经营业绩、内部控制、信息披露等的影响。国外学者研究指出，管理层权力不同，会对其风险偏好和风险承受度产生影响。权力较大的管理层，倾向于选择高风险决策，风险承受度也会提高（Anderson & Galinsky，2006；Lewellyn & Kahle，2012）。管理层的权力大，其决策权也会较大，为公司选择战略决策时难免掺杂主观因素进而影响公司业绩的稳定性（Adams，2005）。Cheng（2008）的研究也得出类似观点，他认为，公司的董事会规模过大，董

事会将会在处理内部矛盾时花费大量精力，而缺少精力监管管理层的行为，进而会影响到公司业绩的稳定。而且，在公司成立的前期，高管权力过大，将会对公司业绩产生负向影响（Harjoto & Jo，2009）。国内学者如卢锐等（2008）的研究发现，公司的管理层权力较大并未促使业绩提升，反而产生更多在职消费，这种现象在非国企中更严重。高管权力与股权激励的交互项对公司业绩也是负向影响（赵青华和黄登仕，2011）。内部控制和信息披露方面，目前多数研究认为，管理层权力越大，高管们越会使用权力对披露的信息进行操控，隐瞒内部控制缺陷（赵息和许宁宁，2013）和表内的或有事项的信息披露（张敦力和张婷，2018），较高的内控质量能够减轻高管权力导致的腐败现象（周美华等，2016）。

第二节　权力制衡方面的相关研究文献

在经济学、管理学领域，关于权力制衡的研究绝大多数学者主要关注的是公司治理中的股权制衡机制。至于管理层权力制衡强度，目前鲜有学者涉及，学者们大多是研究管理层权力过大会带来哪些不良的经济后果，以及应当采取何种措施对管理层权力进行有效约束。除了经济学、管理学领域，权力制衡在政治学、法学、社会学等领域的研究颇多。因此，通过对权力制衡相关的文献进行综合梳理，将权力制衡的研究划分为股权制衡和其他领域两大部分进行综述。

一、股权制衡相关研究

股东层面的权力制衡研究，学者们得出的结论大都一致，基本上都认为股权制衡会对公司的业绩产生正面影响，能够抑制大股东掏空现象，对投资决策产生积极作用，减少股东产生的负外部性行为等。例如国外学者 Bennedsen 和 Wolfenzon（2000）研究指出，公司内部的控制权是由多个股东共享的，可以有效降低终极控股股东谋取私利的行为。Bloch 和 Hege（2001）在之后的研究中，也得出类似结论，他们研究认为，公司的控制权由两个大股东分享，将会减少控股股东的自利行为。王化成等（2015）认为，公司的大股东持股比例越高，其监督欲望也会随之增强，能够预防股价崩盘的发生。但石水平（2010）

指出，控股股东持股比例一味增大，特别是与中小股东的差距较大时，侵占中小股东利益的动机也会油然而生。控股股东侵占中小股东利益导致的第二类代理问题，同样也会引发股价崩盘（赵国宇和禹薇，2018）。以上种种都说明股权制衡存在的必要性。股权制衡除了能够抑制大股东掏空现象，对投资效率也有正面影响。Gomes 和 Livdan（2004）研究指出，公司存在多个大股东表明，越来越多的股东积极参与公司决策，而不是"搭便车"，这对于监督董事会的行为有积极作用，从而有利于投资效率的提高；另外，公司内部的多个大股东之间形成相互监督制衡的模式，降低了单个股东利益主体追求私利的概率，这同样有助于提高公司的投资效率。国内学者也得出类似的结论，如殷裕品（2017）、夏芸和徐欣（2012）研究发现，股权制衡能够降低公司的过度投资现象。贾明琪等（2017）用多种方式衡量股权制衡度，都发现股权制衡能够提高公司的投资效率。在关注股权制衡能够给公司带来正面影响的同时，还应当注意股权制衡的强度。一般情况下，适度的股权制衡度对公司的经营业绩是会产生正向影响的（Volpin Paolo，2002；Lehmann & Jrgen，2000），但是股权制衡度过高，将会降低公司的价值（徐莉萍等，2006）。当然，除了多个股东分享控制权形成相互制衡的情况，还应当考虑股东之间的关系。若股东之间存在关联关系，或者股东性质一致，那么股东之间合谋的可能性也会提高，会明显降低股权制衡的效率（Benjamin & Anete，2005；赵国宇和禹薇，2018；徐静，2013）。

二、权力制衡在其他领域的相关研究

权力制衡始于政治学中资产阶级的"三权分立"思想，在 18、19 世纪的民主政治浪潮后，该思想被引入公司治理模式中。再之后，权力监督制衡的思想被广泛应用于各个学科领域，而法学、政治学、社会学领域的相关研究尤为出众，下文便依次对其进行阐述。

法学中权力制衡的相关研究，以研究公司治理中股东会、董事会、监事会及经理层的权力分配为主。例如，石少侠（1996）研究指出，股东及股东会对董事会的制衡、监事会对董事会的制衡、董事会内部的制衡，这些权力主体编织成的权力网络，既要使权力主体能够实际运用权力而达到应有的效率，又要能够相互制约，牵制住这些权力主体的手脚。仲继银（2014）研究认为，公司治理中以董事会为中心主义的模式，其实质为处理三层关系，即股东与董事之间的关系、董事与董事之间的关系以及董事会与经理层之间的关系。股东与董事之间的关系表现为董事由股东在股东大会上选举产生；董事与董事之间的关系表现为董事会内的所有董事权力平等，决策由董事会集体做出；董事会与经理层之间的关系体现为董事会选举产生经理层人员，同时监督经理层的行为决策。以董事会为中心主义的治理模式表明，股东大会与董事会、董事会与经理层之间都是一种权力制衡关系。韩文（2019）的进一步研究认为，公司目前的利益相关者众多，应当以董事会内部的委员会制度为基础重新分配董事会权力，这不仅使董事会内部形成权力制衡，还使各方利益趋于平衡。

政治学中权力制衡的相关研究，主要是以资产阶级思想家的权力监督制衡思想为基础，研究各国的政治体制，或是研究其他组织机构的内部治理等。英国著名哲学家洛克提出立法权和行政权应当分立，孟德斯鸠之后便提出了立法权、行政权和司法权应当分立的"三权分立制衡思想"。洛克、孟德斯鸠在提出此思想后，西方便开启了分权制衡的浪潮；随着时间的推移，全球很多国家也延用了部分思想，且一直运用至今。例如，穆宏燕（2019）研究伊朗的政治体制时指出，在伊斯兰革命之前，伊朗的政体为王权与宗教权力之间形成的相互制衡的体系。而在伊斯兰革命之后，伊朗的政体变为"教权"与"民权"之间的相互制衡。

在研究我国的政体时，杨海峰（2012）认为，我们应当坚持以人民代表大会制为基础，形成决策权、执行权、监督权相互监督制衡的体系。刘俊杰（2009）也得出类似的结论，他认为，中国权力转型的关键就是形成权力制衡机制。刘俊杰（2009）还指出，中国改革开放后，权力结构的较大改变体现在权力的纵向和横向分权，从而形成了权力的制衡机制。一些非营利性质的组织治理同样也可以运用制衡思想，例如秦惠民（2009）认为，高校内部的权力也需要相互制约，应当强化学术权力和民主管理权力的地位。

社会学中权力制衡的相关研究，主要是以各方权力主体的利益冲突为主。Emerson（1962）在研究权力与依赖之间的关系时指出，权力分配不均衡是由于一方利益主体希望从另一方处获取相关服务。为了获取此服务，一方利益主体有四种选择方案：第一，为另一方提供该方需要的服务以交换自身想要的服务；第二，从第三方获取此服务；第三，强迫该方主体为其提供想要的服务；第四，降低获取该服务的欲望。当缺乏以上四种选择，或者一方利益主体并不愿意选择任何一种选项，那么提供服务者便会产生权力。同理，沃尔夫（1983）指出，达伦多夫认为社会规则实际上是由权力实现的。另外，不同主体之间的冲突强度也是制衡机制的一种体现，不同主体之间的冲突强度越大，利益诉求越不一致，主体之间的制衡效果会越明显（黄毅峰，2013）。

第三节 资本结构方面的相关研究文献

资本结构是重要的财务决策之一，从古至今一直受到实务界和学术界的关注。资本结构又被称为财务结构、融资结构等，学术界中多以财务杠杆作为资本结构的替代变量；而实证研究中又多以资产负债率对财务杠杆加以量化。纵观与资本结构相关的文献，其大致包括两大类，即资本结构的影响因素和资本结构的经济后果。因此，下文以此分类进行综述。

一、资本结构影响因素研究

通过分析发现，学者们主要从静态和动态两个角度对资本结构的影响因素进行研究。静态研究即研究变量是否会对公司的负债水平产生影响，如经理的薪酬与公司负债水平显著负相关，CEO财务经历与公司负债水平显著正相关（Friend & Lang，1988；冯根福和马亚军，2004；Graham et al.，2013）。Titman和Wessels（1988）将影响资本结构的因素分为八类，即盈利能力、成长性、企业规模、非债务税盾、专业性、营业收入、资产担保价值以及企业所处的行业。郝二辉（2011）指出，20世纪90年代有不少国外学者认为影响资本结构的因素主要包括四类，即企业特征、企业经营决策、资本市场、企业的产品。同时期，也有国内学者发现，公司的融资决策主要受到利润大小、销售周转率、营运资本周转率以及投资资本四个因素的影响。Faulkender等（2012）、Flannery和Rangan（2006）在前人研究的基础上，进一步将资本结构的影响因素归纳为六类，即盈利能力、成长机会、非债务税盾、企业规模、抵押能力和公司所在行业资本结构的中位数。由此可见，无论学者们如何分类，盈利能力、成长机会和非债务税盾等公司特征，都被多数学者认为会对资本结构产生显著的影响。关于盈利能力对资本结构的影响，有些学者认为，公司的盈利水平越高，资产负债率也会提高（Brander & Lewis，1986）；而有部分学者则得出相反的结论，其认为盈利能力越强，负债比重会下降（Titman & Wessels，1988）。同样地，成长机会对资本结构的影响也有两种截然不同的结论，有些学者认为公司的成长性越高，资产负债率也越大（郝二辉，2011）；但有些学者指出，成长性与公司的负债水平显著负相关（Lang et al.，1991）。非债务税盾对资本结构的影响，学术界同样存在两种观点。一部分学者认为，非债务税盾越大，公司负债比重也越大（郝二辉，2011）；还有部分学者研究发现，非债务税盾的数值越大，公司的负债水平反而会降低（余显财和桑翔宇，2019；DeAngel et al.，2002）。

动态方面的研究是关注变量对资本结构的调整速度是否会产生影响。纵观近几年的研究可以发现，多数学者关注更多的是资本结构动态方面的研究，其中主要关注公司内部的治理结构和外部监管体系对资本结构调整速度的影响。例如，黄继承等（2016）研究发现，当公司的实际资本结构低于目标资本结构时，经理薪酬水平与资本结构调整速度显著正相关。郭雪萌等（2019）也得出类似的结论，其研究认为，公司高管之间的薪酬差距、高管薪酬水平与资本结构调整速度显著正相关。还有学者研究了股权激励对资本结构的影响，发现股权激励强度越高，公司的负债水平越低，资本结构调整速度越高（Hayes et al.，2012；盛明泉等，2016）。另外，公司自身的特征，如公司的规模大小、公司的盈利水平、公司的成长机会等，也会对资本结构及其调整速度产生影响（盛明泉等，2016）。还有部分学者研究了管理层自身的背景特征对资本结构产生的影响，如Graham等（2013）研究认为，公司CEO的财务经历会较大概率提高公司的负债水平。Frank和Goyal（2007）也从多个角度分析了CEO的背景特征对资本结构的影响。国内学者姜付秀和黄继承（2013）也发现，公司CEO的财务经历有利于资本结构的优化。管理者过度自信的程度越大，越会影响公司的资本结构决策，且往往会增大公司的负债水平（余明桂等，2006）。公司拥有良好的政治关系，在向银行借款时也易有优惠政策（Allen et al.，2005；Faccio et al.，2006）。外部监管环境对资本结构也有影响，如林慧婷等（2016）研究指出，媒体报道越多，公司资本结构调整速度越快。黄继承等（2014）研究发现，良好的法律环境有助于公司减少实际资本结构与目标资本结构之间的偏离度。由此可见，良好的外部监管环境，有利于提高公司的资本结构调整速度。

二、资本结构经济后果研究

近些年来，关于资本结构经济后果的相关研究，最多的就是其对公司绩效产生的影响：短期绩效，如对净资产收益率、总资产收益率的影响；长期绩效，如对公司价值产生的影响。早期多数研究都认为资本结构与公司绩效之间存在显著的负相关关系，即公司的负债比重升高会降低公司的短期绩效，如净资产收益、总资产收益率等财务指标都会下降（Titman & Wessels，1998；郝二辉，2011）。研究特定行业的负债水平与公司绩效之间的关系时，依然得出负债比重的增大会降低公司绩效的结论。当公司的产权性质不同时，无论是国企还是民企，公司债务融资水平的提高仍然会降低公司的绩效（张兆国等，2007）。郝二辉（2011）还指出，也有极少数的学者研究发现，公司的负债水平越高，能够显著提高公司的绩效。但是近些年来，国内外学者都发现，资本结构与企业绩效之间存在着强烈的相互影响，但资产负债率与企业绩效之间并非线性关系，而是倒 U 型关系（Margaritis & Psillaki，2010；陈德萍和曾智海，2012）。贾利军和彭明雪（2007）研究电力行业中资产负债率与公司绩效之间的关系时，也得出倒 U 型关系的结论。既然资本结构与公司绩效之间呈倒 U 型关系，那么应当是在一定范围内，资产负债率的增大会提高公司绩效；而当资产负债率超过一定比例时，资产负债率的增大会降低公司的绩效（马辉，2008；Reinhart & Rogoff，2010；马勇和陈雨露，2017；刘晓光等，2018）。郝二辉（2011）指出，有些学者研究认为，当资产负债率达到30%时，公司绩效达到最大值；而有些学者则认为此比例应为50%。Faulkender 等（2012）指出，由于资本结构与企业绩效之间还受到其他因素的影响，所以两者之间的关系不统一。武力超等（2016）研究发现，产品市场竞争对资本结构与企业绩效之间的关系有调增作用。

资本结构对公司价值产生的影响，学者们也未得出一致的结论。早期研究中多数学者认为负债比重的提高对公司价值的增大能够产生积极作用（Ross，1977）；因为适度的负债有助于改善公司治理，从而提高公司的价值（汪辉，2003），但是当公司的负债率过高时，将会影响此种治理作用的发挥，导致企业价值的下降（马辉，2008）。Servaes（1995）认为资本结构与企业价值之间的关系受到企业所处行业的成长性的影响，当企业所处的行业为高成长性行业时，两者之间为负相关关系；当企业所处的行业为低成长性行业时，两者之间为正相关关系。资本结构对代理成本也会产生影响，Jensen（1976）认为，企业的负债要求固定还本付息，因而会降低经理人手里的自由现金流。经理人能够操纵的自由现金流减少了，企业过度投资的现象便会降低，从而降低股东与经理人之间的代理成本（Jensen，1986）。

资本结构对行业竞争产生的影响，不同学者拥护不同的观点。Brander 和 Lewis（1986）认为，资本市场较完美，公司受到的融资约束较小，资本结构能够激励管理者进行良性竞争，那么资产负债率越高将会对公司行业竞争产生积极影响。Bolton 和 Scharfstein（1990）的观点正好相反，他们认为资本市场不可能完美，因而公司的融资约束较大，负债越高会对公司行业竞争产生消极影响，随后国内也有不少研究支持了此观点。

第四节 企业投资行为方面的相关研究文献

投资效率是影响企业绩效的关键指标之一，投资行为是企业重要的财务决策之一，因此学者们在进行相关研究时，大多数会检验相关变量对投资行为、投资效率的影响。学者们从 20 世纪 70 年代开始，就以代理理论、信息不对称理论及不完备契约理论等为基础研究企业的投资行为。迄今为止，国内外学者们发现股东与经理人之间的代理问题、高管货币薪酬激励和股权激励、管理层权力、股权制衡、管理者背景特征等，都会影响企业投资行为。但在实际生活中，大多数企业的投资决策往往偏离最优投资决策，从而造成过度投资和投资不足的非效率投资现象。过度投资是指企业投资于高风险的项目，进而对企业价值产生损害；投资不足是指企业的高管基于追求个人私利的目的，放弃投资净现值为正的项目。同样地，过度投资和投资不足的非效率投资行为一直是学术界关注的热门话题。因此，我们将此部分的综述分为过度投资和投资不足两大类，并将影响企业投资行为的相关研究成果融入其中。由于管理层权力、股权制衡对企业投资行为的影响在前文中已综述过，因此本部分中不再赘述。

一、过度投资的相关研究

纵观国内外学者对于企业投资行为的研究可以发现，研究企业过度投资的较多，研究投资不足的相对较少。由此可以说明，上市公司中普遍存在非效率投资现象，过度投资现象更多（饶育蕾和江玉英，2006；李鑫，2007）。目前度量企业的非效率投资程度，以 Richardson（2006）的投资模型为主。该模型的主要思想为企业的净投资应当分为预期投资与非预期投资两类，预期投资是可以用投资模型解释的，预期投资受到企业的成长机会、财务杠杆、现金存量、企业规模、上市年限、个股投资率及行业、年度的影响，模型的残差即为实际投资与预期投资的差值，残差也就是企业实际投资水平偏离最优投资水平的程度。模型中正残差表明实际投资大于预期投资，其值体现了企业的过度投资程度；负残差表明实际投资小于预期投资，其值体现了企业的投资不足程度。20 世纪 70 年代以来，在过度投资研究方面，国内外学者主要是研究企业过度投资的影响因素。总结文献可知，代理问题、信息不对称、自由现金流等公司治理问题会对过度投资产生影响。Jensen 和 Meckling（1976）的委托代理理论指出，股东和经理人之间的利益不一致，会诱使经理人追求自身利益而忽略股东利益，在投资决策上表现为非效率投资。Jensen（1986）、Hart（1995）、马俊峰（2015）都发现，经理人有创建"商业帝国"的倾向，因此，经理人会通过扩大规模、增加在职消费等方式来谋取个人私利，在投资行为上则表现为过度投资。Conyon 和 Murphy（2000）的研究发现，企业高管的收益随着企业规模的增大而增大，由此表明，高管存在过度投资倾向。Richardson（2006）研究指出，公司独立董事比重的增大可以提高公司治理水平，从而降低过度投资现象。国内学者得出的结论类似，如刘怀珍和欧阳令南（2004）研究指出，企业经理人会为了追求个人私利导致过度投资。计方和刘星（2011）、叶建芳等（2012）研究发现，限制经理人的隐性薪酬、增大机构投资者的比重均有利于降低企业的过度投资程度。李云鹤（2014）基于委托代理理论研究企业的投资行为时发现，当企业外部无融资约束时，企业的成长机会与过度投资正相关，而薪酬激励也会提高过度投资程度。Jensen（1986）的自由现金流假说提出后，国外众多学者都发现，企业的过度投资与自由现金流显著相关，当企业存在较多的自由现金流时，经理人出于自利行为动机，会选择将其用于有助于增大私人利益的项目上，进而造成过度投资（Blanchard，1994；Shleifer & Vishny，1998）。国内学者也得出一致的结论，如李鑫（2007）指出，高管有将自由现金流投资到个人私利项目的倾向，进而引发过度投资。胡建平和干胜道（2009）也发现，当企业存在自由现金流时，高管会选择将其投入到有利于增大私利的项目上，而不是分配股利，这最终会降低企业价值。Narayanan

(1985)指出,当股东与经理人之间存在信息不对称时,经理人有选择投资于净现值为负的项目的倾向,进而发生过度投资;随后,Bebchuk 和 Stole(1993)的研究得出一致的结论。Strobl(2003)认为当高管的薪酬与公司的股价存在密切关联时,股东会更关注高管的薪酬变化,也会提高企业过度投资的程度。公司治理方面,还有学者发现,大股东持股比例也与过度投资之间存在显著相关性,且两者之间呈倒 U 型关系(陈建勇等,2009)。

为了缓解代理问题,提高公司治理水平,常使用薪酬激励的方式,但薪酬激励使用不当同样也会产生过度投资。薪酬激励包括货币薪酬、非货币薪酬以及股权激励,国内外学者们大多研究的是货币薪酬、股权激励对过度投资的影响。Baber 等(1996)研究指出,高管薪酬与企业投资行为之间有显著相关性。随后,有不少学者发现,薪酬激励能够缓解股东与高管之间的代理问题,降低企业的过度投资程度,而薪酬激励的形式既可以为货币薪酬,也可以为股权激励(Aggarwal & Samvick,2003;Broussard et al.,2004)。国内学者辛清泉等(2007)指出,若高管的薪酬激励未能补偿其付出的努力,那么较低的薪酬激励水平可能会加剧代理问题,进而导致过度投资。考虑产权性质后发现,此种现象在地方国企中更明显,在央企和民企中没有显著性。徐光伟和刘星(2014)指出,高管的货币薪酬可以降低企业的过度投资程度,而马俊峰(2015)发现,国内有些学者得出高管薪酬激励与企业的投资水平之间为倒 U 型关系的结论。高管持股、高管持有的股票期权等股权激励方式也会对过度投资产生显著影响。例如 Hadlock(1998)指出,企业实施的股权激励虽然加强了投资现金流之间的敏感性,却并未降低过度投资程度。Aggarwal 和 Samwick(2006)发现,股权激励会提高企业的投资规模。当高管的薪酬与股价密切相关时,高管存在为了获取最大化的薪酬利益迎合股市的动机,企业的投资行为上会表现为过度投资(Grundy & Li,2010)。国内学者得出类似结论,如吕长江和张海平(2011)指出,股权激励可以缓解代理冲突,进而降低过度投资程度。徐光伟和刘星(2014)研究发现,股权激励会提高企业的投资规模,企业制定薪酬激励机制时,需要考虑高管的行为。考虑产权性质后,股权激励与高管行为的交互作用对企业投资行为的影响,在民企中具有显著性(夏冠军和于研,2012)。在管理者个人特征方面,早期就有学者指出,年龄较大的管理者,倾向于采取保守的风险决策,而不倾向于采取创新决策(Bantel & Jackson,1989)。后期研究进一步证实,管理层的年龄、教育背景、工作经历等与企业的过度投资有显著相关性,且在不同产权性质的企业中影响也不同(姜付秀等,2009;林朝南和林怡,2014)。又如范合君和叶胜然(2014)研究发现,在经济低迷或动荡期间,年龄大、高学历的女性领导者与过度投资行为之间呈现显著负相关关系。

二、投资不足的相关研究

国内外学者对投资不足的相关研究,同样主要集中在探讨其影响因素。总结文献可知,高管与股东之间的代理问题会对投资不足产生显著影响。早期研究如 Amihud 和 Lev(1981)指出,高管和股东面临的风险不同,且收益和成本大小也不同;高管为了投资项目获得预期收益,需要付出较大努力,但最终只能获得剩余索取权,那么高管就会对个人努力成本和收益进行权衡,进而易导致投资不足,之后 Aggarwal 和 Samwick(2003)、Aggarwal 和 Samwick(2006)也得出同样的研究结论。Lambert(1986)还发现即使薪酬激励能够缓解部分代理问题,但高管风险规避的倾向仍然会选择过于"保守稳健"的投资决策,进而导致投资不足。Bertrand 和 Mullainathan(2003)认为,高管与股东之间的道德风险这类典型的委托代理问题,同样会造成投资不足。高管的"偷懒"动机会使其安于现状,从而放弃最优投资决策。国内学者得出的结论基本一致,如崔萍(2006)指出,高管个人成本与收益的权衡与企业的投资行为密切相关,也是投资不足的原因之一。李云鹤(2014)认为,企业面临融资约束时,高管追求私利的动机易导致投资不足。大多数学者认为,多数上市公司较易出现过度投资,但周伟贤(2010)却指出,相较于过度投资而言,公司更容易出现投资不足。除了代理冲突,还有学者发现,薪酬激励也是投资不足的影响因素之一。吕长江和张海平(2011)研究发现,股权激励可以提高企业的投资效率,降低企业的投资不足程度。货币薪酬激励同样能够影响投资不足,但薪酬激励幅度未超过高管的努力成本时,会加剧投资不足(辛清泉等,2007)。管理者的背景特征方面,也能够对投资不足产生显著影响。例如林朝南和林怡(2014)研究发现,高管团队之间的平均年龄与非效率投资之间是负相关关系,团队成员之间的年龄差异与非效率投资为正相关关系,而此现象在国企中更明显。李焰等(2011)也认为,企业的产权性质不同,管理者的年龄、任期等背景特征对投资效率的影响也不同。

第五节　权力制衡与资本结构之间关系的研究现状

总结现有的国内外研究成果可知，相关研究中研究管理层权力的较多，且主要集中在管理层权力过大所导致的经济后果方面。而关于权力制衡的研究，经济学、管理学界还主要集中在股权制衡方面，主要研究的方向是股权制衡的治理效果，如对投资决策的影响、对公司绩效的影响等。关于股权制衡对融资决策的影响的研究较少，可能因为股权制衡作为一种治理机制，更多的是对公司内部经营者行为的激励、监督。而公司内部经营者行为对仅有的投资行为的影响体现得最为直接，对融资决策的影响较为间接。相对而言，经济类、管理类学科中研究董事、高管这类管理层内部的权力制衡的相关文献较少，仅有的相关文献基本为定性研究，定量研究鲜有涉及。

在经济学、管理学的研究领域，除了股权制衡，公司内部治理中董事会与总经理办公会之间的权力制衡的相关研究较少，而且基本为定性研究，定量研究几乎没有。但在别的学科，如政治学、法学、社会学中，权力制衡的研究较为广泛，但都是理论分析，实证检验的文献同样较少。而且，这类研究也都集中在学科内部，如政治学中较多学者研究"民权"与"教权"的关系，社会学中主要关注社会规则中权力的配置，法学中重点关注公司治理结构中的权力分配等，学科之间交叉研究的文献较少。

现有文献表明，股权制衡是一种重要的治理机制。那么，董事会与总经理办公会之间的权力制衡作为公司内部治理结构中的制衡机制，也应当是一种重要的治理机制。研究发现，股权激励、薪酬激励等激励措施会对公司的资本结构产生显著影响（黄继承等，2016；盛明泉等，2016），那么，管理层权力制衡强度作为一种重要的治理机制，是否会像上述激励措施一样，能够对资本结构产生显著影响呢？激励和监督是公司治理的两大机制，既然激励机制能够显著影响资本结构，作为监督机制的管理层权力制衡强度或许也会对资本结构产生显著影响。由于经济类、管理类学科中董事、高管这类管理层内部的权力制衡相关文献较少，研究其对资本结构影响的相关文献就更少了。因此，本书通过借鉴其他学科关于权力制衡的研究，分析其对资本结构的影响，并进行实证检验。

另外，现有研究表明，投资行为与融资决策能够相互影响（马娜和钟田丽，2013），为了研究管理层权力制衡强度影响资本结构的内在机理，本书还从投资驱动引发过度投资的视角出发，检验管理层权力制衡强度对资本结构的影响是否是通过缓解过度投资实现的。由上文的文献综述可知，大多数学者认为，管理层权力较大，会使公司过度投资。那么，管理层权力制衡强度的增大，或许会降低过度投资。对于过度投资与资本结构之间关系的研究，大多数学者的研究是，债务融资如何影响过度投资，融资约束导致过度投资减少，如张兆国等（2011）指出，公司负债水平提高可能会降低过度投资，又如李云鹤（2014）认为，当企业外部无融资约束时，企业的成长机会与过度投资正相关。而关于过度投资对资本结构的影响的研究则较少。李心合等（2014）认为，投资水平决定其融资需求，而公司的实际融资能力影响其投资规模。就过度投资与负债水平而言，马娜和钟田丽（2013）认为，过度投资减少了公司的自由现金流，为了满足公司日常资金需求，过度投资会增大公司的负债水平；但债务的约束效应会反过来降低过度投资。但范亚东等（2018）研究发现，过度投资会对融资决策产生负面影响，影响资本结构的稳定。因此，基于投资决定融资，融资限制投资的观点，本书以过度投资对资本结构的不利影响为视角，检验管理层权力制衡强度是否能够削弱过度投资对资本结构的不利影响，进而证明其内在影响机理。

整体来看，权力制衡对资本结构影响的关注度有限，就经济类、管理类学科而言，权力制衡相关的分析大多基于规范研究，定量分析集中于股权制衡。此外，投资与融资密切相关，而现下多数学者的研究更多关注于债务约束对过度投资的影响上，较少考虑其前因，即过度投资对资本结构的影响。本书在现有研究的基础上，丰富了相关研究。

第六节　本章小结

本章对本书涉及的相关研究进行了文献综述，归纳总结了管理层权力、权力制衡、资本结构、企业投资行为方面的研究成果，并对权力制衡与资本结构之间关系的研究现状加以总结。经过上述文献回顾，我们发现，大多数的观点认为，管理层权力越大，越倾向于利用权力对公司的盈余、信息披露和自身的薪酬等进行操纵，利用自身的控制权去影响董事会成员的选举和董事会作出的决策，最终利用权力影响公司的战略决策和发展方向。由于在大多数上市公司中，董事参与公司的经营管理，因而多数学者研究的管理层成员不仅包括高管，还包括董事。同时，高管、董事利用较大权力去影响公司经营业务的目的，大概率是为追求私有利益，结果是对公司的经营业绩产生负面影响。例如管理层滥用职权盲目追求个人利益而扩大投资规模，导致过度投资、公司承担的风险过大，从而影响公司业绩的稳定性。由此可见，管理层权力过大会使管理者倾向于选择高风险的行为，从而不利于公司作出科学、合理的财务决策。鉴于此，我们应当对高管权力、董事权力进行有效约束和监督。但是，目前的权力制衡机制以研究股东层面为主，研究董事会和总经理办公会（经理层）之间的权力制衡的较少。

我们可以借鉴股权制衡机制、法学中的权力配置理论，以及社会学中的冲突理论、政治学中的权力制衡思想等，建立一个有效的管理层权力制衡机制。这个权力制衡机制应当尽可能不妨碍董事会、总经理办公会（经理层）权力发挥应有的作用，同时其编织的权力网络又能使二者相互牵制，本书讨论的正是这个问题，即管理层权力制衡强度的研究。由于公司的内部治理结构中不包含党委会，因此本书的管理层主要考虑董事会、总经理办公会。综述相关研究成果后，下一章将陈述本书研究的基本理论和相关的制度背景。

第三章 基本理论、制度背景和基本分析框架

第一节 管理层权力制衡强度研究的基本理论

一、管理层权力理论

20世纪90年代，美国上市公司的高管薪酬过高，引起了广泛关注。越来越多的人开始怀疑董事会的工作效率，同时也意识到董事会制定的薪酬契约也不见得一味地以股东利益为首。2004年，Bebchuk和Fried在《无业绩的支付：没有履行的高管薪酬承诺》一书中指出，由于股东与董事会之间也存在委托代理关系，相对而言，董事会与高管团队更亲近，这可能会影响董事会的独立性。在制定薪酬方面，董事会会受到高管团队的影响，高管权力越大，董事会受到的影响也越大；甚至一些高管可影响并决定自己的薪酬契约。这种行为会极大损害股东利益，表现为高管薪酬过高，且与业绩的敏感性很低，这与薪酬的激励初衷背道而驰。Bebchuk和Fried认为的管理层权力理论的基本思想是高管对董事产生的影响较大，使得董事缺乏足够的动力对高管的行为进行监督；这样一来，董事在制定薪酬时，也以高管的意愿为参考，以至于权力较大的高管可以影响自身的薪酬契约获得超额收益。另外，高管能够通过权力影响自身的薪酬还与公司内部治理结构和外部治理机制相关。当管理层掌握的实际控制权大于董事会时，管理层权力越大，其薪酬越高且与业绩的敏感性越低。董事会同意有利于高管的薪酬方案时，同样也承担了一定的经济和社会成本。对公司内部来说，这一成本若达到了"激怒"股东的成本，股东必然会采取措施维护自身权益，具体表现为施压于董事和高管，董事、高管的声誉受损等。董事、高管为了降低这一成本，使其低于股东的"激怒成本"，便会采取措施对其薪酬契约加以掩饰，具体表现为延期支付薪酬、养老金计划、高管贷款等。当董事会制定有利于高管的薪酬时，资本市场也有反应。资本市场上的监管力量会对相关上市公司的董事、高管做出处罚，但这种行为只要不是过度泛滥或

无法辩护,一般惩罚成本也不太高。Bebchuk 和 Fried 还提出了改善薪酬设计和公司治理的建议,如提高机构投资者的比重、加强薪酬契约的透明度、提高独立董事的比例等;Bebchuk 和 Fried 还认为,应当对股东和董事之间的权力分配加以改革。

还有一些学者认为,管理层权力理论应当重点研究经理人的权力构成。但早期对管理层权力的研究多数为定性研究,缺少一些定量指标(Finkelstein,1992;汤洪波,2011)。Finkelstein 指出,首席执行官(CEO)经营管理公司主要是处理内部和外部的不确定性。内部的不确定性来自于董事和其他高管,外部的不确定性主要是环境的变化;因此,Finkelstein 将 CEO 权力分为四个维度,即组织上的权力、所有权权力、专家权力和声望权力。组织上的权力是指 CEO 在公司中的职位权力,在高管团队中,总经理已然是最高位,若 CEO 还兼任其他职位,比如在董事会中有兼职,那么 CEO 拥有的职权会更大。一般而言,CEO 兼任董事长会使其拥有更高的职权;CEO 与董事关系密切,则对董事会会产生较大影响,如能够影响内部董事的提名,这也会增大其组织上的权力;CEO 的薪酬与次之高薪酬成员之间的差距不小时,也表明 CEO 组织上的权力较高。所有权权力是指 CEO 拥有公司的股权,此时 CEO 的权力更大,不仅能对董事会产生影响,还能对抗董事会对管理层产生的影响(汤洪波,2011)。当 CEO 的股权占比越高、CEO 相关的家族股权占比越高以及 CEO 为创始人或是创始人的亲属,都会提高 CEO 的所有权权力。专家权力是指 CEO 在某领域拥有的专业才能(汤洪波,2011),如果 CEO 有过多种行业经历,会增强其处理不确定的能力。同时,CEO 的专家权力越大,对董事会的影响力也越大。声望权力是指 CEO 的名气、声誉,CEO 的业绩、毕业于著名学府等都会提高其声望权力(汤洪波,2011)。除了此种分类外,之后国内外陆续有众多学者使用多种变量来衡量管理层权力(Fahlenbrach,2009;Morse et al.,2011;Jordan,2008;Pathan,2009;吕长江和赵宇恒,2008;韩立岩和李慧,2009;权小锋和吴世农,2010;方军雄,2011;卢馨等,2014;李彬,2013),上一章的文献综述中已提及,这里就不再逐一赘述。

二、资产阶级思想家的权力监督制衡理论

英国著名的哲学家洛克(John Locke)在 1689 年和 1690 年分别出版了《政府论》的上篇和下篇,在下篇中提出了国家权力的监督制衡思想。洛克的

权力监督制衡理论认为,国家权力包括立法权、行政权和外交权三种,且这三种权力应当由不同的国家机关掌控,以避免权力专制;同时,还应当在相互分立的立法权和行政权中建立相互监督制衡的机制。立法权对行政权的监督制衡表现为:立法权是国家的最高权力,而行政权是由立法权力机构授予的,那么,立法权自然有权否决负面的行政决议。另外,立法机关并非常设机构,制定的法律不会频繁修改;日常性的国家事务需要国王来处理,那么,国王会根据拥有的行政权力来决定立法的内容,组织议会的召开,并有权解散议会,这就体现了行政权对立法权的监督制衡。我们发现,洛克提到的外交权和行政权其实为一种性质的权力,其权力监督制衡思想实为两权分立,理论中缺少了重要的司法权。由于当时英国的司法体系尚未成熟,并未形成独立的司法机构,洛克的权力监督制衡思想缺少司法权情有可原。尽管如此,洛克还是最早提出应当对国家权力进行分权,各权力之间应当形成制衡的思想家,其理论为之后提出的权力监督制衡思想奠定了基础。

孟德斯鸠(Montesquieu)于1748年出版的《论法的精神》中提出了著名的"三权分立制衡"思想,该思想指出,应当对国家的权力进行分化,因为一切有权力的人,都会滥用权力;为了防止权力的滥用,用权力制约权力是最好的方法。孟德斯鸠认为,国家拥有三种不同的权力,即立法权、处理国际事项的行政权以及处理民法事项的司法权;这三种权力应当分立,交由不同的国家机关行使;同时,三种权力之间应当形成彼此监督制衡的机制。首先,立法机关除了制定法律外,还应当监督行政机关的执法情况和公共决议等,以此监督行政权。其次,行政机关的首脑应当决定议会召开的时间、地点和内容,且有权否决议会通过的不当决议,以此监督立法权。另外,孟德斯鸠还指出,司法机构对立法机构和行政机构的立法、执法是否违反宪法和法律拥有监督权。孟德斯鸠很反对政府成员由议会多党领袖组成,认为此种做法使得立法权和行政权混同,违反了分权制衡的思想。同时,孟德斯鸠还指出,议会应由两院组成,一院是由封建贵族组成的"上议院",另一院是由"平民团体"(孟德斯鸠指的平民是指资产阶级)组成的"下议院",两院均拥有立法权,并分别召开议会,各自决议、通过各种议案,双方都有否决对方议案的权力,以此形成议会两院之间的监督制衡机制。孟德斯鸠的分权制衡思想克服了洛克思想中的不足,为后期"三权分立制衡"制度的实践开启了理论先导。

卢梭(Jean Jacques Rousseau)是法国启蒙运动的重要代表人物之一,其在

《社会契约论》中提出了与洛克和孟德斯鸠完全相反的观点。卢梭认为,因为主权是公民整体集体意志的体现,或是一部分人意志的体现,所以不能分割,立法权不应当与行政权分立,两者应当结合在一起。卢梭主张,立法权可以监督行政权,而行政权不能监督立法权。卢梭的思想之后被瑞士采用,瑞士实施"议行合一"的政体。在多数资本主义国家实施"议行分离"的政体时,我国采用"议行合一"的人民代表大会制度。托马斯·杰弗逊(Thomas Jefferson)作为美国《独立宣言》起草者之一,与乔治·华盛顿一起被称为资产阶级"革命之父",其对洛克、孟德斯鸠的思想做了拓展。杰弗逊认为,为了加强对行政权的监督力度,应当对总统的任期加以限制;为了加强对司法权的监督力度,应当建立弹劾失职法官的制度;这些思想最后也得以实践。此外,杰弗逊还指出,为了加强对联邦权力的监督力度,应当在联邦权力与州权力之间建立彼此监督制衡的机制。在联邦政权与州政权内部再次实施分权的思想,成为杰弗逊区别于洛克、孟德斯鸠思想的特色。美国另一个著名的资产阶级思想家亚历山大·汉密尔顿也对洛克、孟德斯鸠的思想做了延展,其认为,三权分立中的各个权力还应当进行有效的配合,通过两种权力的配合来监督制衡另一种权力。汉密尔顿还指出,议会中设置的两院之间也应当建立相互监督制衡的机制,且应赋予其中一院较另一院更大的权力。鉴于此,汉密尔顿认为,议会中应当设置参议院与众议院,相较于众议院而言,参议院有较高的权力,能对众议院权力进行制衡。

三、社会冲突理论

拉尔夫·达伦多夫(Ralf Dahrendort)是欧洲著名的社会学家之一,其提出的社会冲突理论是经典冲突理论之一,为后期相关研究奠定了基础。达伦多夫提出的社会理论认为,权力强度的不同伴随而来的是冲突,冲突是一把双刃剑,运用得当可以提高生产力,运用不当便会带来负面影响。社会生活中必然存在不同的利益主体,群体间利益不同就会引发冲突。达伦多夫指出,社会结构的关键因素之一是权力的配置,拥有较大控制权的群体为了自身利益发出压制的命令,要求拥有较小控制权的群体服从命令;但是无权者或者拥有较小控制权的群体不愿意屈服命令,会想方设法地争夺权力,或者采取各种措施维护权力,从而体现为有权者和无权者因为各种意见不合发生冲突。因此,达伦多夫认为,社会生活中存在的制度、规章等社会规范并不是不同利益群体一致同意通过的，而是由权力创建的。拥有较大控制权的群体在社会规范的制定中拥有较强的话语权，那么无权者或话语权较弱会使其处于被制裁的境地。若不同利益群体之间拥有的控制权大小相近，就会在权利的平衡下制定相应的社会规范。

达伦多夫在《工业社会中的阶级和阶级冲突》一书中指出，由于不同利益群体的"权威"强度不同，进而导致了冲突。此处的"权威"概念引用的是韦伯的理论，它是一种符合社会规范而存在的权力。例如，学生在学校里上学和住宿，那么学校有权向你收取学费和住宿费，这种权力是合法（符合法律）合规（符合社会规范）的。达伦多夫将社会生活中拥有不同权威强度的群体称为处于不同的"阶级"，不同利益群体处于哪类阶级是由其掌握的控制权的大小决定的。在这样的组织中，拥有较大权力的阶级便是命令者、规则的制定者，而拥有较小权力的阶级便是服从者、规则的执行者。当阶级冲突产生时，导致冲突发生的行为和冲突强度是需要重点关注的两个因素。冲突强度是指不同利益群体由于对抗消耗的能量及参与冲突的程度，冲突强度受到三个因素的影响。第一，在一个组织中拥有较小的控制权，同时在其他组织中也未掌握较大控制权的群体（或个人）；第二，在一个组织中和其他组织中都拥有较大控制权的群体（或个人），无论掌权的形式是"兼职的"还是"附加的"；第三，从拥有较小控制权的群体（或个人）进入到拥有较大控制权的群体（或个人）的流动程度。达伦多夫还指出，无论是高阶级还是低阶级的人，其身上增添的"附加"条件越多，不同阶级之间的冲突便会增大。例如，一个企业的最大持股者同时又是这个企业的董事长，那么这类人在企业中拥有较强的支配权，易引发追求私利的机会主义行为。达伦多夫还论证了，不同阶级之间的流动性越大，冲突强度会越小。因为人们想着自己有朝一日会进入到另一个阶级，便不会与该阶级产生较强的冲突。反之，如果不同阶级之间的流动性较小，那么冲突便会越发激烈。

彼得·布劳（Peter Michael Blau）是美国当代著名的社会学家之一，其在《社会生活中的交换与权力》一书中谈到，支配者和被支配者之间的冲突主要集中在四类问题上。第一类，资源问题，如果被支配者目前拥有的资源充足，足够获取自身向往的利益，那么被支配者就不会屈服于支配者的权力控制。反之，被支配者需要从支配者处获取利益，他们就会服从别人的权力。第二类，有权者为了获得无权者的服务同样会对冲突产生影响，如果多个有权者都想获得无权者的服务则会增强无权者的独立性；但若只存在一个想获取下级服务的上级，则会增大上级的权力。第三类，政治上的冲突，这是一种基于高级资源的权力斗争，是一种运用国家合法强制权力且基于经济、民生等问题的冲突。第四类，意识形态的冲突，掌权者为了巩固自身利益而推行的社会价值观，与被行权者所信仰的价值观相悖，进而产生冲突。

我国学者黄毅峰（2013）认为，社会冲突强度主要受到冲突主体、冲突诉求和社会性质的影响。冲突主体对社会冲突强度产生直接性影响，冲突诉求对社会冲突强度产生根本性影响，社会性质对社会冲突强度产生深刻性影响。通过进一步分析三个维度，他指出冲突主体对于冲突强度的影响主要是主体规模及主体之间利益分化程度对冲突强度的影响；冲突诉求对冲突强度的影响主要依赖于其性质、类型等；社会性质方面，社会性质的流动性及政治制度是其影响冲突强度的根本。

第二节　资本结构研究的基本理论

一、MM 理论

MM 理论由 Modigliani 和 Miller 两位学者提出，两位学者在 1958 年合作发表的《资本成本、公司财务和投资理论》一文中，深入研究了资本结构与公司价值的关系，开创了新古典资本结构理论的先锋。两位学者首先提出的是没有企业所得税情况下的资本结构理论，也称为"无税 MM 理论"，其基本观点是：在不考虑企业所得税的情况下，有负债企业的价值与无负债企业的价值相同，即无论企业有无负债，其公司价值与资本结构无关，公司的加权平均资本成本也与资本结构无关，公司的加权平均资本取决于经营风险的大小；有负债企业的权益资本成本等于无负债企业的权益资本成本与风险溢价之和，风险溢价取决于债务与股东权益的比例（财务杠杆）。1963 年，Modigliani 和 Miller 在《公司所得税与资本成本：一项修正》一文中，又提出了考虑所得税情况下的资本结构理论，即"有税 MM 理论"，该理论指出：有负债企业的价值等于具有类似风险的无负债企业的价值与债务利息抵税收益现值之和；债务权益之比（财务杠杆）和所得税税率对于风险溢价有着决定性影响。从"有税 MM 理论"可推断，公司的债务比重越大，利息抵税收益就越大，从而公司价值越大。这就意味着公司负债比例达到100%的情况下，公司价值将取得最大。但现实生活中，并没有企业实施这样的资本结构决策，是什么原因阻止了公司无限制地扩大负债规模？Miller在1977年发表的《负债和税收》一文中，对MM理论进行再次修改，形成米勒模型。米勒模型的基本思想是："有税MM理论"忽略了个人所得税对债务比重与公司价值之间关系的影响，公司希望通过增加负债以提高利息抵税收益，但对个人投资者来说，高利息所得税会使其转向股票投资。那么，公司纳税节约与投资者纳税损失相等时的税率，决定了公司的负债率，使得公司并未无限制增加负债比重，也说明个人所得税在一定程度上抵减了债务利息抵税收益。

此外，MM理论的假设是资本市场是完善的，具体隐含如下假设条件：第一，使用息税前利润的方差来度量经营风险，具有相同经营风险的公司即为具有类似风险的公司；第二，各方利益主体对于公司未来的风险与收益的预计均为一样；第三，资本市场是完全有效的，即资本市场中的证券交易没有成本，个人、机构投资者的借款利率均与公司相同；第四，无论个人还是公司，其借款利率均为无风险利率；第五，公司所有的现金流都是永续的。

然而，现实生活中这些假设根本无法全部满足，因此，MM理论与实际情况大相径庭，对于指导实践也毫无意义。但MM理论已成为研究资本结构的基础。之后，MM理论的假设被不断放宽，有不少学者从不同的视角研究资本结构，涌现出新的资本结构理论。其中较有代表性的有权衡理论、代理理论、优序融资理论等。

二、权衡理论

（一）静态权衡理论

米勒模型指出，公司并未无限制扩大负债规模追求抵税收益，是考虑到个人所得税对债务税盾的影响。另一方面，公司负债比重未达到100%时，提高负债比重会增大公司的财务风险、提高破产的概率，即增大公司陷入财务困境的可能性。那么，公司的最优资本结构应当在债务的利息抵税收益与财务困境成本之间进行权衡。考虑过高债务带来的财务风险会增大公司陷入财务困境甚至破产的资本结构理论，就是权衡理论。Robichek和Myers（1966）的权衡理论指出，有负债企业的价值是无负债企业的价值加上债务的利息抵税收益现值，再减去财务困境成本的现值。公司的最优资本结构取决于债务的利息抵税收益与财务困境成本的平衡，即当债务的边际税收收益等于债务的边际成本时，此点的资本结构就是使得公司取得最大价值的最优资本结构（郝二辉，2011）。

公司陷入财务困境后导致的成本有直接成本和间接成本两类，直接成本包括因破产、清算或重组等而支付给会计师、资产评估师、律师、信托经纪人、拍卖商等的费用，这些费用实际上由债权人承担，降低了债权人的收益，使得公司的价值下降。间接成本通常为隐性成本，一般要比直接成本大得多，公司资信状况发生恶化或是经营能力的下降，最终都会有损公司的价值。例如，公司在破产变现资产时，由于市场的不完全有效性，公司可能会将资产以低于其自身价值的价格出售，出售的价格与实际价值的差额就是间接成本。又如公司重要客户、供应商，或是核心员工的流失，以及资信下降导致在资本市场中融资成本的提高等，都是间接成本的体现。破产过程实质上是对股东利益和债权人利益的再分配，破产使得股东利益降为零，为了降低公司陷入财务困境而导致破产的概率，公司会减少借贷或是发债之类的债务融资，使负债比重保持在一定范围之内。权衡理论有助于解释不同公司之间财务杠杆的差异，如一些公司并未利用利息抵税收益而常年处于较低的负债水平，又如处于不同行业的公司，其负债水平也存在较大差异等。

（二）动态权衡理论

资本结构动态权衡理论（Fischer 等，1989；Leary & Roberts，2005；Flannery & Rangan，2006）认为，公司存在一个目标资本结构，公司也一直处于不断向目标资本结构靠近的状态。当实际资本结构高于目标资本结构时，企业会通过股权融资或债权融资的方式向下调整资本结构；当实际资本结构低于目标资本结构时，企业会通过股权融资或债权融资的方式向上调整资本结构。资本结构动态调整的过程及速度，取决于公司对调整成本和调整收益的权衡。众多研究发现，资本结构动态调整不仅会受到宏观经济运行、法律环境、媒体报道、新会计准则的实施等外部环境因素的影响（Cook & Tang，2010；Öztekin & Flannery，2012；黄继承等，2014；林慧婷等，2016；张博等，2018），还受到薪酬激励、股权激励和自身的特征、发展方向等内部因素的影响（盛明泉等，

2016）。由此可见，这些因素会影响调整成本，进而影响资本结构动态调整。传统的动态权衡理论主要关注调整成本对资本结构的影响，因而假定股东与经理人之间的利益一致。随后，在关于资本结构动态调整的相关研究中，越来越多的学者将股东与经理人之间的代理冲突考虑其中。

三、代理理论

Jensen 和 Meckling（1976）将资本结构与公司的所有权相联系，将代理成本引入到资本结构的框架中，使得资本结构的研究与公司治理、信息经济学等相结合。这表明以 MM 理论为核心的新古典资本结构理论向现代资本结构理论跃进。新古典资本结构理论强调从税收、破产等内部因素出发，研究对企业最优资本结构的影响；而现代资本结构理论强调还应关注信息、代理等外部因素对资本结构的影响，从而将资本结构的权衡问题转化为内部的结构和制度设计问题。

Jensen 和 Meckling（1976）的代理理论指出，公司内的利益冲突主要包括两类：一类是股东与经理人之间的利益冲突，另一类是股东与债权人之间的利益冲突，最优资本结构是实现债务的代理成本与代理收益的平衡。股东与经理人之间的冲突主要源于公司制企业的所有权和控制权的分离，导致股东存在追求私利而产生一些机会主义行为。最典型的表现就是，经理创立商业帝国的目的，倾向于扩大投资规模；或是随意支配公司的现金流，使其流向自身的利益；又或是为了追求私利投资于净现值为负的项目，而不向股东分配股利。经理人的自利行为会极大地损害股东的利益，从而降低公司的价值。为了抑制经理人的机会主义行为，可以通过增加公司的负债比重的方式，使公司产生固定的还本付息压力从而减少公司的自由现金流，实现对经理人追求私利的行为进行制约的目的。股东与债权人之间也存在利益冲突，此时经理人将代表股东进行决策，决策的后果可能会不利于债权人利益。具体表现为：由于公司的契约不完全、信息不对称，股东可能会投资于高风险的项目，此项目的风险高于债权人原有的风险预期。若高风险项目一旦成功，股东会获得绝大多数的剩余收益，但项目一旦失败，股东也仅以有限的股权承担责任，债权人却承担了主要损失。这种现象就是"资产替代问题"，即股东通过高风险项目的过度投资，提高了债权人的风险，降低了债务价值，将债权人的收益转移到自身手中。股东与债权人的利益冲突还表现为，当公司陷入财务困境时，公司会放弃净现值为正的项目使债权人利益受损，同时降低了公司的价值。这主要是因为，陷入财务困境的公司往往有较高比重的债务，此时投资净现值为正的项目，尽管既能增大股东财富，也能提高债权人利益，但债权人收益的增加会超过股东权益的增大，相当于股东财富向债权人转移，自然会降低股东投资此类项目的积极性，从而导致投资不足。

由此可知，经理人进行过度投资而使得债权人利益受损时会产生代理人的"保证支出"（此处代理人即为经理人），股东为避免财富向债权人转移而未投资于净现值为正的项目时也会产生类似的"保证支出"（此时的代理人即为股东）。当然，债权人考虑到债务人的决策方向可能会偏离债权人的利益最大化，便会采取各种监督措施来保护自身权益；例如，在债权债务合同中添加限制性条款，建议外部监管环境出台更为严谨的监管政策等，这些措施可能会增加委托人的"监督支出"（此处委托人即为债权人）。那么，此时公司的最优资本结构便是债权人（即委托人）的"监督支出"和股东、经理人（即代理人）的"保证支出"互相平衡的结果。

四、优序融资理论

优序融资理论是由 Myers 和 Majuf（1984）提出的，其是在考虑信息不对称及逆向选择的框架下研究资本结构。该理论的基本思想认为，在信息不对称的情况下，公司内部的管理层人员比外部投资者掌握了更多公司的信息，管理层的决策会向市场和投资者传递信息，外部投资者就是依据这些信息对公司未来的收益和风险作出评估。因此，企业筹资时首先选择内源融资，因为这些资金的筹集不会向市场传递股价被低估的信号。当内源融资不足时，企业倾向于举债或者发行债券之类的债务融资，而非股权融资，这是因为债务融资同样不会向投资者传递消极信号。由于外部投资者与企业内部的管理者之间存在信息不对称，管理层掌握的信息一般都多于投资者，那么，企业的权益价值很可能被错误定价。当企业的股价被低估时，企业不会选择发行股票进行融资，因为此时新投资者会获得超额收益，现有股东的权益受损。当股价被高估时，尽管企业乐意发行股票进行融资，但理性的投资者不会愿意购买，且投资者的逆向选择心理会认为，企业向市场传递的信息是经理人员对于实现未来预期的投资收益并没有较大把握，这是一种股价被低估的行为。此种情况下，选择对信息不敏感的融资方式，如留存收益、举债或是发行债券等，便会减少对企业的负面影响。由此可知,企业更偏好内源融资或是债务融资,而非股权融资。

总结下来,优序融资理论的主要内容有:①当公司存在融资需求时,相较于外部融资而言,公司更偏好内部融资;②当内部融资不足以满足资金需求需要进行外部融资时,公司偏好选择债务融资,其次为股权融资;③优序融资理论揭示了企业筹资顺序的偏好。

第三节 企业投资行为研究的基本理论

一、新古典框架下的企业投资理论

新古典框架下的企业投资理论,是学者们假设在一定的条件下,研究影响投资支出的关键因素,主要包括 MM 的投融资无关论、Jorgenson 的新古典投资模型和 Tobin 的 Q 理论。Modigliani 和 Miller(1958)在《资本成本、公司财务和投资理论》一文中不仅研究了资本结构与企业价值之间的关系,还研究了股东收益与资本结构、公司投资决策与融资决策之间的关系。该理论认为,当资本市场充分有效且完全竞争时,在没有交易成本且不考虑所得税的情况下,无论是通过股权融资还是债权融资筹集的投资资金,筹资成本都无区别。同时,公司的价值也不受筹资方式的影响,仍然以未来现金流量的现值计算。显然,MM 的投融资无关论认为投资决策不受融资方式的影响。Jorgenson(1963)的新古典投资模型指出,企业的投资活动是实际资本存量(K)偏离最优资本存量(K^*)后,公司采取行为的结果。最优资本存量(K^*)受到资金使用者成本、利润最大化的影响,资金使用者成本即为资金使用者因为使用资金而付出的费用。在资金使用者成本和总收益的数值能够确定的情况下,当单位资本的使用成本与资本的边际收益相等时,企业会实现利润最大化,此时应当投资。Tobin(1969)的 Q 理论将 Q 值定义为企业资产的市场价值与其重置成本之比,当 Q 值大于 1 时表明资产的市值大于重置成本,资本收益现值高于增加资本付出的成本,应当投资;当 Q 值小于 1 时表明增加资本的成本大于资本收益的现值,此时不适合投资。显然,Q 理论假设资本市场有效,企业的市场价值无重大偏误。

二、基于委托代理的企业投资理论

企业本身就是一系列契约的集合体,因而内部存在诸多不同的利益主体及利益冲突,最为典型的就是股东与经理人之间的利益冲突。除此之外,控股股东与中小股东之间、股东与债权人之间同样存在利益冲突,进而会影响公司的投资决策。在股东与经理人之间的代理冲突下,经理人并未享有100%的剩余控制权,那么即使经理人勤勉使得公司价值提升,经理人依然不能获得超额收益,因此经理人便会利用公司的资源追求在职消费、扩大投资规模建立商业帝国谋求私利(Jensen & Meckling,1976;Jensen,1986;Stein,2003;Narayanan,1985;Bebchuk & Stole,1993;Bertand & Mullainathan,2003;Aggarwal & Samwick,2006)。大股东与中小股东的代理冲突主要是源于双方信息不对称、权利不对等且监督成本与收益也不同,中小股东"搭便车"的心理更重,因而导致存在大股东"掏空"公司的可能性。大股东可以通过控制公司的投资行为进而达到"掏空"公司的目的,如 Goergen 和 Renneboog(2001)研究发现,大股东同样会对公司的自由现金进行操纵,谋取投资形成的资产收益。股东与债权人之间的利益冲突对投资行为的影响,主要表现为对过度投资与投资不足的影响。Myers(1977)研究负债对企业投资行为的影响时发现,企业内部的管理层代表股东利益,掌握了企业未来的投资方向,倘若未来的投资收益增加,债权人的财富价值大于股东的价值时,企业会舍弃该投资方案(即使该投资方案的净现值大于0),因而造成投资不足。Jensen(1986)的自由现金流假说以及 Stulz(1990)、Nini 等(2009)的研究发现,债务的还本付息压力以及债务中添加的限制性条款等都会减少经理层对现金流的操纵,降低过度投资现象。

三、基于信息不对称的企业投资理论

假设资本市场中的信息完全对称,则企业总是可以在一定的资本结构下达到最优的投资水平。但是,现实的情况是,资本市场中各方利益主体的信息存在强烈的不对称,外部融资的信息不对称使得企业难以实现最优投资水平。Myers 和 Majuf(1984)研究股权融资中的逆向选择时指出,企业的管理层与潜在的新股东之间也存在信息不对称,当股价被低估时,企业管理层发行新股会损害老股东的利益,那么即使新项目的净现值为正,企业管理层为了保护老股东的权益也不会发行新股为新项目筹资;同理,当股价被高估时,企业管理层发行新股会损害新股东的利益,那么即使企业发行新股,潜在的投资者也知道企业的模式,便不会买单。由此可知,无论企业的价值是被高估还是低估,只要企业发行新股,投资者都将其视为坏消息。那么,企业在内部资金不足时便不会优先考虑股权融资,进而可能引发投资不足现象。当股权融资受到限制时,若企业能够毫无障碍地获得债权融资,则可以降低此种现象发生的概率。但是,大量研究发现,债务的违约风险使得债权融资同样存在逆向选择问题。

第四节 过度投资研究的基本理论

一、基于构建商业帝国假说的过度投资理论

Jensen 和 Meckling(1976)的委托代理理论指出,相较于股东来说,经理人员拥有信息优势,但其付出较高程度的努力却不享有全部的剩余索取权,仍需承担全部成本。当经理人追求私利时,只需在承担部分成本的情况下享有全部好处,因此经理人有机会主义行为的动机。熊彼特(1911)、鲍莫尔(1959)的"销售最大化"模型均指出,经理人总是期望企业的销售额达到最大值,从而提高企业的总体规模。较大的企业规模有利于经理人员追求更多私利,包括薪资、声誉、权力、职位等利益,因此,经理人员热衷于建造商业帝国。经理人为了实现规模的增大,宁愿将企业的现金流投资于收益低于成本的效率低下的项目,从而降低了投资效率,造成过度投资。目前多数研究也发现,经理人员会通过增加投资来建造个人帝国、享乐、提高声誉等(Jensen, 1986; Stein, 2003; Narayanan, 1985; Bebchuk & Stole, 1993; Bertrand & Mullainathan, 2003; Aggarwal & Samwick, 2006),这些研究进一步支持了上述观点。

二、基于自由现金流假说的过度投资理论

Jensen(1986)提出的自由现金流假说认为,自由现金流是企业投资于 NPV 大于零的项目后,剩余的现金流量。理论上来说,当企业存在较多的自由现金流量时,应当考虑向股东分发股利,或者回购股票;即使是实施剩余股利政策,也应当在考虑下一年的目标资本结构后,依然将剩余现金流用于分派股

利。但是，企业内部的经营管理者存在自利动机，将自由现金流用于分派股利对其无益处，经营管理者会选择将自由现金流投资于收益低于成本，却能从中谋利的项目，进而导致过度投资。多数研究发现，企业的自由现金流越多，过度投资现象也会越多。由此可见，股东与经理层之间的利益冲突表现在对自由现金流的控制权上，自由现金流率越多会使经营管理者的过度投资现象越重。

三、基于资产替代假说的过度投资理论

股东与债权人之间存在利益冲突主要源于，经理代表股东利益会将债权融资获得的资金投资于高风险的项目，期望以有限的责任获得超额收益；但此时的项目风险高于债务合约中的风险，债权人被迫承担了高于预期风险的超额风险，却最多只能获得固定的利息。Mikkelson 等（1981）研究指出，此种现象具体表现为，由于公司的契约不完全、信息不对称，股东可能会投资于高风险的项目，此项目的风险高于债权人原有的风险预期。"资产替代问题"是债权人与股东之间利益冲突导致的现象，主要体现为股东对债权人财富的剥夺。具体来说，公司如果选择高风险投资项目，相较于股东而言，债权人承担的风险更高。这是因为，即使项目成功了，债权人获得的收益仅为利息，剩余收益都由股东获得；但是项目失败后，大部分损失是由债权人承担，而股东只需承担有限损失。这种风险和收益的不对等会加剧股东与债权人之间的利益冲突，股东会利用其信息优势做出自利而非利于企业的高风险投资决策，降低了投资效率，从而导致过度投资。

四、基于信息不对称假说的过度投资理论

Narayanan（1988）认为资本市场上的参与者之间，存在着信息不对称现象。相较于投资者而言，企业内部的经营管理者拥有更多与企业行为决策相关的信息，这就导致了信息的不对称。对于企业的投资项目来说，企业内部的经营管理者拥有更多与投资相关的信息，当企业有新的投资项目时，投资者与企业内部的经营管理者之间的信息不对称可能导致过度投资。该理论的基本思想是，资本市场通常是通过净现值来对各个企业的投资项目进行评估，但由于资本市场上的企业众多，市场无法具体识别到每个企业投资项目的价值，最后得到的是所有投资项目的平均估值。这样一来，如果某个投资项目的净现值较低，且企业是以市场中所有投资项目的平均价值发行股票，那么某些企业的股

价就会被高估，这些企业必然会从中获利。如果这部分收益高于净现值小于零的投资项目所带来的损失，企业更会趋之若鹜，这就是为何一些企业经常投资亏损项目的原因。Narayanan（1988）还指出，当企业的股价被高估时，企业选择投资项目的净现值存在一个临界值，且该临界值必然小于零，企业会关注净现值大于该临界值的其他项目，进而引发过度投资。

第五节 公司治理基本理论

一、古典企业理论与新古典企业理论

古典经济学家亚当·斯密在《国富论》中最先论述了企业的性质，他指出生产力大发展和规模化大生产推动了劳动分红的发展趋势，劳动力的精细分工又会促进劳动合作，而企业就是劳动分工与合作的有效载体。通过企业实现劳动力的有效分工与合作，能够提高企业的业绩，进而增加企业的价值。新古典经济学家在古典企业理论的基础上，对其进行了进一步研究。新古典企业理论将企业当作一个生产函数，认为企业的主要目标是在给定的资源、技术条件下，将土地、劳动力、资本等生产要素转化为产出，从而实现企业的价值最大化。新古典企业理论认为企业是生产函数、成本函数的载体，企业的目标是将给定的生产要素转化为产出，以实现资源的优化配置。然而，新古典企业理论依旧忽略了企业内部结构、成本及市场结构的差异性。

二、交易成本理论

交易成本理论是由 Coase 在 1937 年的《企业的性质》一文中提出的，该理论是在关注生产与交易的区别时，以交易成本的视角对市场运行机制和企业的治理结构进行探讨，成为研究企业本质的另一个转折点。

该理论认为，市场运行机制是存在成本的，而企业内部的管理和协调可以替代某些市场运行机制，从而降低交易成本。此时，企业不再是市场中的某个要素，而是与市场并行存在的治理机制。企业和市场的目标都是实现资源的优化配置，那么，选择哪种治理机制则取决于市场运行成本和企业运作成本的大小，即交易成本会对企业规模产生显著的影响。另外，Coase 的交易成本理论

也存在不足，如忽略了企业最基本的属性，即生产能力，而市场不具备此能力；又如单纯注重契约数量的减少不能说明交易成本的下降，因为契约的质量和执行力度同样会影响交易成本；同时，我们不应当仅仅用契约的不完备和期限来划分企业契约和市场契约，因为所有的契约都有不完全性，只是不完全性的程度存在差异，使用单一标准来判断交易成本的大小过于片面。尽管如此，Coase 的许多观点仍然为交易成本理论奠定了坚实的基础。随后，Williamson 在 Coase 的交易成本理论的基础上，对该理论进一步深化。Williamson 指出，"机会主义""有限的交易次数""资产专用性"是影响交易费用的关键。机会主义会损害各方利益主体的价值，组织内部的层级架构可以获得高于市场的协调能力，从而降低交易费用，因而企业同样可以作为一种治理机制。资产的专用性程度越强，企业内部的机会主义行为就越多，这样易造成双边依赖。

三、不完全契约理论

在交易成本理论之后，基于契约的不完全性，格罗斯曼、哈特和莫尔（简称"GHM 范式"）提出了不完全契约理论。该理论的基本思想是，可以将企业本身看成是一种合约，其是各种物质资产的集合体。但是，企业仅对于部分权利给出了明确的所属规定，而对于那些未给出明确规定的剩余权利，如何确定其所属的利益体，将是企业的一个难题。如果不能明确剩余控制权的所属利益主体，投资收益则难以合理分配，专用性资产的超额收益就很难实现。GHM 范式指出，资产的所有者理所当然地拥有了剩余控制权，企业资产的所有者间接拥有了人力资本的控制权，这会促使员工依据资产所有者的利益行事。该理论的假设是，员工工作的动力是基于某种资产，此种资产成为员工主要关注点，因而也成为所有者的权威来源。由此可知，GHM 范式将企业视为各种可控制的物质资产的集合体，企业的目标受到各方利益主体的产权结构的影响。另外，GHM 范式也存在局限性，即该理论忽略了人力资本的影响以及人力资本的专用性。

四、委托代理理论

公司治理理论是由 Berle 和 Means 在 1932 年的《现代公司与私有财产》一书中提出的，之后的 80 年中众多学者发展了公司治理理论，取得了丰硕的研究成果。其中，最为经典的属委托代理理论。委托代理理论是由 Jensen 和

Meckling（1976）提出的，是制度经济学的契约理论之一。该理论研究的委托代理关系是指，由于分工细化，股东的知识、能力、经验等有限而无法行使所有权，便依据一种明示或者暗示的契约，雇佣经理等拥有专业知识的人员为其提供相应的服务，同时给予这些人员一定的决策权利，并根据雇佣人员服务的数量、质量等给予一定的报酬。此种委托关系中，委托人就是授权人，而代理人就是被授权人。20世纪初，由于股份制企业的大量涌现，股权分散化成为普遍现象。股权分散化会导致股东拥有的控制权越来越少，而经理人员掌握了公司大量的控制权和支配权。公司的所有权和控制权分离后，各方利益主体出现利益冲突。由于股东和经理层之间的利益不一致、双方信息不对称以及代理成本的存在，进而产生了逆向选择和道德风险的代理问题。股东如何设计出一套制度、机制等，使经理层的利益向股东利益趋近，是近些年来学者们致力研究的话题。代理问题产生的原因是委托人和代理人之间存在信息不对称，信息不对称又可以进一步划分为事前信息不对称和事后信息不对称。事前信息不对称使得股东不能依据实际能力选聘与岗位匹配的经理人，导致逆向选择。为了降低逆向选择的程度，可以通过信号显示机制的措施，如公司可以以高学历、拥有的物质资本能力及相关的工作经验等作为选聘经理人员的依据。事后信息不对称主要是指经理层掌握公司绝大部分控制权而产生的机会主义行为，从而导致道德风险。为了降低道德风险，可以采用完善与经理层的契约、加强对经理层的监督力度以及制定经理层的激励方案等措施。由此可见，公司内部较为完善的治理结构及一定的治理机制，对降低代理问题有关键作用。20世纪80年代以来，人们发现不同国家的上市公司，其股东集中及分散程度不同，面临的公司治理问题也不同。公司内部除了股东与经理人之间存在利益冲突，股东与股东之间同样也会有利益冲突，那么委托代理理论将不适用于其他的治理问题，进而推动了其他公司治理理论的发展。

五、资源依赖理论

资源依赖理论指出，任何一个企业都不能独立于环境而存在，企业需要在外部环境中获取资源来维持生存，而获取资源往往需要通过交换来实现。企业的决策与其拥有的资源及能力相关，组织对于资源的依赖性是内部权力分配的关键，组织可以被视为一个政治主体，其实施的战略决策与其试图获取的资源及控制的其他组织权力密切相关。此外，资源依赖理论还考虑了内部影响因素，即资源被需要的程度、资源的稀缺程度、资源转化为产出的效率及组织获取和利用该资源的能力等，都会影响组织内部的权力分配。因此，那些能够帮助企业获得稀缺资源的人员，在企业内部的权力分配中就有较大的优势。相较于委托代理理论而言，资源依赖理论能够更好地解释董事会的功能及管理层权力制衡强度。具体地说就是，董事会的规模和人员构成对公司获得关键资源有重要的影响，如众所周知的，中小型企业相较于大型企业来说较难获得核心资源；高管拥有的财务经历使其对与资本结构相关的信息有较为深刻的认知，对决策相关的资源、时机有更理性的把握（姜付秀和黄继承，2013）；独立董事比例越大有利于公司的治理效率（唐清泉和罗党论，2006）等。同时，董事会的规模和人员构成是对外部环境的反映，会随着外部环境的变化而改变，最终会体现在公司的财务绩效、公司价值等之上。此外，除了董事带来资源的能力，董事为公司提供的合理建议、提供获取外部信息的渠道等获取资源的能力也会影响其在公司内部的话语权。由此可知，上述因素会影响董事会的功能及其在公司内部的权力分配，那么，进而会影响董事会与经理层之间的权力制衡强度，即资源依赖理论可以更好地解释管理层权力制衡强度。

六、利益相关者理论

企业的利益相关者是指受企业的行为决策影响的人和组织，包括股东、债权人、政府、经营管理者、供应商、销售者等，这不仅包括股东，还包括股东以外的其他群体。各方利益主体都希望企业在制定战略决策时，能够优先考虑自身的利益；但不同利益主体之间大多存在利益冲突，那么，企业需要依据对利益主体的依赖程度来权衡优先考虑的利益方。目前普遍认为，公司财务管理的目标为股东财富最大化的观点即为优先考虑股东利益。然而，弗里曼（1984）的利益相关者管理理论的基本观点认为，企业的经营管理者应当致力于平衡各个利益相关者的利益，而不是只重点关注某些利益主体的需求。因为任何企业的发展都与各方利益主体的参与分不开，这些利益主体都承担着与其相关的企业风险，企业追求的是各方利益主体的整体利益最大化，公司治理的关键是有效处理各方利益主体之间的关系。此外，利益相关者理论强调了重视非股东利益方的必要性，该理论指出，公司内部的经营管理者、职工等与公司的利害关系更密切，相较于存在的绝大多数小股东而言，会更关注公司的发展。董事会之类的决策机制中应当增加除股东代表外的其他利益方的代表。由于利益相关者理论强调重视非股东方的利益，得到了多方认可。

第六节 中国企业管理层权力制衡机制的演进

一、分权改革

20世纪50年代初，我国政府效仿苏联模式，国营企业日常经营以及地方的相关建设计划均由中央政府高度集权管理。直到1979年，中央政府开始实施行政性放权，将一些原本由中央政府直接管理的经济、行政事务，分权给地方政府直接参与管理。中央政府的分权使得地方政府更愿意参与到行政、经济管理的改革中，调动了其积极性。之后，我国人事管理制度也在1980年发生了变动。中央政府的分权使得地方政府拥有选聘下级的职权，即地方政府可以直接任命下一级官员。

中央政府除了下放行政权外，还下放了部分财权。国务院在1980年颁布的《关于实行"划分收支、分级包干"的财政管理体制的暂行规定》标志着"财政包干制"在我国开始正式实行。中央与地方签订了财政包干合同，与地方分享财政收入。同时，地方政府还可以享有，如地方行政收费、企业上缴的利润等，无须与中央政府共享的财政收入。但是，中央和地方共享财政收入，会使得中央的财政收入下降。因此，国务院在1993年又颁布了《关于实行分税制财政管理体制的决定》，分税制改革便在次年实行。财政包干相关的制度被取消，中央和地方共享财政收入以税种为基础，并设置了国税局和地税局。分税制改革主要明确了三个方面：第一，明确了中央和地方管理事务的权利及支出范围，如中央政府主管涉及国民经济命脉的相关事务以及相关的经费支出，而地方政府主管当地的经济、事业发展相关的事务及支出。第二，明确了中央和地方的财政收入划分准则，中央税、地方税和中央与地方共享税一起组成了财政收入。第三，明确了税收征收方式，即国税局负责征收中央税、共享税，地税局负责征收地方税，中央会将共享税中属于地税局的部分直接划给地方。

整体来看，中央政府将行政权和财权分权给地方政府，带来了一定的正面影响。最直接的就是，地方政府拥有一定的控制权，可以将当地的发展与地方政府关联，调动其参与经济、管理等改革的积极性。中央不再拥有所有事务的职权，中央和地方之间，建立起了一定的制衡关系。当然，分权也是把双刃剑，也带来不少不利影响。例如，出于"天高皇帝远"的心态，地方政府的腐败现象增多；再者，预算软约束的现象也会加重，而且各个地区容易形成地方保护主义（周黎安，2008）。

二、国有企业改革的历史演变

从1978年改革开放至今，宏观层面上见证了我国从计划经济体制变革为市场经济体制；微观层面上，见证了我国企业从行政治理逐渐转变为公司制企业的治理模式。总结下来，国有企业的改革可以大致分为如下几个阶段。

第一阶段为1978年至1992年，这段时期是国有企业改革的探索期。党的十一届三中全会给国有企业的改革指明了方向。大会认为，国企的经营管理应当明确责权利，并推行经济责任制。政府应当下放一定的决策权和财权给企业，并与企业签订合同明确双方的经济利益。在此期间，诸如利改税、放权让利等改革措施推行，企业自主经营权得到扩大。至于分权决策权方面，改革的核心是政企分离、两权分离，改革措施从开始的厂长（经理）责任制，发展到之后的承包责任制。承包责任制强调，政府应将企业的经营权下放给经营者，让企业完全自主经营。由于政府与企业的经营者之间存在信息不对称，以及相关的监督机制不完善等问题，使得这些改革措施都存在一些弊端。

第二阶段为1993年至2002年，这段时期初步建立了现代企业制度。1993年，《中共中央关于建立社会主义市场经济体制若干问题的决定》经党的十四届三中全会通过后，我国从宏观层面上明确建立市场经济体制，强调市场的资源配置作用，在微观层面上要求企业建立现代企业制度。随后的《中华人民共和国公司法》（下文简称《公司法》）明确了公司内部的法人治理结构，即由股东大会、董事会、监事会、经理层组成的法人治理结构。现代企业制度的相关试点工作在次年开始，大中型国企在2000年末初步建立了现代企业制度。

第三阶段为2003年至2017年，这段时期是改革的进一步推进期。在建立社会主义市场经济体制和加入WTO后，国有资产管理体制的进一步深化改革迫在眉睫。《中共中央关于完善社会主义市场经济体制若干问题的决定》经党的十六届三中全会通过后，我国强调需要大力发挥市场在资源配置中的基础作用，并明确产权，解决所有者缺位问题。同年，我国建立了国有资产监督管理委员会和各级国有资产监督管理机构,并推行了混合所有制改革、董事会授权等措施。紧接着,国有企业依据《关于深化国有企业改革的指导意见》《中央企业公司制改制工作实施方案》等文件,进一步深化改革。

第四阶段是2018年至今,这段时期是国有企业深化改革时期。2018年的第十三届全国人大一次会议给国企的进一步发展指明了方向,会议强调"形成有效的法人治理结构"是改革的重心。国企改革依旧在推进公司治理模式,未来将由过往的行政治理模式,全面蜕变成真正的公司治理。

三、中国公司管理层权力制衡机制的当代模式

中国上市公司治理指引中规定,上市公司的董事长和总经理应当由不同的人员任职。而现在一些国企确实是这样做的,董事长、总经理都由不同的人担任。甚至,党委书记、董事长、总经理都是由不同的人任职的。董事长、总经理的两职分离,初衷是让企业的董事会和总经理办公会之间形成一定的制衡,减少一人独揽大权所导致的负面影响。但实际情况是,目前的企业尤其是国企,董事会和总经理的办公职能混同,董事会不健全或是没有实权的问题很常见。这种现象发生的原因有两点,一是,国企中的董事长、总经理都是政府直接任命的;二是,中国上市公司治理指引中只是给出普适的条文,并未清晰、明确地指出董事长、总经理各自的职权。因此,我国企业只是表面上的两职分离,并未达到有效的制衡效果。

仲继银(2018)指出,在中国的上市公司中,有20.9%的公司让董事长兼任总经理,这类公司的决策权、执行权是高度集中的。还有34.3%的公司,是董事长、总经理由不同的人任职,但是董事长并非每天都在公司上班,这类公司的决策权、执行权是相对分离的。剩下的44.8%的公司,是董事长不兼任总经理,且每天都在公司上班,这类公司中董事长权力高于总经理权力的概率更大些。董事长不兼任总经理,却每天在公司上班的情况,实质为"双CEO制"。这种情况对于国外公司来说属于特例,一般都是公司合并中的过渡期才会这样设置。但这种现象在中国却很普遍,这是由于并未真正理解其治理内涵。国外公司的治理结构中,更多的是在董事长由外部董事或独立董事任职的情况下,将董事长、总经理的职能分离,以便处理拥有监督、决策权的董事会,与拥有执行权、日常决策权的总经理之间的关系。但我国的公司治理现状中,却将董事会、总经理办公会之间的职责分设简单处理为董事长与总经理之间的"上下级"

行政关系。而且，在我国的大多数企业中，董事会闭幕后，董事长会代行董事会职权，甚至在出现分歧时，董事长还常有一票否决权。这导致企业内部大多默认董事长为"一把手"，总经理就只能是"二把手"，企业实际上的CEO为董事长。

我国参照国际上的公司治理模式及方法，制定了《中国上市公司治理准则》，规定上市公司应当设置审计、薪酬、战略、提名等委员会，却未设置执行委员会。在国际上规范的公司治理中，董事会闭幕后，是由执行委员会来代行董事会的职权。虽然我国设立了独立董事制度，但内部董事监督董事长、总经理办公会的动机可能并不高，当其未真正尽责时，对于我国企业真正的CEO，也就是对董事长来说，董事会对其进行考核、监督等的力度就较弱，对总经理办公会的监督力度就更弱了。内部董事比例的增大，可能还会加剧董事会、总经理办公会中部分成员的合谋，进而造成管理层内部一人独大，或者两三个人之间的权力争斗。

因此，仲继银（2018）认为，对于管理层而言，应当设置执行委员会，让其在董事会闭会期间代行董事会职权，而并非由董事长行权。这样能够强化董事会作为一个团体平等行权，并共同担负起经营公司、监督经理层行为等职责。董事会尽职尽责后，随之而来的便是总经理办公会的职责到位。这样一来，企业的董事和高管责任、利益明确，相互之间形成有效的权力制衡，形成稳定、可持续的权力制衡状态。由此可见，董事会与总经理办公会之间的权力制衡能否有效，权力制衡的强度是关键。而两者的机构设置、人员数量、人员重叠程度等可能都会对权力制衡的强度产生影响。

第七节　不同类型企业的公司治理与管理层权力制衡机制

一、国有企业的公司治理

如何提高国企的治理效率一直是学者们热衷的话题，而国有企业的治理要先从其治理模式的变化说起。在改革开放之前，国有企业一直遵循行政化的治理模式，国有企业的实质并非为企业，而是政府部门；国有企业内部的高管其实属于国家干部，其趋于追求政治上的晋升。这是由于我国当时的经济体制为计划经济，企业内部实行的是"生产车间"式的管理，资源都是由国家统一配置的，企业无权决定自身的经营目标，这种政企不分的模式使得国有企业存在效率低下、员工吃大锅饭等现象。改革开放之后，国有企业的治理模式经历了从行政化向现代公司治理过渡的时期（1978—1992年）。在这一时期，不仅扩大了企业的自主经营权，还进行了利改税、放权让利等改革。为了实现政企分离，企业内部治理使用厂长（经理）负责制代替政府控制下的负责制；同时，政府与企业确立了契约关系，企业治理实施企业承包责任制，即政府将企业的经营权让渡给经营者，使其自行经营企业。这一阶段国有企业的治理模式，实质上仍然为行政化的治理模式。1993年之后，我国国有企业的治理进入了现代公司治理模式。党的十四届三中全会强调要发挥市场的资源配置作用，并依据市场经济的要求建立现代企业制度。1993年我国的《公司法》中明确了法人治理结构，且于1994年在一些企业中实施了相关试点工作。2000年底，大中型的国企基本建立起了现代企业制度。这些改革措施表明，现代公司治理模式开始引入到国有企业的治理中。2003年建立的国有资产监督管理委员会和各级国有资产监督管理机构，基本表明了政企分离新体制的建立。随后几年又出台了有关国有企业的相关决议，这些决议都指出了国企深化改革的方向。

尽管我国国有企业改革已经历40多年，但在公司治理方面仍然存在不少问题。第一，国有企业政企不分、行政色彩浓厚的现象依然很严重；政府超越了出资人的职责，过度干预企业的日常经营决策。例如，在国有企业刚引入现代公司治理模式的一段时期内，由于政府过度干预国企的经营使得国企经营效率低下、大量处于亏损状态。最为典型的就是高管的任免机制，目前绝大多数国有企业的董事长、总经理的选拔都是实行行政选拔制和行政提拔制。也就是说，国企高管的选拔并不是依据其才能在市场中选聘，而是由国资委任命的，这其实违背了现代公司治理的基本要求。国有企业中国有股权处于绝对的控股地位，使得国有企业更多处于被行政控制状态，经营目标更多表现为行政目标而非提高企业的经济效益。另外，由于国企受到政府控制，还时常承担了一些社会职能，这同样违背了公司治理的原则。第二，"内部人控制"的现象依旧严重。例如大多国企董事会中独董的比例仅满足《公司法》中的最低要求，国有资产的流失、会计信息失真以及信息披露滞后等都是"内部人控制"的主要表现。

二、民营企业的公司治理

我国民营上市公司中，绝大多数都是家族企业，因而民营企业的治理模式主要为"家族治理模式"。家族企业的发展主要经历三个阶段：第一阶段是创始人阶段，即创始人既是所有者也是企业的经营管理者。第二阶段是创始人分享所有权，考虑企业继承人的阶段。在这一阶段，为了企业的持续发展，创始人必须选择继承人来延续企业发展。基于中国家族观念的思想，创始人首先会考虑子女、兄弟姐妹之类的亲属，这时创始人的亲属会以合伙人的身份分享企业的所有权。当然，家族成员在企业中的角色也不同，有些积极参与企业的经营管理，有些则不参与企业的日常事务。第三阶段是随着企业规模的扩大，众多家族成员分享了企业的所有权并参与管理。但由于持股比例、专业才能及个人志向等不同，家族成员参与企业管理的程度也会存在差异。当所有权分散到一定程度时，很多家族成员不再愿意参与企业的经营管理，这时就需要从外部选人来经营管理企业；此时的董事会、经理层更多体现为受托人的角色。

家族企业的治理是以亲缘为中心，并在家族成员内部进行权力分配和制衡。家族企业的"家族治理模式"主要体现为：由一位领导者作为统帅，指引企业的发展，这位领导人大多为企业的创始人；企业的所有权与经营权合二为一，且管理权和决策权高度集中；企业内部的重要职位和关键职位基本由家族成员担任。民营企业的家族治理模式在一定时期内有其合理性，最典型的就是可以降低成本。民营企业在成立之初缺乏人力、财力、物力等资源，而家族成员在此时往往拥有强烈的使命感，会尽心尽责工作，表现为想方设法地为企业筹集所需的资源。家族企业的所有权和经营权是合二为一的，因而没有代理问题。另外，企业的创始人掌握了所有权、经营权，家族成员尽心尽责工作，有利于作出科学、合理的决策。

民营企业的家族治理模式同样存在不少问题。

第一，企业中的家族体系和企业体系无法分离，家族成员过度干预企业的日常经营，使得企业的"家族"色彩很浓厚，给企业的决策、效益等带来了负面影响。家族企业中普遍存在的现象就是企业的经营决策和治理机制存在着很明显的"家族"色彩，往往都是由家族成员决定企业的发展方向，即家族成员在公司的管理层职位中占据多数，甚至要职。家族企业中家族文化的色彩越重，企业对于家族成员的信任就远远大于成员外的经理人，这很明显会挫伤非家族成员的工作积极性；又或者家族成员通过股权结构层层把控住企业的控制权，造成"一股独大"的现象。这些都是家族成员对于企业的经营决策和发展方向过度干预，或者家族成员的绝对控股造成的（Claessens et al.，2000；Bertrand et al.，2008），且往往不利于企业绩效的提高。家族体系要求管理企业应以血缘关系为核心，而企业体系要求管理企业应以现代公司治理的规章、制度为准，两个体系存在冲突，这增加了管理上的困难。例如当家庭成员出现重大失误时，企业会选择用家族体系的管理方法回避其失误，而不是按照公司治理的制度对其进行严惩。长此以往，会助长家族成员靠裙带关系逃避责任的风气。

第二，企业产权不明确。民营企业尤其是家族企业，创业初期都是由几个人共同持有的。合伙人之间不是亲属关系的，可能内部之间有持股协议。但是父母子女、兄弟姐妹这类亲属共同持股的，他们内部之间往往没有明确的持股比例，使得企业内部的产权不清晰。

第三，企业内部高度集权化，短期投机现象严重。民企的家族主义文化导致权力过度集中，企业往往表现为"企业家长"同时任职董事长和总经理，集经营权、决策权于一身，凡事基本由"企业家长"决定，员工只需听从安排。这样会使独裁氛围过重，员工缺乏归属感。另外，当企业发生重大问题，而家族成员无法解决的时候，家族企业才会想着外聘相关人员。但问题解决后，外聘人员依然会受到家族成员的排挤。这样一来，外聘人员对企业永远不会有归属感，认为自己就是打工的，严重影响员工的工作效率，对企业的持续发展不利。

三、管理层权力制衡机制发挥的作用

企业的形式经历了业主制、合伙制和公司制的发展，公司制企业有着不同于业主制、合伙制企业的特点。首先，公司制企业要求公司以其全部法人财产对债务承担有限责任，股东以其出资额为限对债务承担有限责任，而业主制、合伙制企业均要求业主、合伙人对企业债务承担无限责任。其次，公司制企业的财产所有权和公司的经营权分离。最后，公司制企业以法人形式存在，所有权和经营权的分离能够使企业永续发展，克服了业主制、合伙制企业因为个人因素而影响企业存续的问题。为何公司制企业这么好的组织形式在18、19世纪才出现呢？实际上，随着政治体制的进步，伴随而来的是公司制企业的发展。董事会在股东大会的授权下经营公司，而股东作为出资方，设定相应的规章制度来约束董事会的行为。由此可见，公司中的"政府"就是董事会，股东大会、董事会的设置是公司中民主政治的应用。民主政治是拥有投票权的人员通过投票选举政府工作人员，而在公司制企业的内部治理中，股东是拥有投票

权的人员，股东根据股权比例选举或更换董事。由此可知，最先发起民主政治的国家最先建立了现代公司制企业。在"公司共和国"中，政府机构是董事会，宪法是公司章程，而股东以出资、持股多少成为公民。民主政治原则要求，虽然政府的权力是公民赋予的，但公民不能随意收回已经授予的权力；公民可以通过一系列的程序"治理"政府，但公民不是政府的行政上级，无权直接给政府下达指令。同样地，现代公司治理原则要求，董事会的权力源自股东，但股东同样不能随意收回已经授予的权力；股东可以通过股东大会、公司章程来"治理"董事会，但股东不是董事会的行政上级，无权直接给董事会下达指令。经理层的权力源自董事，但董事不能随意收回已经授予的权力；董事可以通过法律法规、公司章程、董事会来"治理"经理层，但董事不是经理层的行政上级，无权直接给经理层下达命令。为了监督、约束经理人的机会主义行为，股东并没有直接将权力授予经理层，而是在公司内部设置了一个制度机制，即股东先向董事会授权，之后董事会再向经理层授权。这表明公司治理的灵魂是制衡，股东大会、董事会和经理层之间并不是上下级的行政关系，而是彼此制衡的关系。那么，明确并实质性地加强董事会、经理层的权力和责任，对于建立现代企业制度来说是至关重要的。

从上文总结的国企和民企的治理问题来看，两者存在的通病是都只是披着现代公司治理模式的外壳，却没有现代公司治理模式的实质。公司治理的问题主要包括内部人控制问题和大股东掏空的问题，其实质都是公司内部运行机制出错导致。针对大股东掏空现象，目前多数学者指出，应当按照现代公司治理的原则，尊重所有股东尤其是中小股东的权利，提升其他大股东的话语权，以制衡控股股东的行为。而内部人控制问题的原因是股东与经理人之间的代理冲突，我们同样需要用现代公司治理的原则对目前存在于股东与经理人之间的机制进行审视。值得注意的是，股东与经理人之间是一种间接委托关系，那么董事会与经理层之间运行机制的有效性对股东与经理人之间的代理问题会产生显著影响。我们将董事会与经理层之间的运行机制界定为管理层权力制衡机制。

但目前我国公司董事会、经理层的运行现状，是董事会与经理层的职能混同，公司内部普遍表现为董事会和经理层都是管理层，董事会是经理层的直属上级，经理层需要按照董事会的指令行事。董事长"一把手"的地位增大其追求私利的风险，而被迫成为公司"二把手"的总经理，会想方设法成为董事长。那么，西方公司的内部人控制问题，在我国实际上为股东与董事、高管这类内部经营者之间的代理冲突。上述现状表明，董事会和经理层之间的制衡关系被减弱。因此，我们应当以制衡原则为核心，将董事会"随意收回的权力"归还给经理层，让董事回归使用公司章程，让董事会来管理经理层，使得董事会与经理层之间形成良好的制衡关系，进而缓解内部人控制现象。事实上，企业内部都存在管理层权力制衡机制，区别就在于不同企业管理层权力制衡机制的强度不同。董事会和经理层内部存在不同的利益方，如内部董事、外部董事、非内部董事的高管等，这些利益主体之间权责利相互监督制衡的程度就是管理层权力制衡机制的强度。提高董事会与经理层之间的权力制衡强度，就是增强董事会与经理层之间运行机制的有效性，进而能够提高公司的治理水平，这对缓解代理冲突有着积极影响。

第八节 权力制衡强度、投资行为与融资决策之间的理论分析

资本结构作为重要的财务决策之一，会受到公司内部、外部治理机制的影响。内部激励机制如股权激励、薪酬激励（黄继承等，2016；盛明泉等，2016），外部监督机制如法律环境、媒体报道、新会计准则的实施等（Cook & Tang，2010；Öztekin & Flannery，2012；黄继承等，2014；林慧婷等，2016；张博等，2018）均被证实，会显著影响公司的资本结构。董事会与总经理办公会之间的权力制衡与股权制衡同为公司内部的权力制衡机制，是一种重要的内部监督治理机制，应当也会影响资本结构。

由前文的相关理论可知，资本结构静态、动态的权衡理论均表明（Fischer et al.，1989；Leary & Roberts，2005；Flannery & Rangan，2006）公司存在最优资本结构，是否选择最优负债水平，是否选择趋向目标资本结构，取决于负债的调整成本和调整收益的权衡（姜付秀和黄继承，2011）。公司的内外部环境时刻在变化，经营状况和财务状况亦是如此，这使得最优资本结构也在不断变化，公司难免会偏离最优资本结构。当公司的实际资本结构偏离目标之后，为了不对公司价值产生负面影响，应当尽可能采取有效的措施以缩小资本结构与目标水平的偏离程度，使公司的实际资本结构向目标结构趋近（盛明泉等，2016）。实际经营中，由于自身条件、外部融资的摩擦成本等的限制，公司很

难确定最优负债水平。同时由于外部环境千变万化，前段时间确定的最优负债水平，可能已经偏离目前的最优资本结构。而公司最优的负债水平，是通过对债务融资和股权融资比例进行调整实现的。就资本结构动态调整而言，公司趋向目标调整资本结构时，免不了受到市场摩擦成本（如宏观经济的变动、资本市场的状况）和选择的融资方式（是外部融资还是内部融资，外部融资是债权融资还是股权融资）的影响而增大调整成本（Leary & Roberts，2005；Flannery & Rangan，2006；Morellec et al.，2012），而调整成本的大小对资本结构动态调整尤为重要。因此，无论是公司的负债水平，还是动态的资本结构调整，降低调整成本是重要方法之一。由于资本结构决策包括静态的资本结构水平和动态的资本结构调整，而动态的资本结构调整又包含资本结构调整速度和资本结构调整方式，因此本书分别探讨了董事会与总经理办公会之间的权力制衡强度对以上三个资本结构变量的影响。

拉尔夫·达伦多夫（Ralf Dahrendort）提出的社会冲突理论认为，社会生活中必然存在不同的利益主体，群体间利益的不同就会引发冲突。社会结构的关键因素之一是权力的配置，而拥有较大控制权的群体为了自身利益发出压制的命令，要求拥有较小控制权的群体服从命令。因此，社会生活中存在的制度、规章等社会规范并不是不同利益群体一致同意通过的，而是由权力创建的。同理，公司章程也并非由股东大会、董事会、监事会、总经理办公会等不同利益主体一致通过建立的，而是不同利益主体间争夺权力下的结果。就董事会和总经理办公会而言，两者属于不同的利益群体。如果高管拥有相对较大的权力，会造成利用权力影响薪酬制定、操纵盈余等负面效应（Adams，2005；Harjoto & Jo，2009；卢锐等，2008）。如果董事拥有相对较大的权力，会造成职能混同、董事随意干涉总经理办公会日常决策等现象。因此，对两者进行权力监督制衡，能够缓解任何一个权力过大造成的负面效应。又如黄毅峰（2013）指出，不同主体之间的冲突强度也是制衡机制的一种体现，当不同主体之间的冲突强度越大，利益诉求越不一致，主体之间的制衡效果会越明显。因而，如果董事会和总经理办公会之间存在明显的利益诉求不一致，总经理办公会的权力就越能得到尊重，董事过度干涉经理人员行为的现象反而会减少，监督经理人员的意愿明显增大。上述分析表明，提高董事会和总经理办公会之间的权力制衡强度能够对公司产生正面影响。而高明华（2018）指出，增大董事会与总经理办公会之间的权力制衡强度能够提高公司的治理水平。另一方面，公司治理水平的提高（如公司的短期、长期绩效的增大）可以向资本市场传递积极信号，那么公司通过外部融资调整资本结构的成本便会下降（盛明泉等，2016），这为进行合理的资本结构决策提供了有利条件。

其次，除了调整成本外，公司资本结构决策还会受到董事、高管意愿的影响。公司经营的控制权掌握在董事、高管手中，他们对资本结构决策的态度将直接影响公司是否选择最优负债水平，以及资本结构动态调整的过程和速度。若股东与经理人之间的代理冲突较大，或者股东与董事会之间也存在代理问题，那么即使调整成本很低或者调整收益很高，董事、高管也不愿意进行合理的资本结构决策。现有多数研究认为，管理层权力越大，越倾向于利用权力影响自身薪酬的制定，对企业的盈余、信息披露等事项进行操纵，倾向于过度投资，结果就是不利于企业业绩的提高（Adams，2005；Harjoto & Jo，2009；卢锐等，2008；赵青华和黄登仕，2011；张敦力和张婷，2018）。而高明华（2018）研究指出，公司治理结构中，股东大会、董事会与总经理办公会之间并非简单的层级递进关系，而是相互制衡的关系。那么，管理层权力制衡强度的增大，不仅会提高董事会对高管权力的监督力度，减弱高管滥用权力的负面影响，还会增大拥有较大控制权的董事会、高管、董事会成员、高管成员的联合监督力度，减少董事、高管的机会主义行为，有助于缓解代理问题，同样也为进行合理的资本结构决策提供了有利条件。

此外，经济是靠投资驱动的，作为市场经济的参与者，公司对此深信不疑，为了提高业绩会乐于扩大投资，易造成过度投资（赵国宇和禹薇，2018）。就股东与经理人的代理冲突而言，由于股东与经理人之间的利益不一致，经理人为了扩大公司规模或者追求私利，造成投资速度过快，进而导致过度投资。过度投资会损害股东利益，投资者察觉后认为公司价值会下降，进而使其股价下跌，使公司的股权融资成本增大；当股权融资成本较高时，公司会转而选择债务融资，进而提高债务融资水平（马娜和钟田丽，2013）。也就是说，过度投资会减少公司的自由现金流和现金持有量，为了保证日常经营所需资金，公司通过债务融资获取资金以弥补过度投资缩减的部分。但这种情况下的债务融资并非正常的融资需求，增大的负债水平会扭曲公司的资本结构。因此，过度投资会对资本结构产生不利影响。同时，现有研究大多认为，股权制衡能够有效抑制过度投资（赵国宇和禹薇，2018；Gomes & Livdan，2004）。类似地，管理层权力制衡强度的增大，可使董事会对总经理办公会进行有效监督，独立董事也会对董事会、总经理办公会的行为进行有效监督,董事长也无法过度干涉总经理,无论是团体还是个人,单个利益主体都难以私下利用控制权谋取私利,能够有效抑制过度投资。管理层权力制衡强度的增大能够抑制过度投资,过度投资又会对资本结构产生不利影响,那么管理层权力制衡强度或许可以通过削弱过度投资对资本结构的不利影响,进而优化公司的资本结构。

综合以上分析可知,提高管理层权力制衡强度有利于公司治理水平的提高,使得资本结构的调整成本下降,代理冲突得到缓解,进而利于资本结构的优化。管理层权力制衡强度影响资本结构的内在机理是,当管理层权力制衡强度较弱时,公司倾向于选择高风险决策,这会促进公司投资扩张过快而导致过度投资。过度投资不仅减少了公司内部的自由现金流,还使得股权融资成本增大,公司转而选择债务融资以弥补过度投资挪用的资金,进而使得资本结构失衡。那么,提高管理层权力制衡强度能够有效抑制过度投资,进而削弱过度投资对资本结构的不利影响。本书整体的逻辑分析框架图如图 3-1 所示。

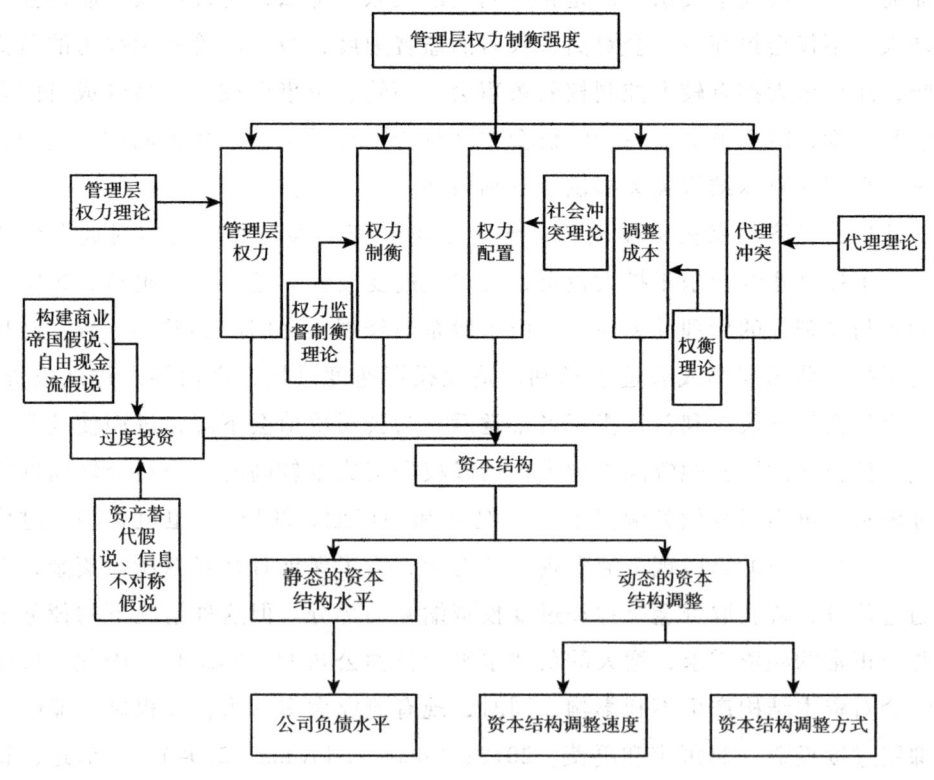

图 3-1 逻辑分析框架图

第九节 本章小结

本章对全书涉及的基本理论和制度背景进行了梳理。首先，本章整理和总结了与本书研究相关的基本理论，包括管理层权力制衡强度研究的基本理论、资本结构研究的基本理论。管理层权力制衡强度研究的基本理论部分，笔者总结了管理层权力理论、资产阶级思想家的权力监督制衡理论以及社会冲突理论；资本结构研究的基本理论部分，笔者总结了 MM 理论、权衡理论、代理成本理论和优序融资理论。由于本书还检验了管理层权力制衡强度对资本结构的影响机理，因此基本理论部分还整理和总结了企业投资行为研究的基本理论、过度投资研究的基本理论及公司治理相关的理论。同时，本章还对权力制衡强度、投资与融资之间的关系进行了理论分析。其次，本章整理和总结了与本书研究相关的制度背景，包括中国企业管理层权力制衡机制的演进、不同类型企业的公司治理与管理层权力制衡机制。在中国企业管理层权力制衡机制的演进中，笔者具体分析了分权改革、国有企业改革的历史演变及中国公司管理层权力制衡机制的当代模式。在不同类型企业的公司治理与管理层权力制衡机制中，笔者分析了国企、民企的公司治理现状及存在的问题，以及管理层权力制衡机制在公司内部发挥的作用。本书从下一章开始，将进入到实证检验部分。

第四章 管理层权力制衡强度、过度投资与公司负债水平

第一节 引 言

党组织"把方向、管大局"的职责体现在指导企业的发展方向方面，而"保落实"职责是管理上述"方向、大局"等决策的设计、执行情况。为了保证"方向、大局"等决策能够有效设计且有较强的执行力度，强化经营者内部的监督力度是重要因素。然而，资本结构作为公司重要的财务决策之一，研究管理层权力制衡强度对其影响，具有现实的必要性。

国内外众多学者指出，公司存在最优负债水平，而公司是否对负债水平进行调整，取决于公司对于调整成本和调整收益的权衡。那么，什么因素影响了公司优化资本结构决策，目前文献中从多个角度进行了论证，如经理的薪酬、股权激励能够降低公司的负债水平，CEO 财务经历与公司负债水平显著正相关等（Friend & Lang，1988；Hayes et al.，2012；冯根福和马亚军，2004；Graham et al.，2013）。然而，资本结构的影响因素是以 Jensen 和 Meckling（1976）提出的代理理论为基础，降低代理冲突会对资本结构的优化产生重大影响。目前缓解代理问题的方法主要还是采用薪酬激励、股权激励等激励机制（黄继承等，2016；盛明泉等，2016），或是呼吁加强外部监管力度，如提高资本市场的透明度、提高法制环境（黄继承等，2014，林慧婷等，2016）。以上措施其实都是借助外部手段来缓解代理问题，却忽略了股东与经理人之间产生代理冲突的内因。股东经理人冲突暗含的假设是，总经理办公会是独立的，决策不受他方干预，完全依靠职业能力行事，由于总经理办公会的目标利益与股东不一致，或是经理人员与股东之间的信息不对称，使得总经理办公会的决策违背了股东意愿。但目前国内的上市公司中，董事参与公司的经营管理属于普遍现象（即治理层参与管理），这不仅降低了董事会代表股东利益作出决策的可靠性，还使经理人员丧失了独立性；且真正由董事会聘任的总经理少之又少，董事会

与总经理办公会之间的制衡关系被割裂,制衡强度减弱。具体来看,一方面董事会和总经理办公会费尽心机争夺公司的控制权,董事会凌驾于总经理办公会之上,过度干涉总经理办公会的日常决策,影响公司的经营效率。另一方面,董事人员还可能与总经理办公会人员合谋谋取私利,进而增大了股东与董事会之间的代理问题(Bebchuk,2002)。那么,增强董事会与总经理办公会之间的制衡机制,使董事会真正代表股东利益作出决策,总经理办公会凭借自身能力经营公司;加强董事会对管理层权力的有效监督、约束,使得经理人员的目标利益向股东利益趋近,即提高董事、高管这类管理层人员内部的权力制衡强度,便是缓解股东与经理人之间代理冲突的关键。

由于董事会与总经理办公会之间也存在委托代理关系,因此股东大会与总经理办公会之间其实是一种间接委托关系。这是起源于公司的内部治理结构,股东大会、董事会与总经理办公会之间并非简单的层级递进,而是相互制衡的体系,即董事会由股东大会选举产生,并代表股东的意愿作出决策;总经理办公会由董事会选择产生,且两者之间的契约关系表明,董事会不应当随意干预总经理办公会的日常决策。于是,我们提出一个概念——管理层权力制衡强度。管理层权力制衡机制是指:董事会是独立的,能够代表股东及整个公司的意愿作出决策;总经理办公会也具有相当的独立性,能够凭借专业胜任能力行事(高明华,2018);董事、高管等管理层内部形成相互制衡的制度体系,类似于"几权分立"状态(赵宝云,2009),例如董事会的决策权和总经理办公会的执行权的分立。制衡既强调"制约",又强调"平衡",董事、高管等管理层权力、责任、利益需要达到平衡,才能利于企业的持续发展;而平衡是通过董事、高管等管理层人员相互作用、相互制约形成的,并非任何一方对另一方的强制行为(赵宝云,2009)。权力各方既互相牵制、互相监督,又互相协调、互相平衡的程度称之为管理层权力制衡强度。由于常规的公司治理结构,涉及"三会一层",因此本书的管理层主要考虑董事、高管。

事实上,资本结构决策受到董事、高管之类经营者意愿的影响,管理层参与公司经营,则资本结构决策是经营者团队(董事、高管等管理层)意愿的体现。既然提高管理层权力制衡强度能够有效缓解股东与经理人之间的代理冲突,那么管理层权力制衡强度的增大对优化资本结构的积极作用尤为重要。然而,管理层权力制衡强度是否影响公司的负债水平?管理层权力制衡强度影响公司负债水平的内在机理是什么?另外,公司的产权性质和成长机会不同,面临的债务约束强度不同,那么管理层权力制衡强度对公司负债水平的治理作用是否会受到产权性质和成长机会的影响?目前学术界与此相关的成果较少,本章的研究以管理层权力制衡强度为切入点,深入探究其在公司负债水平中发挥的作用。

第二节 理论分析与研究假设

一、管理层权力制衡强度与公司负债水平

Jensen 和 Meckling 的委托代理理论(1976)指出,股东根据契约雇佣经理为其服务,同时授予经理一定的决策权利;但由于目标利益的不一致及信息的不对称,企业的股东、债权人等无法实施有效的监督,使得经理人员掌握了公司大部分的控制权,在公司的战略决策中追求自身的利益,从而架空股东的有效控制。内部董事对总经理办公会的监督水平不足,只有外部董事甚至独立董事才有足够的动力监督总经理办公会,从而较好地缓解股东与经理人之间的代理问题。独立董事为了获得薪酬的超额收益,会加强对公司行为决策的监督。然而,管理层过度参与管理,董事长成为公司的"一把手"凌驾于总经理权力之上,过度干预经理人员的日常决策,使得总经理办公会失去独立性,限制了总经理办公会潜能的发挥;同时,总经理的非独立性使其觊觎董事长之位,激化了内部矛盾(高明华,2018)。另一方面,董事参与公司的经营管理,也可能会为了谋取私利与总经理办公会人员合谋,从而加剧了股东与董事会之间的代理问题(Bebchuk,2002)。此时,独立董事面临的环境较为严峻,可能迫于压力或者追求私利也参与合谋,从而失去独立性,又或者担忧自己过于负责的行为会受到胁迫(高明华,2018)。因此,为了降低上述负面治理效应,公司治理中应当引入一种重要的机制——管理层权力制衡。

黄毅峰(2013)认为,不同主体之间的冲突强度也是制衡机制的一种体现,当不同主体之间的冲突强度越大,利益诉求越不一致,主体之间的制衡效果会越明显。因而,董事会和总经理办公会之间的利益诉求越不一致,两者之间的权力制衡效果会越明显。在管理层权力制衡强度较大的公司中,总经理办公会的权力得到尊重,经理人员可以凭借自身的能力经营公司,不会受到董事

第四章 管理层权力制衡强度、过度投资与公司负债水平

会成员的过度干涉。同时，董事会会对总经理办公会的权力进行有效的监督、约束，以防止总经理办公会盲目追求自身利益而侵蚀股东的合法权益。提高管理层权力制衡强度有利于公司作出正确的决策。高明华（2018）指出，建立规范的法人治理结构，形成相互制衡的体系，权力各方才不会为了争夺控制权而费尽心机，才能为企业的发展尽心尽力。对于非营利机构，权力制衡同样能带来正面影响，如秦惠民（2009）研究发现，高校内部的权力也需要相互制约，应当强化学术权力和民主管理权力的地位。

公司存在最优资本结构，是否对资本结构进行调整，取决于调整成本和调整收益的权衡（姜付秀和黄继承，2011）。公司内外部环境时刻在变化，经营状况和财务状况亦是如此，使得最优资本结构也在不断变化，公司难免会偏离最优资本结构。偏离之后，公司会选择债务融资或者权益融资方式来维持目标资本结构，但仍需考虑调整成本的大小。公司经营者会在考虑当前资本市场状况、宏观经济情况及债务融资和股权融资之下的调整成本后，作出合理的资本结构决策（姜付秀和黄继承，2013；Leary & Roberts，2005；Byoun，2008；Cook & Tang，2010）。较大的管理层权力制衡强度使得董事会和总经理办公会尽心尽力经营公司（高明华，2018；石少侠，1996），使得公司治理水平提高，进而可以向资本市场传递积极信号，公司通过外部融资调整资本结构的成本便会下降，从而促使公司优化资本结构决策。就治理效应相近的股权制衡来说，多数学者均认为股权制衡有利于公司业绩的提高。例如 Bloch 和 Hege（2001）研究指出，公司的控制权由两个大股东分享，将会减少控股股东的自利行为。一般情况下，适度的股权制衡度对公司的经营业绩会产生正向影响（Volpin Paolo，2002；Lehmann & Jrgen，2000；赵国宇和禹薇，2018）。那么，可以合理预期，管理层权力制衡强度的增大也会提高公司的业绩和价值，增强公司的外部融资能力，同样促使公司优化资本结构决策，选择最优负债水平。

除了考虑调整成本，公司是否进行合理的资本结构决策还取决于董事、高管的意愿，这就涉及代理问题。公司治理结构中，股东大会、董事会与总经理办公会之间并非简单的层级递进关系，而是相互制衡的关系（高明华，2018）。董事会与总经理办公会之间的权力制衡较弱的话，易导致董事与高管合谋，增大股东与董事会之间的代理成本（卢馨等，2014；Bebchuk，2002）。已有多数文献发现，高管权力越大，越倾向于利用权力影响自身薪酬的制定，对企业的

盈余、信息披露等事项进行操纵，结果就是不利于企业业绩的提高（Adams，2005；Harjoto & Jo，2009；卢锐等，2008；赵青华和黄登仕，2011；张敦力和张婷，2018）。就如卢锐等（2008）研究指出，高管权力越大，其薪酬越高，公司的在职消费水平也越高，然而却未带来业绩的提高。同时，高管权力会对其风险偏好和风险承受度产生影响。权力较大的管理层，倾向于选择高风险决策，风险承受度也会提高（Anderson & Galinsky，2006；Lewellyn & Kahle，2012）。高管的权力大，则其决策权也大，公司选择战略决策时难免掺杂主观因素进而影响公司业绩的稳定性（Adams，2005）。由此可见，经营者的权力未得到有效约束、监督，易滋董事、高管的机会主义行为，使其偏向于作出高风险的行为决策。管理层权力制衡强度的提高，会对经营者的权力进行有效约束，有助于缓解代理问题。

目前缓解代理冲突的措施有股权激励、薪酬激励、监督机制等，国内外学者也研究了其对资本结构的影响。例如 Hayes 等（2012）发现，股权激励会降低公司的负债水平。而冯根福和马亚军（2004）、Friend 和 Lang（1998）指出，薪酬激励强度越大，公司负债水平越低，这与黄继承等（2016）认为的，薪酬激励能够显著提高公司的负债水平相悖。独立董事作为公司内部的监督机制，其有效性会影响公司决策的科学性。而董事长和总经理的两职兼任会降低此监督机制的效率。此外，董事、经理人员的背景特征也会对资本结构产生影响。例如 Graham 等（2013）研究认为，公司 CEO 的财务经历会较大概率提高公司的负债水平。国内学者姜付秀和黄继承（2013）也发现，公司 CEO 的财务经历有利于资本结构的优化。董事会中拥有财务经历的人员概率较高，尤其是审计委员会中要求至少有一名独立董事为会计专业的相关人士，则董事、高管的财务经历也可能会影响管理层权力制衡强度，进而对负债水平产生影响。虽然薪酬激励、股权激励等治理机制对资本结构的影响不同，但总体来看，管理层权力制衡强度的增大能够约束董事、高管的高风险决策，使其倾向于选择保守的融资决策，从而降低公司的负债水平。鉴于此，我们推断，管理层权力制衡强度的增大会使公司治理水平得到提高，从而降低调整成本、缓解代理冲突，董事、高管激进的融资决策也会得到缓解，使其倾向于选择降低公司的负债水平。基于上述分析，本书提出如下假设：

H1：管理层权力制衡强度越大，公司负债水平越低。

二、管理层权力制衡强度与过度投资

公司的管理层权力制衡强度较大，总经理办公会的权力会得到尊重，董事会和总经理办公会各司其职，双方控制权得到平衡，有助于防止董事会、总经理办公会的权力滥用。此外，管理层权力制衡强度较大，有利于公司引入外部监管力量。目前多数学者均发现，管理层权力的逐步增大及内部监督机制的不完善，使得公司的投资规模增大、投资效率降低。国外学者指出，当管理层发现，突破权力的制约追求过度投资获得的收益远远大于成本时，便会继续过度投资（Laurent & Carolina, 2010）。由于信息不对称、目标利益不一致，管理层权力越大，便越会利用此优势来获取私有利益（Morse et al., 2011），而扩大投资规模绝对是选择之一。国内学者也得出类似结论，卢馨等（2014）、杭建民和于蕾（2016）研究发现，管理层权力越大，投资规模越大。由此可见，管理层权力的增大会对投资造成负面影响，易导致过度投资现象。而管理层权力制衡强度的增大，会加大对管理层权力的约束和监督，从而对投资决策产生正面影响，减少过度投资现象。股权制衡被多数文献证明，会对投资决策产生有利影响。例如，左晶晶等（2013）认为，股权制衡强度的增大有利于促进公司的研发投资；赵国宇和禹薇（2018）研究发现，股权制衡能够显著提高投资效率，管理层权力制衡强度的增大与股权制衡有类似的治理效果。因此，提高管理层权力制衡强度有利于公司作出正确的投资决策。

多数研究成果指出，过度投资会对企业的发展产生负面影响，如降低企业的业绩（李彬，2013），使得公司股价崩盘的概率提高（江轩宇和许年行，2015）。经济是靠投资驱动的，作为市场经济的参与者，公司对此深信不疑，为了提高业绩，公司会乐于扩大投资，但这易造成过度投资（张敏等，2010）。管理层权力制衡是重要的公司治理机制，公司的管理层权力制衡强度较大会使各方利益主体的权力得到平衡，以防止董事会、总经理办公会的权力滥用；同时，董事会还会加大对总经理办公会的监督，减少总经理办公会的机会主义行为。管理层权力制衡强度的增大会优化公司治理水平（高明华，2018），而规范的公司治理会缓解过度投资现象（殷裕品，2017；赵国宇和禹薇，2018），也就是说管理层权力制衡强度也会缓解公司的过度投资程度。当公司的管理层权力制衡强度较大时，董事会和总经理办公会各司其职，对于公司的重大决策，需先经过总经理办公会拟定，之后交由董事会审批，董事会再上报股东大会批准，这样就避免了各方利益主体的权力滥用。鉴于此，我们推断，提高管理层权力制衡强度是缓解代理问题的重要机制，对公司的投资决策产生积极作用，有利于缓解过度投资。

H2：管理层权力制衡强度越大，公司的过度投资程度越低。

三、管理层权力制衡强度、过度投资与公司负债水平

过度投资是指公司采用不盈利的项目或者风险较高的项目，进而损害股东及债权人的利益，最终损害公司价值的行为。过度投资主要是两类代理冲突下的产物：第一类是股东与经理人之间的代理冲突，经理人的机会主义行为导致过度投资；第二类是股东与债权人之间利益不一致，经理人代表股东利益选择高风险项目或者非盈利项目进而导致过度投资。显而易见，过度投资对公司的长期发展会产生不利的影响，就资本市场来说，过度投资会增大股价崩盘的风险（赵国宇和禹薇，2018）。过度投资现象表明，公司的生产要素、生产资料大多效率较低或者产能严重过剩，表现为资源浪费和闲置、资源配置不合理，进而降低公司价值，对资本结构也会产生负面效应（李彬，2013；马娜和钟田丽，2013）。由于股东与经理人之间的利益不一致，经理人为了扩大公司规模或者追求私利，造成投资速度过快，进而导致过度投资。过度投资会损害股东利益，投资者察觉后认为公司价值会下降，进而使其股价下跌，公司的股权融资成本增大；当股权融资成本较高时，公司会转而选择债务融资，进而提高债务融资水平（马娜和钟田丽，2013）。就公司内部而言，过度投资会减少公司的自由现金流和现金持有量，为了保证日常经营所需资金，公司通过债务融资获取资金以弥补过度投资缩减的部分。此时，公司的负债水平增大，资本结构的稳定性下降（范亚东等，2018）。因此，过度投资增大了融资成本，提高了负债水平，加剧了资本结构的扭曲。

董事过度参与公司的日常经营决策会使董事会凌驾于总经理办公会之上，董事长成为公司的"一把手"，凌驾于其他董事和总经理权力之上（高明华，2018）。占有较大控制权的董事长可能会滥用手中的权力，对总经理办公会的日常决策过度干预，不利于总经理办公会潜能的发挥。在管理层权力制衡强度较大的情况下，董事会和总经理办公会的权力得到平衡，董事会成员和总经理办公会成员的权力也得到平衡，其他人员出于维护自己利益的动机，也会阻止董事长的过度干涉，或是阻止其他成员的不利行为。贾明琪等（2017）研究认

为，股权制衡度较大时，能够有效抑制过度投资。国外学者 Gomes 和 Livdan（2004）也发现，公司存在多个大股东且形成制衡的情况下，单个大股东难以私下利用控制权追求私利，同样可以有效抑制过度投资。类似地，若公司的管理层权力制衡强度较大，董事会会对总经理办公会进行有效监督，独立董事也会对董事会、总经理办公会的行为进行有效监督，董事长无法过度干涉总经理的行为，无论是团体还是个人，单个利益主体都难以私下利用控制权谋取私利，能够有效抑制过度投资。可见如何制约董事长、总经理或者其他拥有较大控制权的董事、高管在投资方面的机会主义行为，对于提高管理层权力制衡强度至关重要。较大的管理层权力制衡强度抑制了过度投资，提高了公司的投资效率；公司的投资意向决定了融资需求（李心合等，2014），进而有助于公司选择合理的负债水平。

在一个同时存在多个较大控制权的董事团体、高管团体、董事成员、高管成员的公司中，多个拥有较大控制权的团体或个人的并存能起到相互制衡的作用。例如，董事长同时受到其他内部董事、独立董事，甚至总经理的联合监督有助于抑制董事长的高风险决策。目前多数文献也指出，高管拥有较大的控制权，会使得公司的风险偏好激进，风险承受度也会提高（Anderson & Galinsky，2006；Lewellyn & Kahle，2012），公司战略决策的激进度也会提高，从而影响公司业绩的稳定（Adams，2005）。就投资方面而言，高风险的决策表现为投资扩张过快（Morse et al.，2011；卢馨等，2014；杭建民和于蕾，2016），进而导致过度投资。董事会未对高管权力进行有效监督，使得高管滥用控制权。由此可知，管理层权力制衡强度较弱时，公司战略定位的过激会促进公司投资扩张过快而导致过度投资，最终使得资本结构失衡。鉴于此，我们推断，提高管理层权力制衡强度，能够抑制过度投资，进而优化公司的负债水平。

H3：管理层权力制衡强度通过缓解过度投资程度，进而抑制公司的负债水平。

第三节 研究设计

一、样本选取与数据来源

考虑到 2008 年金融危机的影响，本书研究的样本时间从 2009 年开始。本书初选 2009—2018 年沪深两市 A 股上市公司作为研究对象,并按照多数研究的惯例,对数据做以下处理:①剔除属于金融行业的上市公司;②剔除 ST、*ST 类上市公司;③样本区间内并非所有公司的管理层权力制衡强度的数据均存在,因此剔除管理层权力制衡强度数据缺失的上市公司;④剔除相关数据缺失的上市公司;⑤剔除当年上市的公司;⑥剔除股东权益为负值、主营业务收入为零、资产负债率大于 1 等异常值的样本。其中,本书得到的初始样本为 10 年间共 12018 个公司的年度观测值。由于过度投资程度的模型、主检验模型等涉及滞后一期的数据,因此,进入模型检验的样本区间为 2010—2018 年的数据,本书最后保留 9051 个观测值。另外,本书后续检验只涉及过度投资的样本,过度投资样本共有 4261 个观测值。同时,为了避免极端值的影响,本书对所有连续变量进行了 1%~99% 的缩尾处理(Winsorize)。本书的数据涉及公司财务、公司治理的相关内容,因此,数据主要来源于 CSMAR 数据库和 WIND 数据库。

二、变量定义

(一)公司负债水平

借鉴现有的研究成果(黄继成等,2016;姜付秀和黄继承,2011;郭雪萌等,2019),选取有息负债率作为静态资本结构水平的替代变量,即使用有息负债率度量公司负债水平,并用 Lev 表示;即 $Lev=$ 有息负债/资产总额,其中,有息负债 = 短期借款 + 一年内到期的非流动负债 + 长期借款 + 应付债券。

(二)管理层权力制衡强度

本书借鉴卢馨等(2014)、卢锐等(2008)、李彬(2013)等学者的做法,选取三个维度的变量来衡量管理层权力制衡强度,包括董事长对总经理的制衡强度、董事会对总经理办公会的制衡强度、董事会内部的制衡强度,管理层权力制衡强度我们用 PB 表示。同时,我们还对这几个维度变量做了一些变换,构建了三个制衡强度的综合变量。下面我们分别对各个维度的制衡强度及三个综合权力制衡强度变量进行界定。

(1)董事长对总经理的制衡强度用两职分离来衡量,并用 PB_CM 表示。PB_CM 为哑变量,若董事长和总经理并非为同一人任职,则取值 1,否则为 0,

数值越大则表明制衡强度越大。

（2）董事会对总经理办公会的制衡强度用高管未兼任董事占比来衡量，并用 PB_MBOD 表示。高管兼任董事的比例即高管兼任董事的人数与高管总人数的比值，比值越大则表明兼任董事的高管越多，此种情况越不利于董事会对总经理办公会进行有效制衡。而高管未兼任董事的比例为数值1减去高管兼任董事的比例，比例越大则表明董事会对总经理办公会的制衡强度越大。

（3）董事会内部的制衡强度用独立董事占比、外部董事占比来衡量，分别用 IB、EB 表示。独立董事占比即独立董事人数与董事总人数的比值，外部董事占比即外部董事人数与董事总人数的比值。IB、EB 值较大则表明独立董事、外部董事的人数较多，有利于企业对董事会的行为决策进行监督，制衡强度也较大。

（4）综合权力制衡强度积分变量1用 PB_CM、PB_MBOD、IB、EB 四个值之和来衡量，并用 PB1 表示。PB1 的数值越大则表明管理层权力制衡强度越大。

（5）综合权力制衡强度积分变量2用各个维度变换后的变量来衡量，并用 PB2 表示。我们将 PB_MBOD 分行业、分年度，从小到大进行排序，如果 PB_MBOD 的数值高于行业中位数，则取值1，否则为0；同样地，将 IB、EB 分行业分年度从小到大进行排序，如果 IB、EB 的数值高于行业中位数，则取值1，否则为0。用变换后的 PB_MBOD、IB、EB 以及 PB_CM 四个值之和构建综合权力制衡强度积分变量2，数值越大则表明管理层权力制衡强度越大。

（6）综合权力制衡强度虚拟变量1同样用各个维度变换后的变量来衡量，并用 PB3 表示。我们同样使用上一个步骤变换后的 PB_MBOD、IB、EB 以及 PB_CM 四个值构建 PB3，PB3 为哑变量，若变换后的 PB_MBOD、IB、EB 以及 PB_CM 之和大于等于3，则取值1，否则为0。PB3 的数值越大则表明管理层权力制衡强度越大。

（三）过度投资

过度投资即企业投资于净现值小于0的项目（Jensen，1986），本书参考了大多数学者的做法（辛清泉等，2007；方红星和金玉娜，2013），采用 Richardson（2006）的投资回归模型，对收集到的样本数据进行回归分析，估计出样本公司投资水平的拟合值,即样本公司的预期投资水平(Exp_Inv)。同时,使用该模型估计出的投资水平的残差值来度量样本公司的非效率投资水平,正的残差为高于预期投资水平的值,记为过度投资(为模型4.1中的$Exce\_Inv$);而负的残差则为低于预期投资水平的值,记为投资不足(为模型4.1中的$Lack\_Inv$)。

$$Inv_{i,t} = \alpha_0 + \alpha_1 Growth_{i,t-1} + \alpha_2 LEV_{i,t-1} + \alpha_3 Cash_{i,t-1}$$
$$+ \alpha_4 Age_{i,t-1} + \alpha_5 Size_{i,t-1} + \alpha_6 Ret_{i,t-1}$$
$$+ \alpha_7 Inv_{i,t-1} + \sum Ind + \sum Year + \varepsilon_{i,t} \quad (4.1)$$
$$Exce\_Inv_{i,t} = Inv_{i,t} - Exp\_Inv_{i,t}$$
$$(当 Inv_{i,t} - Exp\_Inv_{i,t} > 0 时)$$
$$Lack\_Inv_{i,t} = -(Inv_{i,t} - Exp\_Inv_{i,t})$$
$$(当 Inv_{i,t} - Exp\_Inv_{i,t} < 0 时)$$

其中,各个变量的含义依次如下。

Inv 为公司的投资水平;Inv=(构建固定资产、无形资产和其他长期资产所支付的现金-处置固定资产、无形资产和其他长期资产所收回的现金)÷期初总资产,这些数据可以通过公司的现金流量表得到。

$Growth$ 为公司的成长性,使用营业收入增长率来度量。

LEV 为公司的杠杆水平,使用资产负债率来度量(为了与本书的被解释变量区别开来,此处使用大写的LEV)。

$Cash$ 为现金持有水平;$Cash$=(货币资金+交易性金融资产)÷总资产。

Age 为公司的上市年限,该值等于公司当年的实际上市年数。

$Size$ 为公司规模,用总资产的自然对数表示。

Ret 为市场业绩,用考虑现金红利再投资的股票年回报率表示。

Ind 和 $Year$ 分别为行业虚拟变量和年度虚拟变量;其中,行业是依据2012年证监会发布的《上市公司行业分类指引》(2012年修订)进行划分的。

由于本书研究只涉及过度投资,因此在利用以上模型估计出投资水平的残差项后,需要从9051个样本中剔除投资不足的样本,剩下4261个过度投资样本,这些样本将进入后续涉及过度投资的模型中,进行回归检验。本书后续检验中,过度投资我们用$Inve$表示。

（四）控制变量

本书借鉴了黄继承等（2016）、黄继承等（2014）、Flannery 和 Rangan（2006）、Faulkender 等（2012）、姜付秀和黄继承（2011）等学者的研究成果，选取了几个公司特征变量作为影响静态资本结构水平的控制变量。同时，本书参考了赵国宇和禹薇（2018）、卢馨等（2014）、李彬（2013）等学者的做法，也对影响过度投资的几个常规变量进行了控制，具体包括：

（1）盈利能力，用息税前利润与总资产的比值来衡量，并用 $EBIT\_TA$ 表示。纵观目前的实证研究，多数学者，如姜付秀和黄继承（2011）、姜付秀和黄继承（2013）、林慧婷等（2016）、张博等（2018）等，均将盈利能力、成长机会、企业规模等一些常见的影响资本结构的因素作为控制变量。因此，本书也选取这些变量作为影响静态资本结构水平的控制变量，如（1）—（6）所示。后文（2）—（6）的控制变量理由与此相同，之后就不再一一赘述。

（2）成长机会，用股票市场价值与负债账面价值之和与总资产的比值来衡量，并用 MB 表示。

（3）非债务税盾，用固定资产折旧与总资产的比值来衡量，并用 DEP_TA 表示。

（4）企业规模，用总资产的自然对数来衡量，并用 $LnTA$ 表示。

（5）抵押能力，用固定资产与总资产的比值来衡量，并用 FA_TA 表示。

（6）公司所在行业的资本结构中位数，用行业年度有息负债率的中位数来衡量，并用 $Industry\_median\ Lev$ 表示。后续模型检验及表 4-1 中，我们用 $Indlev$ 进行简化表示。

（7）公司规模，用总资产的自然对数来衡量，并用 $Size$ 表示。同（4）中企业规模一样，用于管理层权力制衡强度对过度投资影响的检验模型中。多数研究均发现，公司的过度投资现象与公司规模有关，更多的结论指出，两者呈现正相关关系（辛清泉等，2007；吕长江和张海平，2011）。

（8）股权集中度，用公司前十大股东持股比例的平方和来衡量，并用 H_10 表示。股权集中度体现了公司的股权分布情况，也间接体现了股权的分散程度。李彬（2013）指出，股权集中指数越高，公司的"所有者缺位"现象发生的频率越高，更易发生过度投资。赵国宇和禹薇（2018）研究认为，股权制衡度与公司投资效率呈正相关关系。同时，在稳健性检验中，我们增加了股权制衡度变量重新进行了回归分析，以保证结论的可靠性。

（9）上市年限，用公司实际上市时间来衡量，并用 Age 表示。公司上市时间不同，对公司的财务数据以及投资、融资行为均有影响，因此，一些研究会删掉上市不足一定时间的样本（卢馨等，2014；盛明泉等，2016），以避免异常财务数据的出现，导致影响回归结果。鉴于此，本书将上市年限作为影响过度投资的控制变量。

（10）公司盈利水平，用总资产利润率来衡量，并用 Roa 表示。Markarian 等（2008）发现，公司盈利水平与投资水平呈正相关关系，高盈利的公司投资水平也更高。同时，多数相关的实证研究，也将其作为影响过度投资的常规变量加以控制（卢馨等，2014；李彬，2013；姜付秀等，2009）。

（11）公司的成长能力，用公司当年的营业收入增长率来衡量，并用 $Growth$ 表示。公司的成长性越高，往往意味着未来无限可期，投资机会也会增加。投资机会的增加也意味着投资支出的增加（姜付秀等，2009），因此，我们也控制此因素，将其放入影响过度投资的模型中。

（12）自由现金流率，用自由现金流量与平均总资产的比值来衡量，并用 Fcf 表示。Fazzari 等（1998）的投资现金流敏感性模型证明了投资规模与现金流之间的相关性，且李彬（2013）、姜付秀等（2009）研究也都控制了自由现金流量对过度投资的影响。

（13）高管持股比例，用高管持股数量与总股本的比值来衡量，并用 $Mshare$ 表示。目前有部分上市公司实施了股权激励，以引导高管行为。而多数研究指出，股权激励对高管行为有正面影响（盛明泉等，2016；姜付秀等，2009）。

（14）产权性质，用是否为国有企业来衡量，并用 Soe 表示。Soe 为哑变量，公司若为国有企业取 1，否则取 0。大量实证研究证明，国有企业和民营企业受到的融资约束不同，产权性质会对投资行为产生影响（方军雄，2007；李彬，2013）。

（15）行业虚拟变量，用 $Industry$ 表示，根据 2012 版证监会行业分类标准进行划分。

（16）年度虚拟变量，用 $Year$ 表示，控制年份的影响。

另外，所有变量的具体定义及计算方法如表 4-1 所示。

第四章 管理层权力制衡强度、过度投资与公司负债水平

表4-1 关于解释变量、被解释变量及控制变量的定义

变量类型	变量名称		变量符号	变量定义
被解释变量	公司负债水平	资本结构	Lev	有息负债/资产总额；其中，有息负债=短期借款+一年内到期的非流动负债+长期借款+应付债券
解释变量	董事长对总经理的制衡强度	两职分离	PB_CM	哑变量，若董事长和总经理并非为同一人任职，则为1，否则为0
	董事会对总经理办公会的制衡强度	高管未兼任董事占比	PB_MBOD	1-高管兼任董事人数/高管总人数
	董事会内部的制衡强度	独立董事占比	IB	独立董事人数/董事总人数
		外部董事占比	EB	外部董事人数/董事总人数
	综合权力制衡强度积分变量1		PB1	PB_CM + PB_MBOD + IB + EB
	综合权力制衡强度积分变量2		PB2	将PB_MBOD、IB、EB分别分行业、分年度，从小到大进行排序，如果PB_MBOD、IB、EB的数值分别高于行业中位数，则取值为1，否则为0；PB2 = PB_CM + 变换后PB_MBOD + 变换后IB + 变换后EB
	综合权力制衡强度虚拟变量1		PB3	若（PB_CM + 变换后PB_MBOD + 变换后IB + 变换后EB）≥3，取1，否则取0
	过度投资		Inve	模型4.1大于0的回归残差
控制变量	模型4.2、4.4	盈利能力	EBIT_TA	息税前利润/总资产
		成长机会	MB	（股票市场价值+负债账面价值）/总资产
		非债务税盾	DEP_TA	固定资产折旧/总资产
		企业规模	LnTA	总资产的自然对数
		抵押能力	FA_TA	固定资产/总资产
		资本结构行业年度中位数	Indlev	公司某年同一行业所有公司有息负债率的中位数
		年度	Year	年度虚拟变量
	模型4.3	公司规模	Size	总资产的自然对数
		股权集中度	H_10	公司前十大股东持股比例的平方和

续表

变量类型		变量名称	变量符号	变量定义
控制变量	模型4.3	上市年限	Age	当年年份－上市年份
		公司盈利水平	Roa	净利润/总资产
		公司成长能力	Growth	(本期营业收入－上期营业收入)÷上期营业收入
		自由现金流率	Fcf	经营活动现金流量/资产平均值
		高管持股比例	Mshare	高管持股数量/总股本
		产权性质	Soe	哑变量，公司若为国有企业取1，否则取0
		行业	Industry	根据2012版证监会行业分类标准进行划分
		年度	Year	年度虚拟变量

三、模型设定

本书参照黄继承等（2016）、Faulkender等（2012）、陆正飞等（2015）的研究成果，建立影响公司负债水平的模型。如模型4.3所示，PB表示管理层权力制衡强度（同模型4.3、模型4.4），本书将有息负债率作为被解释变量，管理层权力制衡强度作为解释变量，使用本期的有息负债率数据，并使用滞后一期的管理层权力制衡强度及其他控制变量的数据。现有成果，如Flannery和Rangan（2006）等、黄继承等（2016）、綦好东等（2018）认为，公司资本结构除了受到公司特征变量及年度、行业因素的影响外，还会受到上一期资本结构的影响。因此，研究资本结构的影响因素还应当控制公司上一期的资本结构。本书借鉴此做法，将上一年度的资本结构也作为控制变量放入模型4.2中。若模型4.2中的β_1显著为负，则说明管理层权力制衡强度越大，公司负债水平越低；反之，若β_1显著为正，则说明管理层权力制衡强度越大，公司负债水平越高。

对于管理层权力制衡强度能否缓解过度投资程度，本书借鉴赵国宇和禹薇（2018）、李彬（2013）、姜付秀等（2009）等学者的研究成果，建立影响过度投资的模型，如模型4.3所示。若模型4.3中的β_1显著为负，则说明管理层权力制衡强度越大，公司的过度投资程度越低；反之，若 β_1 显著为正，则说明管理层权力制衡强度越大，公司的过度投资程度越高。

为了检验管理层权力制衡强度对公司负债水平的内在影响机理，本书在模型4.2的基础上添加了管理层权力制衡强度与过度投资的交互项，即建立了模型4.4。由目前多数的研究成果以及实务界的案例可知（李心合等，2014），公司的投资水平决定了公司的融资水平，而公司实际获得的融资反过来会限制公司的投资水平。因此，若模型4.4中 β_2 显著为正，则表明公司的负债水平会受到公司过度投资的影响；若 β_3 显著且与 β_1 符号相反，则表明管理层权力制衡强度可以通过影响过度投资程度，从而对公司的负债水平产生影响。

$$\begin{aligned} Lev_{i,t} =\ & \beta_0 + \beta_1 PB_{i,t-1} + \beta_2 Lev_{i,t-1} + \beta_3 EBIT\_TA_{i,t-1} \\ & + \beta_4 MB_{i,t-1} + \beta_5 DEP\_TA_{i,t-1} + \beta_6 LnTA_{i,t-1} \\ & + \beta_7 FA\_TA_{i,t-1} + \beta_8 Indlev_{i,t-1} + \sum Year + \varepsilon_{i,t} \end{aligned} \quad (4.2)$$

$$\begin{aligned} Inve_{i,t} =\ & \beta_0 + \beta_1 PB_{i,t} + \beta_2 Size_{i,t} + \beta_3 H\_10_{i,t} + \beta_4 Age_{i,t} \\ & + \beta_5 Roa_{i,t} + \beta_6 Growth_{i,t} + \beta_7 Fcf_{i,t} + \beta_8 Mshare_{i,t} \\ & + \beta_9 Soe_{i,t} + \sum Ind + \sum Year + \varepsilon_{i,t} \end{aligned} \quad (4.3)$$

$$\begin{aligned} Lev_{i,t} =\ & \beta_0 + \beta_1 PB_{i,t-1} + \beta_2 Inve_{i,t-1} + \beta_3 PB_{i,t-1} * Inve_{i,t-1} \\ & + \beta_4 Lev_{i,t-1} + \beta_5 EBIT\_TA_{i,t-1} + \beta_6 MB_{i,t-1} \\ & + \beta_7 DEP\_TA_{i,t-1} + \beta_8 LnTA_{i,t-1} + \beta_9 FA\_TA_{i,t-1} \\ & + \beta_{10} Indlev_{i,t-1} + \sum Year + \varepsilon_{i,t} \end{aligned} \quad (4.4)$$

式中，用衡量管理层权力制衡强度某一维度的变量和衡量管理层权力制衡强度的综合变量依次代入以上三个模型的 PB 中进行回归。

第四节 实证结果及分析

一、描述性统计及相关性分析

（一）描述性统计

表4-2是全样本下管理层权力制衡强度对公司负债水平影响的描述性统计结果，由表中的结果可知，全样本下资本结构 Lev 的均值为19.88%，中位数

为17.99%，说明上市公司的资产负债率较高；资产负债率最大值为62.91%，最小值约为0，标准差为0.161，表明不同公司的资产负债率差异较大。两职分离 PB_CM 的均值为0.7941，表明董事长和总经理并非由一人任职的情况占据了样本公司的79.41%，这说明上市公司中董事长兼任总经理的情况并不普遍，董事长对总经理的制衡强度较大。高管未兼任董事占比 PB_MBOD 的均值28.58%，中位数为28.58%，可见高管兼任董事的现象非常普遍，董事会对总经理办公会的制衡强度较小；高管未兼任董事占比 PB_MBOD 的最大值为71.43%，最小值为0，说明不同公司的高管兼任董事的情况存在较大差异。独立董事占比 IB 的中位数为36.36%，在最大值为57.14%的情况下，其均值也仅为37.70%，标准差为0.0547，说明目前我国上市公司的独立董事比例普遍较低，仅仅在上市公司要求的最低比例线之上。外部董事占比 EB 的均值为37.74%，中位数和独立董事占比的中位数相同，且最大值和最小值依然与独立董事占比相同。由此表明，从整体上来看，我国上市公司的董事会成员绝大多数为内部董事，外部董事占比偏低，且外部董事基本由独立董事构成，则外部董事的设立很大可能性也仅是为了达到上市要求的最低独董比例而已。从独立董事占比、外部董事占比的分析可知，董事会内部的制衡强度较低。我们构建的综合权力制衡强度变量中，综合权力制衡强度积分变量1 $PB1$ 的中位数为1.9167，在最大值为2.7143的情况下，均值达到了1.8336；综合权力制衡强度积分变量2 $PB2$ 的均值为2.7730，超过了最大值4的一半；综合权力制衡强度虚拟变量1 $PB3$ 的均值为62.35%，表明 $PB2$ 的值大于等于3的公司在总样本中的比例为62.35%。通过对 $PB1$、$PB2$、$PB3$ 的数据进行分析可知，其数值越大，表明管理层综合权力制衡强度越大。从管理层权力制衡强度各个维度的变量以及综合变量来看，除了独立董事占比（IB）、外部董事占比（EB）的最大值与最小值相差不大外，其他解释变量的最大值与最小值差异较大，表明不同公司之间管理层权力制衡强度存在较大差异。

表4-2 基于管理层权力制衡强度与公司负债水平之间关系（模型4.2）的描述性统计

变量	N	均值	中位数	标准差	最小值	最大值
Lev	9051	0.1988	0.1799	0.1610	0.0000	0.6291
PB_CM	9051	0.7941	1.0000	0.4044	0.0000	1.0000

续表

变量	N	均值	中位数	标准差	最小值	最大值
PB_MBOD	9051	0.2858	0.2857	0.1869	0.0000	0.7143
IB	9051	0.3770	0.3636	0.0547	0.3333	0.5714
EB	9051	0.3774	0.3636	0.0549	0.3333	0.5714
PB1	9051	1.8336	1.9167	0.4635	0.6667	2.7143
PB2	9051	2.7730	3.0000	1.1762	0.0000	4.0000
PB3	9051	0.6235	1.0000	0.4845	0.0000	1.0000
EBIT_TA	9051	0.0537	0.0488	0.0530	-0.1356	0.2218
MB	9051	2.0228	1.5069	1.7701	0.1945	9.6129
DEP_TA	9051	0.1308	0.0957	0.1205	0.0017	0.6245
LnTA	9051	22.2956	22.1321	1.2326	19.8050	26.0239
FA_TA	9051	0.2301	0.1972	0.1661	0.0026	0.7144
Industry median Lev	9051	0.1498	0.1387	0.0712	0.0032	0.4084

表4-3是在过度投资样本下，管理层权力制衡强度对过度投资影响的描述性统计结果。由表可知，过度投资 $Inve$ 的均值为0.0566，表明样本公司过度投资水平为总资产的5.66%。过度投资的最大值为0.3415，最小值为0，说明不同公司的过度投资程度存在较大差异。两职分离 PB_CM 的均值为0.8425，表明董事长未兼任总经理的公司在过度投资样本中的比例为84.25%，这说明董事长兼任总经理的情况在过度投资样本中更不普遍，董事长对总经理的制衡强度较大。高管未兼任董事占比 PB_MBOD 的均值为30.30%，中位数为30.00%，略高于全样本下的 PB_MBOD 值，表明高管兼任董事的现象在过度投资样本中依然很普遍，董事会对总经理办公会的制衡强度较小；高管未兼任董事占比 PB_MBOD 的最大值为71.43%，最小值为0，说明不同公司的高管兼任董事的情况依然存在较大差异。独立董事占比 IB 的均值为37.55%，略低于全样本下 IB 的均值，可见过度投资样本中独立董事的占比会更低些。同理，外部董事占比 EB 的均值为37.60%，也略低于全样本下 EB 的均值。由此可知，存在过度投资现象的公司，其董事会成员中内部董事占比更高，董事会内部的制衡强度较全样本更低。综合权力制衡强度方面，过度投资样本中的 $PB1$、$PB2$、$PB3$ 的平均值均略高于全样本，说明存在过度投资现象的公司，管理层

综合权力制衡强度依然较大。同样地，从表 4-3 中我们发现，除了 IB、EB 外，其他解释变量的最大值与最小值差异较大，表明不同公司之间，管理层权力制衡强度依然存在较大差异。

表 4-3　　基于管理层权力制衡强度与过度投资之间关系（模型 4.3）的描述性统计

变量	N	均值	中位数	标准差	最小值	最大值
Inve	4261	0.0566	0.0409	0.0549	0.0000	0.3415
PB_CM	4261	0.8425	1.0000	0.3643	0.0000	1.0000
PB_MBOD	4261	0.3030	0.3000	0.1902	0.0000	0.7143
IB	4261	0.3755	0.3636	0.0556	0.3333	0.5714
EB	4261	0.3760	0.3636	0.0558	0.3333	0.5714
PB1	4261	1.8957	1.9429	0.4316	0.6667	2.7143
PB2	4261	2.8848	3.0000	1.1280	0.0000	4.0000
PB3	4261	0.6508	1.0000	0.4768	0.0000	1.0000
Size	4261	23.0259	22.9166	1.2137	19.8050	26.0239
H_10	4261	0.1678	0.1338	0.1204	0.0141	0.5570
Age	4261	13.3790	14.0000	5.6580	3.0000	23.0000
Roa	4261	0.0364	0.0297	0.0448	-0.1478	0.1875
Growth	4261	0.1960	0.1222	0.4047	-0.5064	2.5807
Fcf	4261	0.0490	0.0488	0.0720	-0.1893	0.2528
Mshare	4261	0.0219	0.0000	0.0744	0.0000	0.5633
Soe	4261	0.5870	1.0000	0.4924	0.0000	1.0000

表 4-4 是在过度投资样本下，管理层权力制衡强度通过过度投资对公司负债水平产生影响的描述性统计结果。从表 4-4 的结果可知，过度投资 Inve、管理层权力制衡强度 PB 的结果与表 4-3 相同，这里就不再赘述。而资本结构 Lev 的均值为 26.05%，中位数为 25.45%，均高于全样本下的资本结构。由此可见，存在过度投资现象的公司资产负债率更高。另外，资产负债率最大值为 62.91%，最小值约为 0，标准差为 0.1612，表明在过度投资样本中，不同公司的资产负债率依然存在较大差异。

表 4-4　基于管理层权力制衡强度对公司负债水平内在影响机理
（模型 4.4）的描述性统计

变量	N	均值	中位数	标准差	最小值	最大值
Lev	4261	0.2605	0.2545	0.1612	0.0000	0.6291
PB_CM	4261	0.8425	1.0000	0.3643	0.0000	1.0000
PB_MBOD	4261	0.3030	0.3000	0.1902	0.0000	0.7143
IB	4261	0.3755	0.3636	0.0556	0.3333	0.5714
EB	4261	0.3760	0.3636	0.0558	0.3333	0.5714
$PB1$	4261	1.8957	1.9429	0.4316	0.6667	2.7143
$PB2$	4261	2.8848	3.0000	1.1280	0.0000	4.0000
$PB3$	4261	0.6508	1.0000	0.4768	0.0000	1.0000
$Inve$	4261	0.0566	0.0409	0.0549	0.0000	0.3415
$EBIT\_TA$	4261	0.0568	0.0503	0.0486	-0.1356	0.2218
MB	4261	1.3624	0.9656	1.2984	0.1945	9.6129
DEP_TA	4261	0.1448	0.1090	0.1255	0.0017	0.6245
$LnTA$	4261	23.0259	22.9166	1.2137	19.8050	26.0239
FA_TA	4261	0.2611	0.2340	0.1811	0.0026	0.7144
$Industry\ median\ Lev$	4261	0.1642	0.1399	0.0750	0.0032	0.4084

（二）相关性分析

表 4-5 为全样本下管理层权力制衡强度对公司负债水平影响的相关性分析的结果。从结果可知，两职分离 PB_CM、高管未兼任董事占比 PB_MBOD、综合权力制衡强度积分变量 $PB1$、综合权力制衡强度积分变量 $PB2$ 以及综合权力制衡强度虚拟变量 $PB3$ 均与资本结构 Lev 显著正相关。独立董事占比 IB、外部董事占比 EB 与资本结构没有显著的相关性。由此可知，董事长对总经理的制衡强度、董事会对总经理办公会的制衡强度以及管理层综合权力制衡强度均与公司的负债水平存在显著相关性。但是相关性分析并未控制其他因素，因此，还需要进行回归分析，才能得出最终的结论。另外，除了解释变量的 IB 与 EB、构建的综合变量与各个维度解释变量、综合变量之间的相关系数较大外，其他变量的相关系数绝对值小于 0.7，模型 4.2 中 VIF 最大值为 1.98，平均值为 1.49，表明模型不存在严重的多重共线性。

表 4－5　　　　　　　　　　模型 4.2 的 Pearson 相关性分析

变量	Lev	PB_CM	PB_MBOD	IB	EB	PB1	PB2
Lev	1						
PB_CM	0.065***	1					
PB_MBOD	0.023**	0.014					
IB	-0.001	-0.157***	0.420***	1			
EB	-0.003	-0.156***	0.422***	0.994***	1		
PB1	0.065***	0.837***	0.516***	0.269***	0.270***	1	
PB2	0.064***	0.307***	0.510***	0.456***	0.456***	0.580***	1
PB3	0.061***	0.160***	0.339***	0.470***	0.469***	0.389***	0.833***
EBIT_TA	-0.224***	-0.009	0.032***	-0.029***	-0.027***	-0.003	0.018*
MB	-0.460***	-0.145***	-0.046***	0.077***	0.076***	-0.126***	-0.091***
DEP_TA	0.092***	0.111***	-0.077***	-0.075***	-0.077***	0.047***	0.019*
LnTA	0.402***	0.118***	0.187***	0.019*	0.022**	0.182***	0.042***
FA_TA	0.259***	0.069***	-0.069***	-0.070***	-0.071***	0.014	0.038***
Industry median Lev	0.312***	0.124***	-0.034***	-0.008	-0.007	0.092***	0.052***

变量	PB3	EBIT_TA	MB	DEP_TA	LnTA	FA_TA	Industry median Lev
PB3	1						
EBIT_TA	0.004	1					
MB	-0.044***	0.210***	1				
DEP_TA	0.025**	-0.102***	-0.087***	1			
LnTA	-0.004	0.071***	-0.516***	-0.028***	1		
FA_TA	0.049***	-0.060***	-0.144***	0.675***	0.022**	1	
Industry median Lev	0.029***	-0.051***	-0.290***	0.025**	0.240***	0.078***	1

注：(1) 样本数 $N=9051$。(2) ***、**、* 分别表示变量在 1%、5% 和 10% 水平上显著（双尾检验）。

表 4－6 为过度投资样本下管理层权力制衡强度对过度投资影响的相关性分析的结果。从结果可知，高管未兼任董事占比 PB_MBOD、独立董事占比 IB、外部董事占比 EB、综合权力制衡强度积分变量 PB2 以及综合权力制衡强度虚拟变量 PB3 均与过度投资 Inve 显著正相关，两职分离 PB_CM、综合权力制衡

强度积分变量 PB1 与过度投资存在不显著的负向关系。由此可知,董事会对总经理办公会的制衡强度、董事会内部的制衡强度以及管理层综合权力制衡强度均与过度投资存在显著相关性。同样地,由于相关性分析并未控制其他因素,因此,还需要进行回归分析,才能得出最终的结论。另外,除了解释变量的 IB 与 EB、构建的综合变量与各个维度解释变量、综合变量之间的相关系数较大外,其他变量的相关系数绝对值小于 0.5,模型 4.3 中 VIF 最大值为 1.35,平均值为 1.23,表明模型不存在严重的多重共线性。

表 4-6   模型 4.3 的 Pearson 相关性分析

变量	Inve	PB_CM	PB_MBOD	IB	EB	PB1	PB2
Inve	1						
PB_CM	-0.025	1					
PB_MBOD	0.032**	-0.010	1				
IB	0.030*	-0.125***	0.426***	1			
EB	0.029*	-0.122***	0.431***	0.993***	1		
PB1	-0.000	0.801***	0.543***	0.337***	0.341***	1	
PB2	0.057***	0.279***	0.471***	0.440***	0.441***	0.555***	1
PB3	0.071***	0.135***	0.272***	0.452***	0.452***	0.353***	0.828***
Size	0.198***	0.096***	0.208***	0.115***	0.118***	0.201***	0.039**
H_10	0.073***	0.077***	0.012	0.088***	0.090***	0.090***	0.071***
Age	-0.081***	0.180***	-0.061***	-0.023	-0.023	0.118***	-0.031**
Roa	0.052***	-0.045***	0.047***	0.012	0.013	-0.016	0.028*
Growth	0.168***	-0.039**	0.015	0.015	0.016	-0.023	0.010
Fcf	0.146***	0.010	0.001	-0.014	-0.014	0.004	0.017
Mshare	0.024	-0.362***	0.042***	0.057***	0.057***	-0.270***	-0.123***
Soe	0.007	0.260***	-0.027*	-0.040***	-0.041***	0.196***	0.115***

变量	PB3	Size	H_10	Age	Roa	Growth	Fcf
PB3	1						
Size	0.002	1					
H_10	0.079***	0.310***	1				
Age	-0.045***	0.161***	-0.067***	1			
Roa	0.008	-0.051***	0.062***	-0.111***	1		

续表

变量	PB3	Size	H_10	Age	Roa	Growth	Fcf
Growth	0.001	-0.004	0.023	-0.096***	0.184***	1	
Fcf	0.018	-0.060***	0.091***	-0.075***	0.425***	0.026*	1
Mshare	-0.072***	-0.176***	-0.082***	-0.365***	0.090***	0.076***	0.035**
Soe	0.083***	0.221***	0.206***	0.301***	-0.153***	-0.103***	-0.004

变量	Mshare	Soe
Mshare	1	
Soe	-0.332***	1

注：(1) 样本数 $N=4261$。(2) ***、**、* 分别表示变量在 1%、5% 和 10% 水平上显著（双尾检验）。

表 4-7 为过度投资样本下管理层权力制衡强度、过度投资与公司负债水平的相关性分析的结果。从表中我们发现，两职分离 *PB_CM*、综合权力制衡强度积分变量 *PB*1、综合权力制衡强度虚拟变量 *PB*3 以及过度投资 *Inve* 均与资本结构 *Lev* 显著正相关，高管未兼任董事占比 *PB_MBOD* 与资本结构 *Lev* 显著负相关。独立董事占比 *IB*、外部董事占比 *EB* 以及综合权力制衡强度积分变量 *PB*2 与资本结构 *Lev* 没有显著的相关性。由此可认为，董事长对总经理的制衡强度、董事会对总经理办公会的制衡强度、管理层综合权力制衡强度以及过度投资均与公司负债水平存在显著相关性。同样地，由于相关性分析并未控制其他因素，因此，还需要进行回归分析，才能得出最终的结论。另外，除了解释变量的 *IB* 与 *EB*、构建的综合变量与各个维度的解释变量以及综合变量之间的相关系数较大外，其他变量的相关系数绝对值小于 0.7，模型 4.4 的 VIF 最大值为 6.69，平均值为 2.58，表明模型不存在严重的多重共线性。

表 4-7　　　　　　　模型 4.4 的 Pearson 相关性分析

变量	Lev	PB_CM	PB_MBOD	IB	EB	PB1	PB2
Lev	1						
PB_CM	0.045***	1					
PB_MBOD	-0.029*	-0.010	1				
IB	0.014	-0.125***	0.426***	1			
EB	0.010	-0.122***	0.431***	0.993***	1		
PB1	0.030*	0.801***	0.543***	0.337***	0.341***	1	

续表

变量	Lev	PB_CM	PB_MBOD	IB	EB	PB1	PB2
PB2	0.010	0.279***	0.471***	0.440***	0.441***	0.555***	1
PB3	0.031**	0.135***	0.272***	0.452***	0.452***	0.353***	0.828***
Inve	0.152***	-0.025	0.032**	0.030*	0.029*	-0.000	0.057***
EBIT_TA	-0.328***	-0.030*	0.040	0.002	0.001	-0.009	0.036**
MB	-0.425***	-0.148***	-0.031**	0.012	0.012	-0.136***	-0.075***
DEP_TA	0.078***	0.111***	-0.086***	-0.073***	-0.077***	0.035**	0.007
LnTA	0.272***	0.096***	0.208***	0.115***	0.118***	0.201***	0.039**
FA_TA	0.217***	0.072***	-0.096***	-0.084***	-0.088***	-0.005	0.028*
Industry median Lev	0.285***	0.119***	-0.056***	0.003	0.005	0.075***	0.010

变量	PB3	Inve	EBIT_TA	MB	DEP_TA	LnTA	FA_TA
PB3	1						
Inve	0.071***	1					
EBIT_TA	0.019	0.051***	1				
MB	-0.043***	-0.012	0.396***	1			
DEP_TA	0.016	0.074***	-0.085***	-0.085***	1		
LnTA	0.002	0.198***	-0.035**	-0.466***	-0.052***	1	
FA_TA	0.048***	0.182***	-0.037**	-0.087***	0.692***	-0.056***	1
Industry median Lev	-0.005	-0.006	-0.073***	-0.282***	-0.020	0.230***	0.020

变量	Industry median Lev
Industry median Lev	1

注：(1) 样本数 $N=4261$。(2) ***、**、* 分别表示变量在1%、5%和10%水平上显著（双尾检验）。

二、多元回归分析

（一）管理层权力制衡强度对公司负债水平的影响

表4-8为管理层权力制衡强度与公司负债水平的多元回归分析结果，具

体包括各个维度的制衡强度以及综合权力制衡强度对公司负债水平的影响。由第（1）列的结果可知，两职分离 PB_CM 与资本结构 Lev 在1%水平上显著负相关，说明整体而言，董事长对总经理的制衡强度对公司负债水平具有抑制作用。第（2）列报告了董事会对总经理办公会的制衡强度与公司负债水平的回归结果，可以看出，高管未兼任董事占比 PB_MBOD 与资本结构 Lev 在1%水平上显著负相关，表明董事会对总经理办公会的制衡强度越大，公司的负债水平越低。第（3）、（4）列是董事会内部的制衡强度与公司负债水平关系的回归结果，由结果可知，独立董事占比 IB、外部董事占比 EB 均与资本结构 Lev 在5%水平上显著正相关，说明董事会内部的制衡强度对公司负债水平有促进作用。综合权力制衡强度方面，从第（5）、（6）列的结果，我们发现，积分变量 $PB1$ 和积分变量 $PB2$ 与公司资本结构 Lev 显著负相关，显著性水平分别为5%和10%，而虚拟变量 $PB3$ 与公司资本结构 Lev 在10%水平上显著正相关。由此可见，综合权力制衡强度体现了各个维度变量对公司负债水平的影响。

以上回归结果证明，管理层权力制衡强度对公司负债水平能够产生显著的影响，但是，管理层三个维度的制衡强度对公司负债水平的影响效果不同。董事长对总经理的制衡强度越大，公司负债水平越低；同样地，董事会对总经理办公会的制衡强度越大，越能够降低公司的负债水平。而董事会内部的制衡强度却显著提高了公司的负债水平，原因可能在于董事拥有与财务相关的知识、经验等，其在财务领域拥有一定的专业性，而这类专业性知识、经验是资本结构这类专业决策的支柱。例如，姜付秀和黄继承（2013）发现，若CEO拥有财务知识、财务经验等，公司的负债水平会提高，且会对资本结构决策产生积极影响。而外部董事尤其是独立董事，是董事会中几个专门委员会的主要任职者；上市公司中审计委员会的设置还要求至少有一名会计专业人士，可见相较于总经理办公会而言，董事会中拥有财务经历的人员会更多；那么，董事会内部的制衡强度显著提高公司的负债水平，与董事拥有的财务经历对资本结构的积极影响相关。很显然，管理层三个维度的制衡强度对公司负债水平的影响侧重点不同，或者说管理层三个维度的制衡强度影响资本结构的调整方向不一样。董事长对总经理的制衡强度、董事会对总经理办公会的制衡强度能够显著影响资本结构的向下调整，因而能够显著降低公司的负债水平。而董事会内部的制衡强度在资本结构的向上调整方面能发挥更明显的治理效应，从而提高了公司的负债水平。以上结果表明，H1 假设得到验证。

表 4-8　　管理层权力制衡强度与公司负债水平的回归结果

变量	董事长对总经理的制衡强度	董事会对总经理办公会的制衡强度	董事会内部的制衡强度		综合权力制衡强度		
	(1)	(2)	(3)	(4)	(5)	(6)	(7)
PB_CM	-0.0048*** (-2.66)						
PB_MBOD		-0.0055*** (-2.71)					
IB			0.0309** (2.38)				
EB				0.0291** (2.24)			
PB1					-0.0035** (-2.25)		
PB2						-0.0018* (-1.94)	
PB3							0.0039* (1.84)
Leverage	0.8729*** (135.63)	0.4594*** (41.40)	0.8737*** (137.05)	0.8737*** (137.10)	0.8730*** (135.74)	0.7818*** (76.05)	0.4588*** (41.32)
EBIT_TA	-0.0405** (-2.26)	-0.0660*** (-2.88)	-0.0662*** (-3.44)	-0.0664*** (-3.45)	-0.0413** (-2.31)	-0.0354* (-1.67)	-0.0633*** (-2.76)
MB	-0.0007 (-1.12)	-0.0001 (-0.16)	-0.0011 (-1.54)	-0.0011 (-1.52)	-0.0007 (-1.01)	0.0028*** (3.43)	-0.0002 (-0.18)
DEP_TA	-0.0309*** (-3.21)	-0.0220 (-1.04)	-0.0289*** (-2.83)	-0.0290*** (-2.83)	-0.0319*** (-3.32)	-0.0388*** (-3.04)	-0.0221 (-1.04)
LnTA	0.0051*** (6.63)	0.0239*** (7.94)	0.0055*** (6.71)	0.0055*** (6.71)	0.0052*** (6.75)	0.0076*** (6.08)	0.0237*** (7.88)
FA_TA	0.0097 (1.49)	-0.0078 (-0.65)	0.0092 (1.33)	0.0092 (1.33)	0.0097 (1.48)	0.0417*** (4.32)	-0.0084 (-0.70)
Indlev	0.0455*** (3.93)	0.0193 (0.63)	0.0258** (2.12)	0.0258** (2.12)	0.0443*** (3.83)	0.1514*** (8.39)	0.0171 (0.55)

续表

变量	董事长对总经理的制衡强度	董事会对总经理办公会的制衡强度	董事会内部的制衡强度		综合权力制衡强度		
	(1)	(2)	(3)	(4)	(5)	(6)	(7)
_cons	-0.0835***	-0.3985***	-0.0979***	-0.0973***	-0.0832***	-0.1860***	-0.4002***
	(-4.83)	(-6.05)	(-5.31)	(-5.28)	(-4.82)	(-6.84)	(-6.08)
Year	控制	控制	控制	控制	控制	控制	控制
N	9051	9051	9051	9051	9051	9051	9051
R^2	0.8231	0.2557	0.8296	0.8296	0.8231	0.7647	0.2553
F	2548.37	149.42	2689.46	2688.61	2554.38	824.81	149.09

注：(1) ***、**、* 分别表示变量在1%、5%和10%水平上显著（双尾检验）。(2) 回归括号中的数字为 t 值。(3) 标准误差经过公司层面的聚类调整（cluster）。

控制变量方面，上一年度的资本结构 Leverage、成长机会 MB、企业规模 LnTA、抵押能力 FA_TA 以及公司所在行业的资本结构中位数 Indlev 与公司的资本结构 Lev 显著正相关，即能显著提高公司的负债水平。盈利能力 EBIT_TA、非债务税盾 DEP_TA 与资本结构 Lev 显著负相关，即能显著降低公司的负债水平。

（二）管理层权力制衡强度对过度投资的影响

表 4-9 为管理层权力制衡强度与过度投资的多元回归分析结果，包括各个维度的制衡强度以及综合权力制衡强度对过度投资的影响。由于只涉及过度投资，因而对模型 4.3 的检验只保留了过度投资样本，样本数为 4261，后续模型 4.4 的检验亦为如此。

表 4-9　　管理层权力制衡强度与过度投资的回归结果

变量	董事长对总经理的制衡强度	董事会对总经理办公会的制衡强度	董事会内部的制衡强度		综合权力制衡强度		
	(1)	(2)	(3)	(4)	(5)	(6)	(7)
PB_CM	-0.0050**						
	(-2.00)						

续表

变量	董事长对总经理的制衡强度	董事会对总经理办公会的制衡强度	董事会内部的制衡强度		综合权力制衡强度		
	(1)	(2)	(3)	(4)	(5)	(6)	(7)
PB_MBOD		-0.0024 (-1.40)					
IB			0.0039* (1.96)				
EB				0.0048* (1.86)			
PB1					-0.0041** (-1.98)		
PB2						-0.0010 (-0.94)	
PB3							0.0025 (1.29)
Size	-0.0115*** (-12.31)	-0.0114*** (-12.20)	0.0135*** (11.62)	-0.0118*** (-7.69)	-0.0113*** (-12.09)	-0.0055 (-1.58)	0.0134*** (11.58)
H_10	0.0007 (0.08)	0.0001 (0.01)	-0.0116 (-1.19)	-0.0185 (-1.41)	0.0005 (0.07)	-0.0109 (-0.45)	-0.0113 (-1.16)
Age	-0.0019*** (-10.17)	-0.0020*** (-10.33)	-0.0001 (-0.45)	-0.0041*** (-12.82)	-0.0019*** (-10.19)	-0.0045 (-0.93)	-0.0001 (-0.43)
Roa	0.0138 (0.63)	0.0145 (0.66)	-0.0824*** (-3.16)	0.0128 (0.40)	0.0147 (0.67)	0.1576*** (4.91)	-0.0822*** (-3.15)
Growth	0.0294*** (7.58)	0.0294*** (7.58)	0.0228*** (6.83)	0.0330*** (8.29)	0.0294*** (7.59)	0.0226*** (9.11)	0.0228*** (6.83)
Fcf	0.0726*** (4.75)	0.0721*** (4.71)	0.1103*** (6.43)	0.1220*** (5.77)	0.0725*** (4.74)	0.0447*** (2.79)	0.1102*** (6.42)
Mshare	0.0213 (1.35)	0.0285* (1.85)	0.0366** (2.13)	0.0587*** (2.66)	0.0234 (1.52)	0.0079 (0.24)	0.0378** (2.21)
Soe	-0.0047** (-2.36)	-0.0052*** (-2.61)	-0.0067*** (-2.59)	-0.0112*** (-3.24)	-0.0049** (-2.44)	0.0095 (1.10)	-0.0068*** (-2.62)

续表

变量	董事长对总经理的制衡强度	董事会对总经理办公会的制衡强度	董事会内部的制衡强度		综合权力制衡强度		
	(1)	(2)	(3)	(4)	(5)	(6)	(7)
_cons	0.3111*** (14.41)	0.3052*** (14.34)	-0.2495*** (-9.55)	0.4241*** (12.26)	0.3102*** (14.44)	0.2384** (2.37)	-0.2476*** (-9.43)
Industry	控制	控制	控制	控制	控制	控制	控制
Year	控制	控制	控制	控制	控制	控制	控制
N	4261	4261	4261	4261	4261	4261	4261
R^2	0.2321	0.2316	0.1595	0.3741	0.2321	0.0868	0.1590
F	27.19	27.00	13.22	51.04	27.10	9.36	13.09

注：(1) ***、**、* 分别表示变量在1%、5%和10%水平上显著（双尾检验）。(2) 回归括号中的数字为 t 值。(3) 标准误差经过公司层面的聚类调整（cluster）。

第（1）列的结果显示，两职分离 PB_CM 与过度投资 Inve 在5%水平上显著负相关，表明董事长对总经理的制衡强度越大，公司的过度投资程度越低。第（2）列的高管未兼任董事占比 PB_MBOD 与过度投资 Inve 存在不显著的负向关系，说明董事会对总经理办公会的制衡强度对过度投资没有明显的治理效应。从第（3）、（4）列的回归结果，我们发现，独立董事占比 IB 和外部董事占比 EB 均与过度投资 Inve 在10%水平上显著正相关，由此难道可以推断董事会内部的制衡强度会加重公司的过度投资程度吗？答案是否定的，一是显著性水平只有10%，表明两者相关性较弱；二是本书认为，此处的结果应当更多地解释为，董事会内部的制衡强度会提高公司的投资水平，且会在适度范围内提高，并不会导致过度投资。由于投资水平决定了融资需求，此结果其实与上文中发现的董事会内部的制衡强度可以提高公司的负债水平相呼应。而下文中，对管理层权力制衡强度影响公司负债水平的机理进行检验时，能进一步证实此猜想。由后三列的结果可知，PB1 与过度投资 Inve 在5%水平上显著负相关，表明管理层权力制衡强度越大，公司过度投资程度越低。PB2 与过度投资 Inve 存在不显著的负向关系，PB3 与过度投资 Inve 存在不显著的正向关系，表明 PB2 和 PB3 对过度投资 Inve 不能产生显著的影响。由此可知，综合权力制衡强度也体现了各个维度变量对过度投资的影响。以上回归结果证明，管理层权力制衡强度能够缓解公司的过度投资程度，H2 假设基本得到验证。

控制变量方面,上市年限 *Age*、国企身份 *Soe* 在一定程度上能够抑制过度投资,而公司成长能力 *Growth*、自由现金流率 *Fcf*、高管持股比例 *Mshare* 与过度投资 *Inve* 显著正相关。公司规模 *Size* 与过度投资 *Inve* 在第(3)、(7)列中为显著正相关关系,而在(1)、(2)、(4)、(5)列中为显著负相关关系,参照现有研究成果(李彬,2013;方红星和金玉娜,2013),我们认为公司规模 *Size* 与过度投资 *Inve* 更多情况下为正相关关系。同理,公司盈利水平 *Roa* 与过度投资 *Inve* 更多情况下为正相关关系。

(三)管理层权力制衡强度影响公司负债水平的机理分析

表4-10为检验管理层权力制衡强度对公司负债水平的内在影响机理的多元回归分析结果,包括各个维度的制衡强度以及综合权力制衡强度对公司负债水平的内在影响机理。

表4-10　管理层权力制衡强度、过度投资与公司负债水平的回归结果

变量	董事长对总经理的制衡强度	董事会对总经理办公会的制衡强度	董事会内部的制衡强度		综合权力制衡强度		
	(1)	(2)	(3)	(4)	(5)	(6)	(7)
PB_CM	-0.0068** (-2.11)						
PB_CM * Inve	0.1118* (1.96)						
PB_MBOD		-0.0108*** (-2.92)					
PB_MBOD * Inve		0.0887** (2.23)					
IB			0.0208 (0.54)				
IB * Inve				-0.4260** (-2.45)			
EB			0.0197 (0.50)				

续表

变量	董事长对总经理的制衡强度	董事会对总经理办公会的制衡强度	董事会内部的制衡强度		综合权力制衡强度		
	(1)	(2)	(3)	(4)	(5)	(6)	(7)
EB*Inve				-0.4262** (-2.45)			
PB1					-0.0049* (-1.83)		
PB1*Inve					0.0636** (2.33)		
PB2						-0.0048*** (-3.08)	
PB2*Inve						0.0439*** (2.91)	
PB3							0.0028 (0.83)
PB3*Inve							-0.0611 (-1.38)
Inve	0.0288 (0.57)	0.0003 (0.01)	0.2270*** (3.13)	0.2273*** (3.13)	0.0028 (0.06)	0.0407 (0.83)	0.1066** (2.53)
Leverage	0.8602*** (99.36)	0.4196*** (24.45)	0.4149*** (24.25)	0.4149*** (24.25)	0.8601*** (97.42)	0.7906*** (60.74)	0.4169*** (24.38)
EBIT_TA	-0.1310*** (-3.63)	-0.2391*** (-5.85)	-0.2736*** (-6.59)	-0.2736*** (-6.59)	-0.1319*** (-3.65)	-0.0960** (-2.38)	-0.2753*** (-6.63)
MB	0.0015 (0.85)	0.0019 (1.00)	0.0023 (1.19)	0.0023 (1.19)	0.0016 (0.87)	0.0062*** (3.10)	0.0023 (1.18)
DEP_TA	-0.0216 (-1.43)	0.0089 (0.29)	0.0291 (0.91)	0.0290 (0.91)	-0.0221 (-1.47)	-0.0164 (-0.90)	0.0225 (0.71)
LnTA	0.0024** (2.16)	0.0125*** (2.61)	0.0065 (1.24)	0.0065 (1.24)	0.0025 (1.61)	0.0019 (0.93)	0.0092* (1.79)
FA_TA	0.0112 (1.21)	-0.0331* (-1.80)	-0.0307* (-1.65)	-0.0307* (-1.65)	0.0104 (1.06)	0.0310** (2.37)	-0.0288 (-1.54)

续表

变量	董事长对总经理的制衡强度	董事会对总经理办公会的制衡强度	董事会内部的制衡强度		综合权力制衡强度		
	(1)	(2)	(3)	(4)	(5)	(6)	(7)
Indlev	0.0745*** (4.52)	0.0203 (0.42)	0.0152 (0.30)	0.0150 (0.30)	0.0729*** (4.39)	0.2303*** (9.02)	0.0129 (0.26)
_cons	−0.0153 (−0.56)	−0.1101 (−1.02)	0.0226 (0.19)	0.0234 (0.20)	−0.0141 (−0.40)	−0.0697 (−1.51)	−0.0269 (−0.23)
Year	控制	控制	控制	控制	控制	控制	控制
N	4261	4261	4261	4261	4261	4261	4261
R^2	0.8085	0.2317	0.2382	0.2382	0.8084	0.7450	0.2373
F	941.03	49.73	51.57	51.57	940.13	432.84	51.29

注：(1) ***、**、*分别表示变量在1%、5%和10%水平上显著（双尾检验）。(2) 回归括号中的数字为t值。(3) 标准误差经过公司层面的聚类调整（cluster）。

第（1）列为检验董事长对总经理的制衡强度对公司负债水平的内在影响机理，由回归结果可见，两职分离 PB_CM 与资本结构 Lev 在5%水平上显著负相关，再次说明董事长对总经理的制衡强度能够显著降低公司的负债水平。而两职分离与过度投资的交互项 PB_CM * Inve 与资本结构 Lev 在10%水平上显著正相关，表明董事长对总经理的制衡强度越大，越能够有效缓解公司的过度投资程度，从而降低公司的负债水平。由第（2）列的回归结果可知，高管未兼任董事占比 PB_MBOD 与资本结构 Lev 在1%水平上显著负相关，再次说明董事会对总经理办公会的制衡强度越大，公司负债水平越低；而高管未兼任董事占比与过度投资的交互项 PB_MBOD * Inve 与资本结构 Lev 在5%水平上显著正相关，表明董事会对总经理办公会的制衡强度越大，公司的过度投资程度越低，从而降低公司的负债水平。第（3）、（4）列为检验董事会内部制衡强度对公司负债水平的内在影响机理的实证结果，我们发现，独立董事占比 IB、外部董事占比 EB 均与资本结构 Lev 存在正相关关系，但是相关关系均不显著，符号方向与模型4.2的检验结果一致。第（3）、（4）列过度投资 Inve 与资本结构 Lev 均显著正相关，表明过度投资提高了公司的负债水平；而独立董事占比与资本结构的交互项 IB * Inve、外部董事占比与资本结构的交互项 EB * Inve 均与资本结构 Lev 在5%水平上显著负相关，说明董事会内部的制衡强度削弱了过度投资对公司负债水平的不利影响,即董事会内部的制衡强度通过缓解过度投资程度,从而在资本结构低于目标时向上调整资本结构,优化公司的资本结构决策。此处进一步证实了模型4.3中董事会内部的制衡强度在适度范围内提高公司的投资水平,并不会达到过度投资的猜想。

综合权力制衡强度方面,从后三列的回归结果可知,积分变量 $PB1$ 和积分变量 $PB2$ 分别与资本结构 Lev 在10%、1%的水平上显著负相关,同样再次印证了管理层综合权力制衡强度积分变量对公司负债水平的抑制作用。而积分变量1与过度投资的交互项 $PB1*Inve$、积分变量2与过度投资的交互项 $PB2*Inve$ 分别与资本结构 Lev 在5%、1%的水平上显著正相关,表明管理层综合权力制衡强度积分变量通过缓解公司的过度投资程度,从而降低公司的负债水平。虚拟变量 $PB3$ 与资本结构 Lev 存在正相关关系,但是相关关系不显著,符号方向与模型4.2的检验结果一致。过度投资 $Inve$ 与资本结构 Lev 显著正相关,表明过度投资提高了公司的负债水平。虚拟变量1与过度投资的交互项 $PB3*Inve$ 与资本结构 Lev 同样存在负相关关系,但相关关系不显著。由此可知,综合权力制衡强度也体现了各个维度变量影响公司负债水平的机理。以上回归结果证明,管理层权力制衡强度通过缓解过度投资程度,从而影响公司负债水平,H3假设基本得到验证。

控制变量方面,上一年度的资本结构 $Leverage$、成长机会 MB、企业规模 $LnTA$、以及公司所在行业的资本结构中位数 $Indlev$ 与公司的资本结构 Lev 显著正相关,即能显著提高公司的负债水平。盈利能力 $EBIT\_TA$ 与资本结构 Lev 显著负相关,即能显著降低公司的负债水平。表4-10中抵押能力 FA_TA 的系数在第(2)、(3)、(4)列显著为负,而在第(6)列显著为正。参考现有成果(黄继承等,2016),且第(6)列中抵押能力 FA_TA 的系数显著性水平更高,我们认为,更多情况下抵押能力 FA_TA 会提高公司的负债水平。

第五节 稳健性检验

为了保证研究结论的可靠性,本书从管理层权力制衡强度的其他衡量方法、过度投资的其他衡量方法、控制其他变量对公司负债水平的影响、可能的内生性问题等四个方面进行了稳健性检验。回归结果(限于篇幅,稳健性检验的结果未列出）再次验证了本章结论。下文具体描述检验的方法。

一、管理层权力制衡强度的其他衡量方法

以上回归中的董事会对总经理办公会的制衡强度，是用高管未兼任董事占比来衡量，本书又将 PB_MBOD 分行业、分年度，从小到大进行排序，如果高管未兼任董事占比高于行业中位数，则取值 1，否则为 0，以此新构建的变量来替代原来的高管未兼任董事占比，对模型 4.2、模型 4.3、模型 4.4 重新进行回归。同样地，以上回归中的董事会内部的制衡强度，使用独立董事占比、外部董事占比来衡量，本书又将 IB、EB 分行业、分年度从小到大进行排序，如果独立董事占比、外部董事占比分别高于行业中位数，则取值 1，否则为 0，以此新构建的变量替代原来的独立董事占比、外部董事占比，对模型 4.2、模型 4.3、模型 4.4 重新进行回归。综合权力制衡强度方面，我们又构建了均值变量，用 PB4 表示，即为 PB_CM、PB_MBOD、IB 以及 EB 四个变量之和的平均值，然后用 PB4 对模型 4.2、模型 4.3、模型 4.4 重新进行回归。

二、过度投资的其他衡量方法

过度投资也是本书研究的关键变量之一，目前通过模型 4.1 残差项的符号来划分过度投资和投资不足的做法较为普遍，但此做法是假设样本整体投资水平正常，投资水平整体不存在偏差，即整体而言不存在过度投资或者投资不足。若样本整体的投资水平发生了偏差，那么此种划分方法将会有偏误。考虑此种影响，并借鉴现有成果（李彬，2013；王永海和石青梅，2016），我们将模型 4.1 的残差项，分行业、分年度从小到大进行排序，按照残差项的上下四分位把全样本分为投资不足、正常投资及过度投资三个子样本，即前 25% 为投资不足组，中间 50% 为正常投资组，后 25% 为过度投资组，并对后 25% 样本组重新使用模型 4.3 和模型 4.4 进行回归。另外，参考赵国宇和禹薇（2018）的做法，我们还通过过度投资的行业中位数对过度投资水平进行调整，重新计算过度投资水平。

三、控制其他变量对公司负债水平的影响

借鉴现有的研究（綦好东等，2018；陆正飞等，2015；赵国宇和禹薇，2018），我们还控制了其他影响资本结构、过度投资的几个变量，即在模型 4.2

和模型 4.4 中增加流动比率 $Liquidity$、监事会规模 $Lnjs$、股权集中度 H_10 和产权性质 Soe 几个变量，然后重新进行回归。其中，流动比率用流动资产与流动负债的比值来衡量，监事会规模用监事会人数的自然对数来衡量，股权集中度用前十大股东持股比例的平方和来衡量，产权性质为哑变量，当公司为国企时取值 1，否则为 0。我们在模型 4.3 中增加了股权制衡度 EBD 和事务所规模 $Big4$ 两个变量，然后重新进行回归。其中，股权制衡度用第二至第十大股东持股比例之和与第一大股东持股比例的比值来衡量，事务所规模为哑变量，当公司的财务报告经国际四大审计时取值 1，否则取 0。

四、内生性问题

内生性问题主要有两个方面的原因，一是因变量和自变量的反向因果关系，二是遗漏重大变量。前文我们已经参考现有的成果，将可能对公司负债水平和过度投资产生影响的变量加以控制，基本不存在重大遗漏变量。本书主要研究的是管理层权力制衡强度对公司负债水平的影响，理论上来说，管理层权力制衡强度会对公司负债水平产生影响，而公司负债水平的变化不会造成管理层权力制衡强度的变化，所以因变量与自变量之间反向因果关系的可能性极小。除了理论推导之外，为了控制公司负债水平对管理层权力制衡强度潜在的反向影响，本章在模型设计时，参考现有的做法（黄继承等，2016；綦好东等，2018），已将模型 4.2 和模型 4.4 中管理层权力制衡强度变量和所有的控制变量滞后一期，以缓解一定的内生性问题。

本章在研究管理层权力制衡强度影响公司负债水平的机理时，涉及管理层权力制衡强度对过度投资的影响（即模型 4.3）。同样地，理论上说，管理层权力制衡强度会对过度投资产生影响，而过度投资的变化不会造成管理层权力制衡强度的变化，两者之间存在反向因果关系的可能性也很小。但为了控制过度投资对管理层权力制衡强度潜在的反向影响，我们在此部分的稳健性检验中，将模型 4.3 中管理层权力制衡强度和所有的控制变量均滞后一期，重新进行回归。另外，相较于融资决策而言，管理层权力制衡强度与投资决策的相互影响概率可能更高一些，因此，本部分我们还检验了管理层权力制衡强度的变化对过度投资的影响，以缓解一定的内生性问题。考虑到行业因素的影响，我们将管理层权力制衡强度的变化设置为哑变量，如果管理层权力制衡强度变化值高于同行业同年度的权力制衡强度变化中位数则取值 1，否则取值 0。

第六节 进一步研究：产权性质、成长机会的调节效应

公司的投资水平决定了融资水平，而反过来，公司的融资水平会限制其投资机会（李心合等，2014），故债务对管理层的行为决策有较强的约束效应。但是公司自身的特征不同及当下面临的内外部环境不同，债务对管理层的行为决策会有不同强度的约束效应。多数文献证明，国有企业的融资能力更强，较非国企而言，更易获得银行提供的贷款，预算软约束的情况更普遍（方军雄，2007；江伟和李斌，2006）。与非国有企业相比，国有企业内部的治理结构较完善，外部监管体系的力量较强，即国企受到的监督、约束程度也更高。而且，国有企业的政治色彩较严重，公司的战略决策和发展方向易受到政府的干预，不像非国有企业的市场化程度较高，受到政府相关部门的约束较少，进而给董事会、高管团队成员滥用职权提供了较好的条件（卢馨等，2014；卢锐等，2008）。故国有企业内部治理的监督、约束机制相较于非国企来说，效果更好；也就是说，非国企中的权力制衡机制可能更能发挥作用。另外，成长性高的公司往往面临较高的经营风险，这样的公司往往处于初创阶段，即处于公司的导入期、成长期，此时债务融资较难，更多的是风险资本家投入的权益融资。因此成长性较高的公司面临的债务约束强度更大（黄继承等，2016），进而对其管理层行为决策的约束效应也更强。基于上述分析，产权性质和成长机会对债务约束效应、公司内部治理机制会产生一定的影响，进而可能会影响管理层权力制衡强度与公司负债水平之间的关系，本书接下来将从这两个方面进行检验。

一、产权性质的影响

为了检验产权性质对管理层权力制衡强度与公司负债水平之间关系的影响，本书对模型 4.2 进行了如下扩展。

$$Lev_{i,t} = \beta_0 + \beta_1 PB_{i,t-1} + \beta_2 Soe_{i,t-1} + \beta_3 PB_{i,t-1} * Soe_{i,t-1}$$
$$+ \beta_4 Lev_{i,t-1} + \beta_5 EBIT\_TA_{i,t-1} + \beta_6 MB_{i,t-1}$$
$$+ \beta_7 DEP\_TA_{i,t-1} + \beta_8 LnTA_{i,t-1} + \beta_9 FA\_TA_{i,t-1}$$
$$+ \beta_{10} Indlev_{i,t-1} + \sum Year + \varepsilon_{i,t} \quad (4.5)$$

其中，Soe 为产权性质的哑变量，当公司为国有企业时，Soe 取 1，否则取 0。如果交互项 $PB*Soe$ 的回归系数 β_3 显著且与 β_1 符号相同，则表明国企身份会促进管理层权力制衡强度对公司负债水平的影响。如果交互项 $PB*Soe$ 的回归系数 β_3 显著且与 β_1 符号相反，则表明国企身份会抑制管理层权力制衡强度对公司负债水平的影响。回归结果如表 4-11 所示。

表 4-11 产权性质的调节效应

变量	董事长对总经理的制衡强度	董事会对总经理办公会的制衡强度	董事会内部的制衡强度		综合权力制衡强度		
	(1)	(2)	(3)	(4)	(5)	(6)	(7)
PB_CM	-0.0045** (-2.06)						
PB_CM * Soe	0.0020 (0.50)						
PB_MBOD		-0.0079*** (-2.80)					
PB_MBOD * Soe		0.0051 (1.27)					
IB			0.0057** (2.38)				
IB * Soe			-0.0073** (-2.23)				
EB				0.0057** (2.39)			
EB * Soe				-0.0071** (-2.17)			
PB1					-0.0037* (-1.77)		
PB1 * Soe					0.0020 (0.60)		
PB2						0.0027 (1.56)	

续表

变量	董事长对总经理的制衡强度	董事会对总经理办公会的制衡强度	董事会内部的制衡强度		综合权力制衡强度		
	(1)	(2)	(3)	(4)	(5)	(6)	(7)
PB2*Soe						-0.0066**	
						(-2.23)	
PB3							0.0084***
							(2.84)
PB3*Soe							-0.0071*
							(-1.71)
Soe	-0.0059	0.0095	0.0008	0.0006	-0.0088	-0.0162	0.0178**
	(-1.54)	(1.15)	(0.26)	(0.21)	(-1.37)	(-1.59)	(2.00)
Leverage	0.8723***	0.4587***	0.8721***	0.8721***	0.8727***	0.5254***	0.2926***
	(134.92)	(41.33)	(134.69)	(134.69)	(136.71)	(35.95)	(28.03)
EBIT_TA	-0.0432**	-0.0657***	-0.0435**	-0.0435**	-0.0725***	-0.2457***	-0.1327***
	(-2.40)	(-2.87)	(-2.42)	(-2.42)	(-3.76)	(-6.74)	(-5.50)
MB	-0.0009	-0.0001	-0.0008	-0.0008	-0.0012	-0.0066***	-0.0012
	(-1.28)	(-0.16)	(-1.19)	(-1.20)	(-1.59)	(-4.75)	(-1.32)
DEP_TA	-0.0260***	-0.0248	-0.0271***	-0.0271***	-0.0222**	-0.1278***	-0.0703***
	(-2.61)	(-1.17)	(-2.71)	(-2.70)	(-2.07)	(-5.00)	(-3.12)
LnTA	0.0055***	0.0235***	0.0056***	0.0056***	0.0063***	0.0104***	0.0269***
	(6.91)	(7.83)	(6.98)	(6.98)	(7.44)	(3.79)	(8.37)
FA_TA	0.0090	-0.0077	0.0094	0.0093	0.0077	0.2492***	0.0245*
	(1.38)	(-0.65)	(1.43)	(1.42)	(1.11)	(14.07)	(1.95)
Indlev	0.0481***	0.0359	0.0471***	0.0471***	0.0323***	0.0718*	0.0861***
	(4.12)	(1.14)	(4.01)	(4.01)	(2.72)	(1.93)	(2.58)
_cons	-0.0913***	-0.3999***	-0.1006***	-0.1005***	-0.0951***	-0.2507***	-0.5327***
	(-5.10)	(-6.06)	(-5.60)	(-5.60)	(-5.05)	(-4.30)	(-7.59)
Year	控制	控制	控制	控制	控制	控制	控制
N	9051	9051	9051	9051	9051	9051	9051
R^2	0.8233	0.2563	0.8233	0.8233	0.8298	0.5773	0.1679
F	2286.25	133.16	2296.49	2297.48	2412.91	225.92	77.95

注：(1) ***、**、* 分别表示变量在1%、5%和10%水平上显著（双尾检验）。(2) 回归括号中的数字为 t 值。(3) 标准误差经过公司层面的聚类调整（cluster）。

从表 4-11 的回归结果可以看到，第（1）列中两职分离 PB_CM 与资本结构 Lev 在 5% 水平上显著负相关，再次证明董事长对总经理的制衡强度越大，公司负债水平越低。而两职分离与产权性质的交互项 PB_CM*Soe 的回归系数不显著，这表明产权性质对董事长对总经理的制衡强度与公司负债水平之间的关系没有显著影响。同理，第（2）列中高管未兼任董事占比 PB_MBOD 与资本结构 Lev 在 1% 水平上显著负相关，再次证明董事会对总经理办公会的制衡强度对公司负债水平有抑制作用。而高管未兼任董事占比与产权性质的交互项 $PB\_MBOD*Soe$ 的回归系数不显著，尽管如此，但其符号与 PB_MBOD 的系数符号相反，且 $PB\_MBOD*Soe$ 的 t 值大于 1，由此说明，国企身份有抑制董事会对总经理办公会的制衡强度对公司负债水平影响的趋势。第（3）、（4）列是董事会内部的制衡强度的回归结果，由此结果可知，交互项 $IB*Soe$、$EB*Soe$ 的回归系数均显著为负，分别与 IB、EB 的系数符号相反，这说明国企身份会明显削弱董事会内部的制衡强度对公司负债水平的治理作用。后三列为综合权力制衡强度的回归结果，综合权力制衡强度基本体现了各个维度的影响。我们发现，积分变量 1 与产权性质的交互项 $PB1*Soe$ 的回归系数不显著，而积分变量 2 与产权性质的交互项 $PB2*Soe$ 以及虚拟变量 1 与产权性质的交互项 $PB3*Soe$ 的回归系数均显著为负，分别与 $PB2$、$PB3$ 的系数符号相反，表明国企身份会明显削弱综合权力制衡强度对公司负债水平的治理作用。第（7）列中产权性质 Soe 的系数显著为正，说明整体而言，国企身份给债务融资提供了便利，这与现有的多数研究成果一致。我们发现，权力制衡强度与产权性质交互项的回归系数不显著的情况，都出现在权力制衡强度能够显著降低公司的负债水平方面（如 PB_CM*Soe、$PB\_MBOD*Soe$ 和 $PB1*Soe$），说明近些年国有企业债务约束效应逐渐增强（方军雄，2007）。综合以上分析，我们可以看出，国企身份会显著削弱管理层权力制衡强度对公司负债水平的治理作用。那么，管理层权力制衡机制在非国企中能发挥更显著的治理效用。

二、成长机会的影响

为了检验成长机会对管理层权力制衡强度与公司负债水平之间关系的影响，本书用成长机会变量替换模型 4.5 中的产权性质变量，以检验成长机会对管理层权力制衡与公司负债水平之间关系的影响，具体模型设定如下。

第四章 管理层权力制衡强度、过度投资与公司负债水平

$$Lev_{i,t} = \beta_0 + \beta_1 PB_{i,t-1} + \beta_2 HighMB_{i,t-1} + \beta_3 PB_{i,t-1} \\
* HighMB_{i,t-1} + \beta_4 Lev_{i,t-1} + \beta_5 EBIT\_TA_{i,t-1} \\
+ \beta_6 DEP\_TA_{i,t-1} + \beta_7 LnTA_{i,t-1} + \beta_8 FA\_TA_{i,t-1} \\
+ \beta_9 Indlev_{i,t-1} + \sum Year + \varepsilon_{i,t} \quad (4.6)$$

其中，$HighMB$ 为成长机会的哑变量，我们仍然使用 MB [（股票市场价值 + 负债账面价值）/总资产] 来度量公司的成长机会。参照黄继承等（2016）的做法，考虑行业因素可能对成长机会的影响，若公司的成长机会 MB 大于同行业同年度成长机会的中位数，$HighMB$ 取值 1，否则取值 0。如果交互项的回归系数 β_3 显著且与 β_1 符号相同，则表明公司的高成长性会促进管理层权力制衡强度对公司负债水平的影响。如果交互项的回归系数 β_3 显著且与 β_1 符号相反，则表明公司的高成长性会抑制管理层权力制衡强度对公司负债水平的影响。回归结果如表 4-12 所示。

表 4-12 成长机会的调节效应

变量	董事长对总经理的制衡强度	董事会对总经理办公会的制衡强度	董事会内部的制衡强度		综合权力制衡强度		
	(1)	(2)	(3)	(4)	(5)	(6)	(7)
PB_CM	-0.0037 * (-1.67)						
PB_CM * HighMB	-0.0037 (-1.71)						
PB_MBOD		-0.0049 * (-1.83)					
PB_MBOD * HighMB		-0.0013 (-0.37)					
IB			0.0363 *** (2.73)				
IB * HighMB			-0.0097 * (-1.74)				
EB			0.0344 *** (2.59)				

续表

变量	董事长对总经理的制衡强度	董事会对总经理办公会的制衡强度	董事会内部的制衡强度		综合权力制衡强度		
	(1)	(2)	(3)	(4)	(5)	(6)	(7)
EB * HighMB				-0.0096 * (-1.72)			
PB1					-0.0027 (-1.52)		
PB1 * HighMB					-0.0019 * (-1.75)		
PB2						-0.0009 (-0.51)	
PB2 * HighMB						-0.0028 ** (-1.99)	
PB3							0.0161 *** (3.37)
PB3 * HighMB							-0.0133 *** (-2.83)
HighMB	-0.0008 (-0.98)	-0.0023 (-0.74)	-0.0007 (-0.84)	-0.0007 (-0.84)	-0.0006 (-0.74)	-0.0014 (-1.08)	-0.0052 *** (-3.79)
Leverage	0.8720 *** (136.20)	0.4587 *** (41.28)	0.8721 *** (135.23)	0.8722 *** (135.32)	0.8720 *** (135.89)	0.4382 *** (30.70)	0.5137 *** (34.61)
EBIT_TA	-0.0651 *** (-3.37)	-0.0618 *** (-2.73)	-0.0619 *** (-3.19)	-0.0621 *** (-3.20)	-0.0654 *** (-3.37)	-0.1902 *** (-5.10)	-0.2169 *** (-5.85)
DEP_TA	-0.0277 *** (-2.70)	-0.0222 (-1.05)	-0.0297 *** (-2.92)	-0.0297 *** (-2.92)	-0.0292 *** (-2.85)	-0.1682 *** (-7.14)	-0.1714 *** (-7.09)
LnTA	0.0054 *** (6.60)	0.0231 *** (7.77)	0.0051 *** (6.05)	0.0051 *** (6.06)	0.0055 *** (6.57)	0.0094 *** (3.36)	0.0057 ** (2.06)
FA_TA	0.0081 (1.17)	-0.0080 (-0.67)	0.0090 (1.30)	0.0090 (1.29)	0.0082 (1.18)	0.2606 *** (14.95)	0.2515 *** (14.14)
Indlev	0.0347 *** (2.73)	0.0231 (0.75)	0.0328 ** (2.53)	0.0328 ** (2.53)	0.0340 *** (2.64)	0.1989 *** (5.25)	0.0724 * (1.92)

续表

变量	董事长对总经理的制衡强度	董事会对总经理办公会的制衡强度	董事会内部的制衡强度		综合权力制衡强度		
	(1)	(2)	(3)	(4)	(5)	(6)	(7)
_cons	-0.0837***	-0.3826***	-0.0917***	-0.0912***	-0.0825***	-0.2675***	-0.1628***
	(-4.63)	(-5.90)	(-4.92)	(-4.90)	(-4.56)	(-4.58)	(-2.80)
Year	控制	控制	控制	控制	控制	控制	控制
N	9051	9051	9051	9051	9051	9051	9051
R^2	0.8297	0.2559	0.8296	0.8296	0.8296	0.5141	0.5700
F	2538.08	140.75	2547.97	2547.09	2542.92	182.72	228.67

注：(1) ***、**、*分别表示变量在1%、5%和10%水平上显著（双尾检验）。(2) 回归括号中的数字为t值。(3) 标准误差经过公司层面的聚类调整（cluster）。

从表4-12的回归结果可以看到，第（1）列中两职分离与成长机会的交互项 PB_CM * HighMB 的回归系数显著为负，与两职分离 PB_CM 的系数符号相同，说明公司的成长机会越高，董事长对总经理的制衡强度降低公司负债水平的治理作用更为明显。而第（3）、（4）列中独立董事占比与成长机会的交互项 IB * HighMB 以及外部董事占比与成长机会的交互项 EB * HighMB 的回归系数均显著为负，分别与 IB、EB 的符号相反，说明公司的成长机会越高，董事会内部的制衡强度提高公司负债水平的治理作用会被显著削弱。这与前文提出的高成长性的公司面临的债务约束强度更大的分析是一致的，即成长性较高的公司债务融资更难，而约束效应会抑制负债水平的提高，促进负债水平的下降。第（2）列中高管未兼任董事占比与成长机会的交互项 PB_MBOD * HighMB 的回归系数不显著，说明成长机会对董事会对总经理办公会与公司负债水平之间的关系没有显著影响。后三列为综合权力制衡强度的结果，体现了各个维度变量的影响。我们发现，综合权力制衡强度与成长机会的交互项 PB1 * HighMB、PB2 * HighMB、PB3 * HighMB 的回归系数均显著为负，分别与 PB1、PB2、PB3 的符号相反，说明公司的成长机会越高，越会促进综合权力制衡强度降低公司的负债水平，抑制综合权力制衡强度提高公司的负债水平。第（7）列中，成长机会 HighMB 的系数显著为负，说明公司的成长机会越高，面临的债务约束效应越强，再次印证现有文献的结论（黄继承等，2016）。

综合以上分析，我们可以看出，高成长性的公司中，债务对公司行为决策的约束效应更强。公司的成长机会越高,越会促进管理层权力制衡强度降低公司的负债水平,显著抑制管理层权力制衡强度提高公司的负债水平。

第七节 拓展性检验

通过上文的进一步研究,我们发现,国企身份会显著削弱管理层权力制衡强度对公司负债水平的治理作用,即管理层权力制衡机制在非国企中能发挥更为明显的治理作用,这与目前多数研究结论有类似点(李越冬和严青,2017;卢馨等,2014)。公司的产权性质不同,内部治理特征就会存在较大差异。与非国有企业相比,国有企业内部的治理结构较完善,外部监管体系的力量较强,即国企受到的监督、约束程度也更高。而且,因国有企业的特殊性质,其战略决策和发展方向须与国家发展大局保持一致;民营企业的市场化程度较高,受到政府相关部门的约束较少,容易给董事会、高管团队成员滥用职权提供温床。例如,现有研究指出,管理层权力增大导致的投资规模提高、在职消费提高等现象,在民营企业中更显著(卢馨等,2014;卢锐等,2008)。类似的研究还发现,机构投资者抑制非效率投资、盈余管理、内部控制缺陷的治理作用在民营企业中更为显著(吴先聪和刘星,2011;李增福等,2013;李越冬和严青,2017)。

另外,家族企业是民企的一大类型,家族企业中普遍存在的现象是,企业的经营决策和治理机制存在很明显的"家族"色彩,企业的发展方向往往都是由家族成员决定。家族成员在公司的董事会、监事会、经理层等高层职位中占据多数,甚至身居要职。家族企业中家族文化的色彩越重,企业对于家族成员的信任就远远大于成员外的经理人,这很明显会挫伤非家族成员的工作积极性,有些家族企业中家族成员通过股权结构层层把控住企业的控制权,造成"一股独大"的现象。这些都是由家族成员对于企业的经营决策和发展方向的过度干预,或者家族成员的绝对控股造成的(Claessens et al.,2000;Bertrand et al.,2008),且往往不利于企业绩效的提高。家族企业中的"家族治理"决定整个企业发展的程度,那么,对于家族成员拥有的权力进行有效约束、监督,将显著有利于公司的长期发展,进而对公司的资本结构产生更为明显的有利影响。基于此,本书将样本分为国企、非家族企业的民企和家族企业三个子样本,以检验管理层权力制衡机制在不同产权性质下对公司负债水平治理作用的差异。

考虑到家族企业的特征,我们在沿用本书对管理层权力制衡强度的度量方法的基础上,又添加了几个变量。在董事会对总经理办公会的制衡强度中添加了一个变量,即总经理办公会中非家族成员占比,用 PB_MF 表示,PB_MF = 1 - 家族成员任职高管的人数/高管总人数,数值越大表明制衡强度越大。在董事会内部的制衡强度中也添加一个变量,即董事会中非家族成员占比,用 PB_DF 表示,PB_DF = 1 - 家族成员任职董事的人数/董事总人数,数值越大表明制衡强度越大。我们还添加了一个维度,即股东大会对董事长的制衡强度,用董事长是否控制该公司进行度量,用 PB_C 表示,此处的控制既包括绝对控制,也包括相对控制。绝对控制是指董事长是该公司的实际控制人,获得了该公司的绝对控制权。相对控制是指虽然该公司董事长并非实际控制人,但其持股比例达到33.33%,可以对公司的经营决策产生影响。PB_C 为哑变量,若该公司董事长未取得绝对控制权或者相对控制权中的任何一个,则 PB_C 取值1,否则为0,数值越大,表明股东大会对董事长的制衡强度越大。同样地,我们将 PB_MF 和 PB_DF 进行变换,将 PB_MF 和 PB_DF 分别分行业分年度进行从小到大排序,若 PB_MF 和 PB_DF 分别大于同行业同年度 PB_MF、PB_DF 的中位数,则取值1,否则取值0。那么,家族企业管理层综合权力制衡强度积分变量 $PB1 = PB\_CM + PB\_MBOD + PB\_MF + IB + EB + PB\_DF + PB\_C$;积分变量 $PB2 = PB_CM + $ 变换后 $PB_MBOD + $ 变换后 $PB_MF + $ 变换后 $IB + $ 变换后 $EB + $ 变换后 $PB\_DF + PB\_C$;虚拟变量1仍然用 $PB3$ 表示,若 $PB2$ 大于等于6,则取值1,否则取值0。由于新添加的这几个变量数据缺失较重,因此家族企业最后保留的样本为2634个。另外,国有企业样本为4071个,非家族企业的民企样本为522个,说明本书样本区间的民企样本绝大多数为家族企业。过度投资样本组中,国企样本为2501个,非家族企业的民企样本为254个,家族企业样本为898个。为了简化表达,下文中非家族企业的民企样本,我们直接用民企来表示。下文中,我们基于模型4.2、模型4.3和模型4.4分别对国企、民企、家族企业进行检验,具体的回归结果如表4-13至表4-21所示。

一、不同产权性质下管理层权力制衡强度对公司负债水平的影响

表4-13为不同产权性质下,董事长对总经理的制衡强度、董事会对总经

理办公会的制衡强度与公司负债水平的多元回归分析结果。第（1）—（3）列为不同产权性质下，董事长对总经理的制衡强度对公司负债水平的影响，可以看出，第（3）列家族企业样本中，两职分离 PB_CM 与资本结构 Lev 在10%水平上显著负相关；而第（1）、（2）列国企和非家族企业的民企样本中，两职分离 PB_CM 与资本结构 Lev 均存在不显著的负向关系。另外，非家族企业的民企样本 PB_CM 的回归系数的 T 统计量大于1，说明相较于国企而言，董事长对总经理的制衡强度降低公司负债水平的治理作用可能在非家族企业的民企中更为明显。由此可知，家族企业中董事长对总经理的制衡强度能够显著降低公司的负债水平，而这一治理作用在国企和非家族企业的民企中不明显。

后四列为不同产权性质下，董事会对总经理办公会的制衡强度对公司负债水平的影响，可以看出，第（6）列家族企业样本中，高管未兼任董事占比 PB_MBOD 与资本结构 Lev 在10%水平上显著负相关；而第（4）、（5）列国企和非家族企业的民企样本中，高管未兼任董事占比 PB_MBOD 与资本结构 Lev 均存在不显著的负向关系；第（7）列家族企业样本中，总经理办公会中非家族成员占比 PB_MF 与资本结构 Lev 存在负相关关系，虽然不显著，但 PB_MF 的回归系数的 T 统计量大于1，可见总经理办公会中非家族成员占比 PB_MF 存在向下调整资本结构的趋势。由此可知，家族企业中董事会对总经理办公会的制衡强度能够显著降低公司的负债水平，而这一治理作用在国企和非家族企业的民企中仍不明显。

表4-13 不同产权性质下管理层不同维度的权力制衡强度与公司负债水平的回归结果

变量	董事长对总经理的制衡强度			董事会对总经理办公会的制衡强度			
	国企	民企	家族企业	国企	民企	家族企业	家族企业
PB_CM	-0.0031 (-0.98)	-0.0113 (-1.48)	-0.0057* (-1.86)				
PB_MBOD				-0.0023 (-0.84)	-0.0025 (-0.43)	-0.0079* (-1.96)	
PB_MF							-0.0177 (-1.13)
$Leverage$	0.9055*** (117.61)	0.8870*** (39.54)	0.8389*** (65.62)	0.4848*** (30.47)	0.9123*** (42.71)	0.3616*** (15.74)	0.8232*** (44.51)

续表

变量	董事长对总经理的制衡强度			董事会对总经理办公会的制衡强度			
	国企	民企	家族企业	国企	民企	家族企业	家族企业
$EBIT\_TA$	-0.0551** (-2.22)	-0.0073 (-0.10)	0.0062 (0.17)	-0.0849** (-2.52)	0.0626 (1.10)	-0.0150 (-0.33)	-0.0636 (-1.37)
MB	-0.0020* (-1.89)	-0.0024 (-0.99)	-0.0033*** (-3.05)	-0.0017 (-1.06)	-0.0016 (-0.71)	0.0006 (0.41)	-0.0077*** (-6.36)
DEP_TA	-0.0015 (-0.12)	-0.0927*** (-2.65)	-0.0781*** (-3.39)	-0.0459* (-1.73)	-0.1253*** (-4.15)	0.0034 (0.05)	-0.0702** (-2.05)
$LnTA$	0.0046*** (4.69)	0.0006 (0.18)	0.0067*** (3.51)	0.0197*** (4.22)	-0.0019 (-0.69)	0.0311*** (4.68)	0.0122*** (3.25)
FA_TA	-0.0028 (-0.35)	0.0301 (1.22)	0.0327** (2.21)	-0.0145 (-0.90)	0.0509*** (2.61)	0.0044 (0.17)	0.0413** (2.00)
$Indlev$	0.0401*** (2.90)	-0.0479 (-0.86)	0.0140 (0.52)	-0.0199 (-0.50)	-0.0098 (-0.22)	0.0299 (0.38)	-0.0270 (-0.72)
$\_cons$	-0.0836*** (-3.61)	0.0498 (0.70)	-0.0902** (-2.17)	-0.2965*** (-2.86)	0.0727 (1.15)	-0.5521*** (-3.83)	-0.1389* (-1.81)
Year	控制	控制	控制	控制	控制	控制	控制
N	4071	522	2634	4071	522	2634	2634
R^2	0.8636	0.8252	0.7926	0.2944	0.8284	0.1677	0.7233
F	2153.37	238.20	693.48	83.22	251.44	24.84	331.06

注：(1) ***、**、* 分别表示变量在1%、5%和10%水平上显著（双尾检验）。(2) 回归括号中的数字为 t 值。(3) 标准误差经过公司层面的聚类调整（cluster）。

表4-14为不同产权性质下，董事会内部的制衡强度与公司负债水平的多元回归分析结果。从第（1）—（3）列的结果可知，在家族企业样本中，独立董事占比 IB 与资本结构 Lev 在5%水平上显著正相关，而在国企和非家族企业的民企样本中均存在不显著的正向关系。同样地，由第（4）—（6）列可知，在家族企业样本中，外部董事占比 EB 与资本结构 Lev 在5%水平上显著正相关，而在国企和非家族企业的民企样本中均存在不显著的正向关系。虽然在第（2）、（4）列非家族企业的民企样本中，IB、EB 的回归系数均不显著，但其 T 统计量都大于1，这也表明了在非家族企业的民企样本中，董事会内部的制衡强度提高公司负债水平的趋势。第（7）列家族企业样本中，董事会中非家族成员

占比 PB_DF 与资本结构 Lev 存在正相关关系，尽管不显著，但 PB_DF 的回归系数的 T 统计量大于1，表明了董事会中非家族成员占比 PB_DF 向上调整资本结构的趋势。第（8）列为家族企业样本中，股东大会对董事长的制衡强度对公司负债水平的影响。由结果可知，董事长控制 PB_C 与资本结构 Lev 存在不显著的正向关系，说明股东大会对董事长的制衡强度对公司负债水平没有产生显著影响。由此可知，家族企业中董事会内部的制衡强度能够显著提高公司的负债水平，而这一治理作用在国企和非家族企业的民企中仍不明显。家族企业中股东大会对董事长的制衡强度未对公司负债水平产生明显影响。

表 4-14 不同产权性质下管理层不同维度的权力制衡强度与公司负债水平的回归结果（续表）

变量	董事会内部的制衡强度							股东大会对董事长的制衡强度
	国企	民企	家族企业	国企	民企	家族企业	家族企业	家族企业
IB	0.0129 (0.73)	0.0836 (1.55)	0.0105** (2.44)					
EB				0.0118 (0.67)	0.0751 (1.37)	0.0109** (2.54)		
PB_DF							0.0270 (1.37)	
PB_C								0.0010 (0.13)
Leverage	0.9058*** (118.63)	0.8841*** (38.97)	0.8235*** (44.70)	0.9058*** (118.63)	0.8840*** (39.09)	0.8235*** (44.74)	0.7267*** (33.81)	0.2252*** (11.45)
EBIT_TA	-0.0959*** (-3.60)	-0.0150 (-0.22)	-0.0625 (-1.34)	-0.0960*** (-3.61)	-0.0167 (-0.24)	-0.0627 (-1.35)	0.0217 (0.54)	-0.0952** (-2.03)
MB	-0.0016 (-1.41)	-0.0025 (-1.08)	-0.0081*** (-6.65)	-0.0016 (-1.41)	-0.0025 (-1.08)	-0.0081*** (-6.66)	0.0005 (0.36)	-0.0001 (-0.08)
DEP_TA	-0.0016 (-0.13)	-0.0918*** (-2.68)	-0.0759** (-2.18)	-0.0016 (-0.13)	-0.0914*** (-2.66)	-0.0766** (-2.20)	-0.1103*** (-3.15)	-0.0286 (-0.44)

续表

变量	董事会内部的制衡强度							股东大会对董事长的制衡强度
	国企	民企	家族企业	国企	民企	家族企业	家族企业	家族企业
$LnTA$	0.0051*** (4.81)	0.0007 (0.21)	0.0125*** (3.36)	0.0051*** (4.81)	0.0007 (0.21)	0.0125*** (3.36)	0.0073** (2.50)	0.0299*** (4.29)
FA_TA	0.0009 (0.10)	0.0284 (1.14)	0.0408** (2.01)	0.0009 (0.10)	0.0283 (1.14)	0.0407** (2.01)	0.0642*** (3.07)	0.0203 (0.78)
$Indlev$	0.0276** (1.97)	−0.0491 (−0.89)	−0.0654* (−1.65)	0.0276** (1.97)	−0.0485 (−0.88)	−0.0649 (−1.63)	0.1221*** (3.23)	−0.0027 (−0.05)
$\_cons$	−0.0957*** (−4.02)	0.0115 (0.15)	−0.1621** (−2.11)	−0.0955*** (−4.01)	0.0140 (0.19)	−0.1625** (−2.12)	−0.1762*** (−2.68)	−0.5444*** (−3.57)
Year	控制	控制	控制	控制	控制	控制	控制	控制
N	4071	522	2634	4071	522	2634	2634	2634
R^2	0.8666	0.8253	0.7241	0.8666	0.8251	0.7242	0.7071	0.1162
F	2106.13	229.12	329.14	2105.11	229.68	329.39	167.07	16.21

注：(1) ***、**、*分别表示变量在1%、5%和10%水平上显著（双尾检验）。(2) 回归括号中的数字为t值。(3) 标准误差经过公司层面的聚类调整（cluster）。

表4−15为不同产权性质下，管理层综合权力制衡强度与公司负债水平的多元回归分析结果。从第（1）—（3）列的结果可知，在家族企业样本中，综合权力制衡强度积分变量 $PB1$ 与资本结构 Lev 在5%水平上显著负相关，而在国企和非家族企业的民企样本中均存在不显著的负向关系。从第（4）—（6）列可知，综合权力制衡强度积分变量 $PB2$ 与资本结构 Lev 在国企和家族企业样本中均存在不显著的负向关系，而在非家族企业的民企中存在不显著的正向关系。从第（7）—（9）列的结果可知，在家族企业样本中，综合权力制衡强度虚拟变量 $PB3$ 与资本结构 Lev 在5%水平上显著正相关，而在国企和非家族企业的民企样本中均存在不显著的正向关系。由此可知，家族企业中综合权力制衡强度在资本结构高于目标时能够显著降低公司的负债水平，在资本结构低于目标时能够显著提高公司的负债水平，而这一治理作用在非家族企业的民企和国企中仍不明显。综合以上分析，我们可以看出，管理层权力制衡强度对公司负债水平的治理作用在家族企业中最明显，在国企和非家族企业的民企中不明显。

表 4-15 不同产权性质下管理层综合权力制衡强度与公司负债水平的回归结果

变量	综合权力制衡强度								
	国企	民企	家族企业	国企	民企	家族企业	国企	民企	家族企业
PB1	-0.0034 (-1.39)	-0.0012 (-0.24)	-0.0094** (-2.08)						
PB2				-0.0016 (-1.58)	0.0040 (1.10)	-0.0003 (-0.32)			
PB3							0.0012 (0.38)	0.0158 (1.44)	0.0112** (2.15)
Leverage	0.9045*** (117.49)	0.9119*** (42.79)	0.5008*** (21.25)	0.9049*** (117.47)	0.9012*** (27.22)	0.8397*** (63.15)	0.4846*** (30.44)	0.3435*** (5.30)	0.3633*** (15.83)
EBIT_TA	-0.0576** (-2.32)	0.0646 (1.13)	-0.1798*** (-2.86)	-0.0560** (-2.26)	-0.0870 (-1.09)	0.0181 (0.53)	-0.0840** (-2.49)	0.1681 (1.48)	-0.0151 (-0.33)
MB	-0.0020* (-1.90)	-0.0017 (-0.77)	-0.0055*** (-3.24)	-0.0020* (-1.91)	-0.0058** (-2.31)	-0.0022** (-2.14)	-0.0017 (-1.08)	-0.0112** (-2.24)	0.0007 (0.47)
DEP_TA	-0.0018 (-0.15)	-0.1246*** (-4.06)	-0.1347*** (-2.61)	-0.0021 (-0.18)	-0.1093*** (-2.61)	-0.0892*** (-4.16)	-0.0456* (-1.73)	-0.1746 (-1.19)	-0.0025 (-0.04)
LnTA	0.0048*** (4.76)	-0.0020 (-0.73)	0.0153*** (3.09)	0.0048*** (4.81)	0.0054 (1.13)	0.0057*** (3.07)	0.0196*** (4.20)	-0.0188 (-0.85)	0.0300*** (4.51)
FA_TA	-0.0028 (-0.35)	0.0510** (2.60)	0.2497*** (7.87)	-0.0021 (-0.26)	0.0548 (1.44)	0.0367** (2.56)	-0.0145 (-0.91)	-0.0124 (-0.17)	0.0025 (0.10)
Indlev	0.0402*** (3.14)	-0.0096 (-0.22)	-0.0692 (-0.86)	0.0383*** (2.75)	-0.2115*** (-2.99)	0.0167 (0.63)	-0.0201 (-0.50)	0.1932 (1.45)	0.0186 (0.23)
_cons	-0.0811*** (-3.56)	0.0757 (1.19)	-0.2643** (-2.48)	-0.0837*** (-3.64)	0.0001 (0.00)	-0.0822** (-2.02)	-0.2968*** (-2.86)	0.5410 (1.10)	-0.5345*** (-3.70)
Year	控制	控制	控制	控制	控制	控制	控制	控制	控制
N	4071	522	2634	4071	522	2634	4071	522	2634
R^2	0.8637	0.8284	0.5627	0.8636	0.7737	0.7734	0.2943	0.2168	0.1681
F	2148.30	246.97	75.40	2166.58	109.81	606.27	83.17	4.67	24.91

注：(1) ***、**、* 分别表示变量在1%、5%和10%水平上显著（双尾检验）。(2) 回归括号中的数字为 t 值。(3) 标准误差经过公司层面的聚类调整（cluster）。

二、不同产权性质下管理层权力制衡强度对过度投资的影响

表 4-16 为不同产权性质下，董事长对总经理的制衡强度、董事会对总经理办公会的制衡强度与过度投资的多元回归分析结果。第（1）—（3）列为不同产权性质下，董事长对总经理的制衡强度对过度投资的影响，可以看出，第（3）列家族企业样本中，两职分离 PB_CM 与过度投资 Inve 在 5% 水平上显著负相关；而第（1）、（2）列国企和非家族企业的民企样本中，两职分离 PB_CM 与过度投资 Inve 均存在不显著的负向关系。由此说明，家族企业中董事长对总经理的制衡强度能够显著降低过度投资，而这一治理作用在国企和非家族企业的民企中不明显。

后四列为不同产权性质下，董事会对总经理办公会的制衡强度对过度投资的影响，可以看出，第（6）列家族企业样本中，高管未兼任董事占比 PB_MBOD 与过度投资 Inve 在 5% 水平上显著正相关，这应当解释为高管未兼任董事占比 PB_MBOD 在适度范围内提高了公司的投资水平，但未达到过度投资程度；而第（4）、（5）列国企和非家族企业的民企样本中，高管未兼任董事占比 PB_MBOD 与过度投资 Inve 均存在不显著的负向关系；第（7）列家族企业样本中，总经理办公会中非家族成员占比 PB_MF 与过度投资 Inve 在 1% 水平上显著负相关。由此说明，家族企业中董事会对总经理办公会的制衡强度能够显著降低过度投资，而这一治理作用在国企和非家族企业的民企中仍不明显。

表 4-16　不同产权性质下管理层不同维度的权力制衡强度与过度投资的回归结果

变量	董事长对总经理的制衡强度			董事会对总经理办公会的制衡强度			
	国企	民企	家族企业	国企	民企	家族企业	家族企业
PB_CM	0.0034 (1.09)	-0.0059 (-0.69)	-0.0099** (-2.32)				
PB_MBOD				-0.0018 (-0.86)	-0.0060 (-0.86)	0.0502** (2.10)	
PB_MF							-0.0433*** (-2.80)
Size	-0.0086*** (-7.56)	-0.0084*** (-2.77)	-0.0187*** (-8.80)	-0.0085*** (-7.50)	-0.0077** (-2.45)	0.0061 (0.59)	0.0081*** (3.79)

续表

变量	董事长对总经理的制衡强度			董事会对总经理办公会的制衡强度			
	国企	民企	家族企业	国企	民企	家族企业	家族企业
H_10	-0.0101 (-0.96)	-0.0011 (-0.03)	0.0113 (0.64)	-0.0100 (-0.94)	0.0004 (0.01)	0.0187 (0.33)	0.0157 (0.88)
Age	-0.0016*** (-6.19)	-0.0018** (-2.35)	-0.0019*** (-5.24)	-0.0016*** (-6.21)	-0.0019** (-2.43)	0.0307 (1.10)	0.0002 (0.58)
Roa	-0.0103 (-0.37)	-0.0108 (-0.15)	0.0060 (0.12)	-0.0093 (-0.34)	-0.0171 (-0.23)	0.2132** (2.09)	-0.0567 (-1.14)
$Growth$	0.0231*** (4.45)	0.0116 (1.20)	0.0344*** (7.32)	0.0232*** (4.46)	0.0113 (1.18)	0.0392*** (5.51)	0.0309*** (6.53)
Fcf	0.0711*** (4.32)	0.0474 (0.79)	0.0658** (2.32)	0.0712*** (4.32)	0.0444 (0.74)	0.0527 (1.22)	0.0958*** (3.36)
$Mshare$	0.1936 (1.36)	0.0437 (0.56)	-0.0084 (-0.49)	0.1833 (1.26)	0.0500 (0.64)	-0.0014 (-0.03)	-0.0031 (-0.18)
$\_cons$	0.2571*** (9.26)	0.2519*** (3.35)	0.4603*** (9.20)	0.2592*** (9.41)	0.2402*** (3.17)	-0.3039 (-1.05)	-0.0904* (-1.77)
Industry	控制	控制	控制	控制	控制	控制	控制
Year	控制	控制	控制	控制	控制	控制	控制
N	2501	254	898	2501	254	898	898
R^2	0.1384	0.2014	0.2981	0.1383	0.2023	0.1148	0.1510
F	9.20	2.11	13.18	9.22	2.12	3.14	5.52

注：(1) ***、**、* 分别表示变量在1%、5%和10%水平上显著（双尾检验）。(2) 回归括号中的数字为 t 值。(3) 标准误差经过公司层面的聚类调整（cluster）。

表4-17为不同产权性质下，董事会内部的制衡强度、股东大会对董事长的制衡强度与过度投资的多元回归分析结果。从第（1）—（3）列的结果可知，在家族企业样本中，独立董事占比 IB 与过度投资 $Inve$ 在1%水平上显著正相关，而在国企和非家族企业的名气样本中存在不显著的正向关系。同样地，由第（4）—（6）列可知，在家族企业样本中，外部董事占比 EB 与过度投资 $Inve$ 在1%水平上显著正相关，而在国企和非家族企业的民企样本中均存在不显著的正向关系。第（7）列家族企业样本中，董事会中非家族成员占比 PB_DF 与过度投资 $Inve$ 在10%水平上显著正相关；第（8）列为家族企业样本中，股东

大会对董事长的制衡强度对过度投资的影响,由结果可知,董事长控制 PB_C 与过度投资 $Inve$ 存在不显著的负向关系,说明股东大会对董事长的制衡强度对过度投资没有产生显著影响。由此说明,家族企业中董事会内部的制衡强度能够在适度范围内显著提高公司的投资水平,这一治理作用在国企和非家族企业的民企中仍不明显。家族企业中股东大会对董事长的制衡强度未对过度投资产生明显影响。

表4–17 不同产权性质下管理层不同维度的权力制衡强度与过度投资的回归结果（续表）

变量	董事会内部的制衡强度							股东大会对董事长的制衡强度
	国企	民企	家族企业	国企	民企	家族企业	家族企业	家族企业
IB	0.0009 (0.37)	0.0118 (1.45)	0.1224*** (3.33)					
EB				0.0002 (0.09)	0.0118 (1.45)	0.1157*** (3.14)		
PB_DF							0.0169* (1.74)	
PB_C								-0.0031 (-0.53)
Size	0.0163*** (11.02)	0.0176*** (5.67)	0.0080*** (3.73)	0.0163*** (11.03)	0.0176*** (5.67)	0.0080*** (3.73)	0.0081 (0.78)	-0.0188*** (-7.20)
H_10	-0.0319** (-2.46)	-0.0020 (-0.05)	0.0185 (1.04)	-0.0318** (-2.45)	-0.0020 (-0.05)	0.0189 (1.07)	0.0432 (0.77)	0.0239 (1.10)
Age	0.0003 (0.82)	-0.0001 (-0.13)	0.0001 (0.36)	0.0003 (0.83)	-0.0001 (-0.13)	0.0001 (0.35)	0.0293 (1.05)	-0.0040*** (-8.75)
Roa	-0.1293*** (-3.81)	-0.1022 (-1.39)	-0.0635 (-1.27)	-0.1295*** (-3.82)	-0.1022 (-1.39)	-0.0622 (-1.25)	0.2339** (2.31)	0.0691 (1.13)
Growth	0.0152*** (3.43)	0.0120 (1.23)	0.0300*** (6.34)	0.0151*** (3.42)	0.0120 (1.23)	0.0302*** (6.37)	0.0395*** (5.53)	0.0445*** (7.69)
Fcf	0.1158*** (6.07)	0.0967 (1.58)	0.0987*** (3.46)	0.1158*** (6.07)	0.0967 (1.58)	0.0983*** (3.45)	0.0569 (1.32)	0.0853** (2.44)

续表

变量	董事会内部的制衡强度							股东大会对董事长的制衡强度
	国企	民企	家族企业	国企	民企	家族企业	家族企业	家族企业
Mshare	0.2625 (1.05)	0.0776 (0.98)	0.0022 (0.13)	0.2630 (1.06)	0.0776 (0.98)	0.0026 (0.16)	-0.0160 (-0.33)	0.0121 (0.60)
_cons	-0.3002*** (-9.15)	-0.3614*** (-4.64)	-0.1670*** (-3.19)	-0.3000*** (-9.15)	-0.3614*** (-4.64)	-0.1649*** (-3.14)	-0.3404 (-1.18)	0.5955*** (9.67)
Industry	控制	控制	控制	控制	控制	控制	控制	控制
Year	控制	控制	控制	控制	控制	控制	控制	控制
N	2501	254	898	2501	254	898	898	898
R^2	0.2224	0.3074	0.1542	0.2223	0.3074	0.1530	0.1124	0.4442
F	11.55	3.71	5.66	11.56	3.71	5.61	3.06	24.80

注：(1) ***、**、* 分别表示变量在1%、5%和10%水平上显著（双尾检验）。(2) 回归括号中的数字为 t 值。(3) 标准误差经过公司层面的聚类调整（cluster）。

表4-18为不同产权性质下，管理层综合权力制衡强度与过度投资的多元回归分析结果，综合权力制衡强度基本体现了各个维度变量的影响。从第(1)—(3)列的结果可知，在各个子样本中，综合权力制衡强度积分变量 PB1 与过度投资均存在不显著的负向关系，但家族企业样本中 PB1 的回归系数的 T 统计量大于1，表明了积分变量 PB1 降低过度投资 Inve 的治理作用在家族企业中更明显的趋势。从第(4)—(6)列可知，在非家族企业的民企样本中，综合权力制衡强度积分变量 PB2 与过度投资 Inve 在5%水平上显著负相关，而在国企样本中存在不显著的负向关系，在家族企业样本中存在不显著的正向关系。从第(7)—(9)列的结果可知，在家族企业样本中，综合权力制衡强度虚拟变量 PB3 与过度投资 Inve 在5%水平上显著正相关，而在国企和非家族企业的民企样本中均存在不显著的正向关系。由此可知，管理层综合权力制衡强度对过度投资的影响在家族企业中最显著，其次为非家族企业的民企，而国企中并无显著影响。综合以上分析，我们可以看出，管理层权力制衡强度降低过度投资的效应在家族企业中最明显，其次为非家族企业的民企，在国企中仍不明显。

表4-18 不同产权性质下管理层综合权力制衡强度与过度投资的回归结果

变量	综合权力制衡强度								
	国企	民企	家族企业	国企	民企	家族企业	国企	民企	家族企业
PB1	-0.0002 (-0.06)	-0.0021 (-0.28)	-0.0029 (-1.10)						
PB2				-0.0008 (-0.61)	-0.0089** (-2.08)	0.0010 (0.38)			
PB3							0.0021 (0.94)	0.0019 (0.26)	0.0103** (2.02)
Size	0.0163*** (10.99)	-0.0083*** (-2.68)	0.0078*** (3.64)	0.0082* (1.76)	-0.0112 (-0.64)	0.0080 (0.77)	0.0162*** (10.98)	0.0171*** (5.51)	-0.0186*** (-8.77)
H_10	-0.0317** (-2.45)	0.0005 (0.01)	0.0195 (1.09)	0.0320 (1.03)	-0.4179*** (-4.56)	0.0365 (0.65)	-0.0323** (-2.48)	0.0060 (0.16)	0.0164 (0.93)
Age	0.0003 (0.83)	-0.0018** (-2.33)	0.0001 (0.35)	0.0023 (0.39)	-0.0146 (-1.30)	0.0281 (1.00)	0.0003 (0.82)	-0.0001 (-0.17)	-0.0020*** (-5.43)
Roa	-0.1295*** (-3.82)	-0.0104 (-0.14)	-0.0541 (-1.08)	0.1320*** (3.54)	0.4412*** (3.00)	0.2399** (2.37)	-0.1289*** (-3.79)	-0.0950 (-1.28)	0.0116 (0.23)
Growth	0.0151*** (3.42)	0.0113 (1.18)	0.0313*** (6.60)	0.0164*** (5.46)	0.0027 (0.26)	0.0387*** (5.42)	0.0152*** (3.42)	0.0115 (1.18)	0.0352*** (7.49)
Fcf	0.1158*** (6.07)	0.0451 (0.75)	0.0971*** (3.39)	0.0274 (1.47)	0.0351 (0.45)	0.0547 (1.26)	0.1155*** (6.06)	0.0884 (1.45)	0.0614** (2.17)
Mshare	0.2622 (1.05)	0.0483 (0.62)	0.0020 (0.12)	0.3032* (1.88)	-0.6689* (-1.68)	-0.0032 (-0.07)	0.2683 (1.07)	0.0716 (0.90)	0.0069 (0.42)
_cons	-0.2998*** (-9.11)	0.2493*** (3.31)	-0.1099** (-2.16)	-0.1469 (-1.10)	0.4983 (1.21)	-0.3295 (-1.14)	-0.3001*** (-9.12)	-0.3391*** (-4.41)	0.4480*** (8.97)
Industry	控制	控制	控制	控制	控制	控制	控制	控制	控制
Year	控制	控制	控制	控制	控制	控制	控制	控制	控制
N	2501	254	898	2501	254	898	2501	254	898
R^2	0.2223	0.2000	0.1446	0.0831	0.2378	0.1074	0.2226	0.3011	0.2971
F	11.49	2.09	5.24	5.70	2.18	2.91	11.56	3.61	13.12

注:(1) ***、**、*分别表示变量在1%、5%和10%水平上显著(双尾检验)。(2) 回归括号中的数字为 t 值。(3) 标准误差经过公司层面的聚类调整(cluster)。

三、不同产权性质下管理层权力制衡强度影响公司负债水平的机理分析

表 4-19 为不同产权性质下,检验董事长对总经理的制衡强度、董事会对总经理办公会的制衡强度影响公司负债水平的内在机理的多元回归分析结果。第(1)—(3)列为不同产权性质下,检验董事长对总经理的制衡强度影响公司负债水平的内在机理,可以看出,第(3)列家族企业样本中,两职分离与过度投资的交互项 $PB\_CM * Inve$ 与资本结构 Lev 在 1% 水平上显著正相关;而在第(2)列非家族企业的民企样本中,两职分离与过度投资的交互项 $PB\_CM * Inve$ 与资本结构 Lev 存在不显著的正向关系,甚至在第(1)列国企样本中,交互项呈现不显著的负向关系;另外,第(3)列家族企业样本中,两职分离 PB_CM 与资本结构 Lev 在 10% 水平上显著负相关,再次说明家族企业样本中董事长对总经理的制衡强度能够显著降低公司的负债水平。由此可知,家族企业中董事长对总经理的制衡强度能够有效缓解公司的过度投资程度,从而显著降低公司的负债水平,而这一治理效应在国企和非家族企业的民企中不明显。

表 4-19 不同产权性质下管理层不同维度的权力制衡强度、过度投资与公司负债水平的回归结果

变量	董事长对总经理的制衡强度			董事会对总经理办公会的制衡强度			
	国企	民企	家族企业	国企	民企	家族企业	家族企业
PB_CM	-0.0044 (-0.97)	-0.0023 (-0.20)	-0.0113* (-1.74)				
$PB\_CM * Inve$	-0.0245 (-0.19)	0.1027 (0.43)	0.1882*** (2.65)				
PB_MBOD				-0.0066 (-1.44)	-0.0029 (-0.15)	-0.0112* (-1.66)	
$PB\_MBOD * Inve$				0.0770 (1.50)	0.1453 (0.84)	0.1788** (2.22)	
PB_MF							-0.0108 (-0.42)

续表

变量	董事长对总经理的制衡强度			董事会对总经理办公会的制衡强度			
	国企	民企	家族企业	国企	民企	家族企业	家族企业
PB_MF * Inve							0.4068** (2.47)
Inve	0.1719 (1.41)	0.0375 (0.17)	-0.0632 (-1.05)	0.0544 (1.38)	-0.0415 (-0.31)	-0.0762 (-1.32)	-0.3035** (-2.28)
Leverage	0.8861*** (88.44)	0.8821*** (25.82)	0.8237*** (39.00)	0.4475*** (21.11)	0.3803*** (3.95)	0.7392*** (22.85)	0.7355*** (22.36)
EBIT_TA	-0.0865** (-2.25)	0.0424 (0.37)	-0.1172 (-1.36)	-0.1602*** (-3.23)	0.0865 (0.42)	-0.0909 (-0.97)	-0.1090 (-1.21)
MB	-0.0035* (-1.76)	-0.0031 (-0.66)	0.0006 (0.19)	-0.0054* (-1.88)	-0.0180** (-2.05)	0.0035 (1.03)	0.0039 (1.18)
DEP_TA	-0.0010 (-0.06)	-0.0943 (-1.55)	-0.1257*** (-3.48)	0.0121 (0.34)	-0.1155 (-0.56)	-0.1439*** (-3.26)	-0.1432*** (-3.14)
LnTA	0.0013 (0.99)	-0.0014 (-0.35)	-0.0033 (-1.00)	0.0139** (2.11)	-0.0242 (-0.66)	-0.0005 (-0.09)	-0.0069 (-1.08)
FA_TA	-0.0018 (-0.16)	0.0560** (2.04)	0.0238 (0.87)	-0.0199 (-0.94)	-0.0211 (-0.19)	0.0479 (1.49)	0.0292 (0.85)
Indlev	0.0705*** (4.30)	-0.0170 (-0.32)	0.0550 (0.90)	-0.0979* (-1.73)	0.1024 (0.46)	0.1269* (1.72)	0.1296* (1.83)
_cons	0.0056 (0.18)	0.0644 (0.68)	0.1466* (1.92)	-0.1263 (-0.84)	0.7375 (0.87)	0.0456 (0.40)	0.1934 (1.29)
Year	控制	控制	控制	控制	控制	控制	控制
N	2501	254	898	2501	254	898	898
R^2	0.8478	0.8078	0.7592	0.2723	0.2613	0.6821	0.6835
F	950.60	95.74	168.78	38.13	2.63	52.17	62.46

注：（1）***、**、*分别表示变量在1%、5%和10%水平上显著（双尾检验）。（2）回归括号中的数字为 t 值。（3）标准误差经过公司层面的聚类调整（cluster）。

后四列为不同产权性质下，检验董事会对总经理办公会的制衡强度影响公司负债水平的内在机理，可以看出，第（6）列家族企业样本中，高管未兼任董事占比与过度投资的交互项 PB_MBOD * Inve 与资本结构 Lev 在5%水平上显著正相关；而第（4）、（5）列国企和非家族企业的民企样本中，交互项均呈现不显著的正向关系；另外，高管未兼任董事占比 PB_MBOD 与资本结构 Lev 在10%水平上显著负相关，再次说明家族企业样本中董事会对总经理办公会的制衡强度能够显著降低公司的负债水平。第（7）列家族企业样本中，总经理办公会中非家族成员占比与过度投资的交互项 $PB\_MF*Inve$ 与资本结构 Lev 在5%水平上显著正相关。由此可知，家族企业中董事会对总经理办公会的制衡强度能够有效缓解公司的过度投资程度，从而显著降低公司的负债水平，而这一治理效应在国企和非家族企业的民企中仍不明显。

表4-20为不同产权性质下，检验董事会内部的制衡强度、股东大会对董事长的制衡强度影响公司负债水平的内在机理。从第（1）—（3）列的结果可知，过度投资 $Inve$ 的系数均显著为正，在家族企业样本中，独立董事占比与过度投资的交互项 $IB*Inve$ 与资本结构 Lev 在5%水平上显著负相关；在非家族企业的民企样本中，独立董事占比与过度投资的交互项 $IB*Inve$ 与资本结构 Lev 在10%水平上显著负相关；而国企样本中，交互项呈现不显著的负向关系。同样地，由第（4）—（6）列可知，过度投资 $Inve$ 的系数均显著为正，在家族企业样本中，外部董事占比与过度投资的交互项 $EB*Inve$ 与资本结构 Lev 在5%水平上显著负相关；在非家族企业的民企样本中，外部董事占比与过度投资的交互项 $EB*Inve$ 与资本结构 Lev 在10%水平上显著负相关；而国企样本中，交互项呈现不显著的负向关系。第（7）列家族企业样本中，董事会中非家族成员占比与过度投资的交互项 $PB\_DF*Inve$ 与资本结构 Lev 在5%水平上显著负相关；另外，董事会中非家族成员占比 PB_DF 与资本结构 Lev 在10%水平上显著正相关，再次说明了家族企业样本中董事会内部的制衡强度能够显著提高公司的负债水平。第（8）列为家族企业样本中，检验股东大会对董事长的制衡强度影响公司负债水平的内在机理，由结果可知，董事长控制与过度投资的交互项 PB_C*Inve 与资本结构 Lev 在5%水平上显著负相关。由此可知，董事会内部的制衡强度有效削弱了过度投资对公司负债水平的不利影响，从而显著提高公司的负债水平这一治理效应，在家族企业中最明显，其次为非家族企业的民企，而在国企中仍不明显。在家族企业中，股东大会对董事长的制衡强度通过缓解过度投资，从而提高公司的负债水平。

表4-20 不同产权性质下管理层不同维度的权力制衡强度、过度投资与公司负债水平的回归结果(续表)

变量	董事会内部的制衡强度							股东大会对董事长的制衡强度
	国企	民企	家族企业	国企	民企	家族企业	家族企业	家族企业
IB	0.0101 (0.23)	0.0217 (1.36)	0.0427 (0.70)					
IB * Inve	-0.3401 (-1.53)	-1.5331* (-1.72)	-0.8397** (-2.27)					
EB				0.0072 (0.16)	0.0219 (1.37)	0.0360 (0.59)		
EB * Inve				-0.3435 (-1.54)	-1.6234* (-1.82)	-0.8393** (-2.27)		
PB_DF							0.0993* (1.66)	
PB_DF * Inve							-0.4609** (-1.97)	
PB_C								0.0029 (0.19)
PB_C * Inve								-0.2388** (-2.14)
Inve	0.2639*** (2.92)	0.5339* (1.68)	0.3690** (2.41)	0.2654*** (2.93)	0.5664* (1.77)	0.3693** (2.41)	0.4228** (2.06)	0.0005 (0.01)
Leverage	0.4413*** (20.77)	0.4923*** (4.82)	0.7325*** (21.65)	0.4412*** (20.76)	0.4908*** (4.81)	0.7326*** (21.65)	0.3600*** (8.93)	0.1732*** (4.46)
EBIT_TA	-0.1996*** (-3.95)	-0.0364 (-0.20)	-0.1216 (-1.35)	-0.1997*** (-3.95)	-0.0383 (-0.21)	-0.1212 (-1.34)	-0.3980*** (-3.00)	-0.5573*** (-5.21)
MB	-0.0049* (-1.67)	-0.0174** (-2.19)	0.0040 (1.18)	-0.0049* (-1.66)	-0.0175** (-2.20)	0.0040 (1.19)	0.0026 (0.66)	0.0010 (0.25)

续表

变量	董事会内部的制衡强度						股东大会对董事长的制衡强度	
	国企	民企	家族企业	国企	民企	家族企业	家族企业	家族企业
DEP_TA	0.0322 (0.88)	-0.3328 (-1.60)	-0.1413*** (-3.13)	0.0322 (0.88)	-0.3422 (-1.64)	-0.1422*** (-3.16)	-0.2923*** (-3.98)	-0.1936* (-1.79)
LnTA	0.0026 (0.37)	-0.0176 (-0.52)	-0.0073 (-1.08)	0.0026 (0.36)	-0.0172 (-0.51)	-0.0074 (-1.09)	0.0039 (0.41)	0.0288** (2.23)
FA_TA	-0.0080 (-0.37)	0.0573 (0.54)	0.0295 (0.87)	-0.0080 (-0.37)	0.0620 (0.59)	0.0295 (0.87)	0.2680*** (4.60)	-0.0646 (-1.30)
Indlev	-0.0933 (-1.60)	0.1011 (0.47)	0.1250* (1.74)	-0.0936 (-1.60)	0.0978 (0.45)	0.1257* (1.75)	0.0532 (0.36)	0.1427 (1.55)
_cons	0.1285 (0.80)	0.6831 (0.87)	0.1780 (1.19)	0.1301 (0.81)	0.6778 (0.86)	0.1810 (1.21)	-0.0996 (-0.43)	-0.4487 (-1.57)
Year	控制	控制	控制	控制	控制	控制	控制	控制
N	2501	254	898	2501	254	898	898	898
R^2	0.2730	0.3215	0.6835	0.2730	0.3232	0.6835	0.4109	0.1688
F	38.26	3.53	63.66	38.27	3.55	63.58	16.00	6.12

注：(1) ***、**、* 分别表示变量在1%、5%和10%水平上显著（双尾检验）。(2) 回归括号中的数字为 t 值。(3) 标准误差经过公司层面的聚类调整（cluster）。

表4-21为不同产权性质下，检验综合权力制衡强度影响公司负债水平的内在机理，综合权力制衡强度基本体现了各个维度的影响。从第（1）—（3）列的结果可知，在家族企业样本中，综合权力制衡强度积分变量1与过度投资的交互项 PB1 * Inve 与资本结构在5%水平上显著正相关，而在国企和非家族企业的民企样本中，交互项均呈现不显著的正向关系。从第（4）—（6）列可知，家族企业中综合权力制衡强度积分变量2与过度投资的交互项 PB2 * Inve 与资本结构 Lev 在5%水平上显著正相关；在非家族企业的民企中，综合权力制衡强度积分变量2与过度投资的交互项 PB2 * Inve 与资本结构 Lev 在10%水平上显著正相关；而在国企样本中，交互项呈现不显著的正向关系。另外，第（1）列和第（4）列的国企样本中，PB1、PB2 的系数均显著为负，说明国企中综

合权力制衡强度能够在一定程度上降低公司的负债水平。从第（7）—（9）列的结果可知，在各个子样本中，综合权力制衡强度虚拟变量1与过度投资的交互项 PB3 * Inve 与资本结构 Lev 均存在不显著的负向关系；另外，非家族企业的民企样本中，PB3 的系数显著为正，说明在非家族企业的民企样本中，综合权力制衡强度能够在一定程度上提高公司的负债水平。由此可知，管理层综合权力制衡强度能够有效缓解过度投资程度，从而显著降低公司的负债水平这一治理效应，在家族企业中最明显，其次为非家族企业的民企，而在国企中仍不明显。综合以上分析，我们可以看出，管理层权力制衡强度通过缓解过度投资程度来影响公司负债水平的治理效应，在家族企业中最明显，其次为非家族企业的民企，在国企中仍不明显。

我们从以上的检验结果可知，管理层权力制衡强度对公司负债水平的治理作用及其内在作用机理的检验，在家族企业样本中均为最显著的。尽管管理层权力制衡强度对公司负债水平的影响在非家族企业的民企中不显著，但其 T 统计量多数都大于1，也表明了影响的趋势。管理层权力制衡强度影响公司负债水平的内在机理的检验，在非家族企业的民企中也有一定的显著性，但低于家族企业。管理层权力制衡强度对公司负债水平的影响及其作用机理的检验，在国企样本中均不显著。由此我们可以认为，管理层权力制衡强度对公司负债水平的影响，以及管理层权力制衡强度通过缓解过度投资程度来影响公司负债水平的治理效应，在家族企业中最明显，其次为非家族企业的民企，在国企中不明显。

表4－21　不同产权性质下管理层综合权力制衡强度、过度投资与公司负债水平的回归结果

变量	综合权力制衡强度								
	国企	民企	家族企业	国企	民企	家族企业	国企	民企	家族企业
PB1	-0.0064* (-1.90)	-0.0033 (-0.15)	-0.0061 (-0.74)						
PB1 * Inve	0.0444 (1.45)	0.0619 (0.37)	0.1194** (2.17)						
PB2				-0.0063*** (-2.99)	-0.0023 (-0.26)	-0.0019 (-0.88)			

续表

变量	综合权力制衡强度								
	国企	民企	家族企业	国企	民企	家族企业	国企	民企	家族企业
PB2*Inve				0.0231 (1.10)	0.1547* (1.73)	0.0701*** (3.38)			
PB3							0.0038 (0.72)	0.0251* (1.67)	0.0037 (0.38)
PB3*Inve							-0.0913 (-1.40)	-0.2430 (-1.09)	-0.0305 (-0.27)
Inve	0.0626 (1.08)	0.1110 (0.41)	-0.3588** (-2.12)	0.1764** (2.44)	-0.1303 (-0.52)	-0.2558*** (-2.87)	0.2279*** (3.68)	0.2017 (1.11)	-0.0838 (-1.53)
Leverage	0.8840*** (85.49)	0.6232*** (9.64)	0.3658*** (9.36)	0.8230*** (52.43)	0.5279*** (9.68)	0.7370*** (22.88)	0.2756*** (11.89)	0.1861** (2.01)	0.1799*** (4.66)
EBIT_TA	-0.0877** (-2.28)	-0.2411 (-1.36)	-0.4133*** (-3.13)	-0.0562 (-1.18)	-0.1550 (-0.90)	-0.1045 (-1.13)	-0.2563*** (-4.85)	-0.0841 (-0.43)	-0.5297*** (-5.01)
MB	-0.0034* (-1.71)	-0.0090 (-1.16)	0.0033 (0.81)	0.0038 (1.59)	-0.0076 (-1.01)	0.0037 (1.10)	-0.0064** (-2.07)	-0.0207** (-2.33)	0.0016 (0.41)
DEP_TA	-0.0009 (-0.06)	-0.2137 (-1.59)	-0.2596*** (-3.53)	-0.0016 (-0.08)	-0.0870 (-0.58)	-0.1426*** (-3.21)	0.0594 (1.56)	-0.1666 (-0.83)	-0.1605 (-1.51)
LnTA	0.0002 (0.10)	-0.0210 (-1.55)	0.0041 (0.45)	0.0049** (2.02)	-0.0270** (-2.20)	-0.0058 (-1.06)	0.0255*** (3.59)	-0.0164 (-0.46)	0.0317** (2.40)
FA_TA	-0.0055 (-0.50)	0.2487*** (3.13)	0.2626*** (4.72)	0.0356** (2.26)	0.1433** (2.06)	0.0333 (1.05)	0.0009 (0.04)	-0.0011 (-0.01)	-0.0680 (-1.38)
Indlev	0.0712*** (4.32)	-0.1474 (-1.12)	0.1342 (1.00)	0.2350*** (8.01)	0.1330 (0.98)	0.1339* (1.88)	-0.0090 (-0.15)	0.2737 (1.20)	0.2955** (2.20)
_cons	0.0376 (0.93)	0.4566 (1.51)	-0.0210 (-0.10)	-0.1475** (-2.58)	0.5208* (1.94)	0.1653 (1.32)	-0.4610*** (-2.88)	0.5623 (0.68)	-0.5072* (-1.75)
Year	控制	控制	控制	控制	控制	控制	控制	控制	控制
N	2501	254	898	2501	254	898	2501	254	898
R^2	0.8479	0.6385	0.4098	0.7839	0.5591	0.6846	0.1640	0.2216	0.1704
F	972.96	17.74	15.95	419.85	20.88	59.78	19.99	2.12	6.19

注：(1) ***、**、*分别表示变量在1%、5%和10%水平上显著（双尾检验）。(2) 回归括号中的数字为t值。(3) 标准误差经过公司层面的聚类调整（cluster）。

第四章 管理层权力制衡强度、过度投资与公司负债水平

第八节 本章小结

本书以 2010—2018 年沪深两市 A 股非金融类上市公司为例，实证检验了管理层权力制衡强度对公司负债水平的影响，并检验了其内在影响机理。研究结果发现：首先，管理层权力制衡强度对公司负债水平能够产生显著的影响，但是，管理层三个维度的制衡强度对公司负债水平的影响效果不同。董事长对总经理的制衡强度和董事会对总经理办公会的制衡强度都能够显著降低公司的负债水平，而董事会内部的制衡强度能够显著提高公司的负债水平。其次，检验管理层权力制衡强度对公司负债水平的内在影响机理表明，管理层权力制衡强度通过缓解过度投资程度，从而影响公司负债水平。在考虑管理层权力制衡强度的其他衡量方法、过度投资的其他衡量方法、控制其他变量对公司负债水平的影响以及利用管理层权力制衡强度变化值进行的检验中，上述结论依然稳健。进一步的研究发现，国企身份会显著削弱管理层权力制衡强度对公司负债水平的治理作用，即管理层权力制衡机制在非国企中能发挥更显著的治理效用。此外，债务对公司行为决策的约束效应在高成长性的公司中更强，即公司的成长机会越高，会显著促进管理层权力制衡强度降低公司的负债水平，显著抑制管理层权力制衡强度提高公司的负债水平。由此可见，管理层权力制衡强度缓解了股东经理人代理冲突，利于优化公司的资本结构决策。

本书发现国企身份会显著削弱管理层权力制衡强度对公司负债水平的治理作用。据此可以预测，管理层权力制衡强度对公司负债水平的影响及其内在影响机理的检验应该在家族企业中最显著，其次为非家族企业的民企，最后为国有企业。鉴于此，本书将样本分为国有企业、非家族企业的民企和家族企业三个子样本，以检验管理层权力制衡机制在不同产权性质下对公司负债水平治理作用的差异。考虑家族企业的特点，对管理层权力制衡强度的衡量又增加了几个变量，即在董事会对总经理办公会的制衡强度中增加了总经理办公会中非家族成员占比的变量，在董事会内部的制衡强度中增加了董事会中非家族成员占比的变量，同时还增加了股东大会对董事长的制衡强度这一维度，使用董事长是否控制公司的变量来度量。研究结果表明，管理层权力制衡强度对公司负债水平的影响，以及管理层权力制衡强度通过缓解过度投资程度来影响公司负债

水平的治理效应，在家族企业中最明显，其次为非家族企业的民企，在国企中不明显。

不同于已有文献主要从成本、激励、监督及管理层权力大小等角度来研究资本结构决策，本书从权力制衡机制这一新的视角，研究了公司资本结构决策问题，并检验了其内在影响机理。在现有研究控制权配置、权力制衡方面的文献中，多数学者关注的是股东的控制权配置、股权制衡度等，较少关注董事会、高管内部的权力配置及其制衡机制。本书的研究丰富了权力制衡、资本结构等领域的文献。

第五章 管理层权力制衡强度、过度投资与资本结构调整速度

第一节 引 言

资本结构动态权衡理论（Fischer et al.，1989；Leary & Roberts，2005；Flannery & Rangan，2006）认为，公司存在一个目标资本结构，公司也一直处于不断向目标资本结构靠近的状态。资本结构动态调整的过程及速度，取决于公司经营层对调整成本和调整收益的权衡。众多实证研究指出，资本结构动态调整不仅会受到宏观经济运行、法律环境、媒体报道、新会计准则的实施等外部环境因素的影响（Cook & Tang，2010；Öztekin & Flannery，2012；黄继承等，2014；林慧婷等，2016；张博等，2018），还受到薪酬激励、股权激励和自身的特征、发展方向等内部因素的影响（盛明泉等，2016）。这些因素影响公司的融资能力和融资成本，进而对资本结构调整速度产生影响。然而，除了上述的影响因素，公司的资本结构动态调整还会受到经营管理者调整意愿的影响。一般而言，公司的经营决策权掌握在高管手中，若高管兼任董事，则此类高管的话语权会更重。那么，这类经营管理者对资本结构的态度及资本结构动态调整的意愿，会直接影响公司资本结构动态调整的过程及动态调整的快慢。若股东与董事、高管这类经营者之间的代理冲突较大，则即使资本结构动态调整的收益很大，调整成本很小，经营者依旧不愿意对资本结构进行合理调整。因此，缓解股东与董事、高管这类经营者之间的代理冲突尤为重要。

目前缓解代理问题的方法主要还是通过薪酬激励、股权激励等激励机制（黄继承等，2016；盛明泉等，2016），或是呼吁加强外部监管力度，如提高资本市场的透明度、提高法制环境（黄继承等，2014；林慧婷等，2016）。以上措施其实都是借助外部手段来缓解代理问题，却忽略了股东与经理人之间产生代理冲突的内因。股东经理人冲突暗含的假设是：总经理办公会是独立的，决策不受他方干预，完全依靠职业能力行事，由于总经理办公会的目标利益与股

东不一致,或是经理人员与股东之间的信息不对称,所以使总经理办公会的决策违背了股东意愿。但目前国内的上市公司中,董事参与公司的经营管理属于普遍现象,这不仅降低了董事会代表股东利益作出决策的可靠性,还使经理人员丧失了独立性;且真正由董事会聘任的总经理少之又少,董事会与总经理办公会之间的制衡关系被割裂,制衡强度在减弱。一方面,董事会和总经理办公会费尽心机争夺公司的控制权,董事会凌驾于总经理办公会之上,过度干涉总经理办公会的日常决策,影响公司的经营效率;另一方面,董事人员还可能与总经理办公会合谋谋取私利,进而增大了股东与董事会之间的代理问题(Bebchuk,2002)。那么,增强董事会与总经理办公会之间的制衡机制,使得董事会真正代表股东利益作出决策,总经理办公会凭借自身能力经营公司;董事会权力、管理层权力得到有效的监督、约束,使得经理人员的目标利益向股东利益趋近,即提高董事会与总经理办公会之间的权力制衡强度,便是缓解股东与经理人之间代理冲突的关键。

由于董事会与总经理办公会之间也存在委托代理关系,因此股东大会与总经理办公会之间其实是一种间接委托关系。这起源于公司的内部治理结构,股东大会、董事会与总经理办公会之间并非简单的层级递进,而是相互制衡的体系,即董事会由股东大会选举产生,并代表股东的意愿作出决策,总经理办公会由董事会选举产生,且两者之间的契约关系表明,董事会不应当随意干预总经理办公会的日常决策。于此,我们提出一个概念——管理层权力制衡强度。管理层权力制衡机制是指:董事会是独立的,能够代表股东及整个公司的意愿作出决策。总经理办公会也具有相当的独立性,能够凭借专业胜任能力行事(高明华,2018)。董事、高管等管理层内部形成各负其责、相互协调的制衡体系,类似于"几权分立"状态(赵宝云,2009),如董事会的决策权和总经理办公会的执行权的分立。制衡既强调"制约",又强调"平衡";董事、高管等管理层权力、责任、利益需要达到平衡,才能利于企业的持续发展;而平衡是通过董事、高管等管理层人员相互作用、相互制约形成的,并非任何一方对另一方的强制行为(赵宝云,2009)。权力各方既互相牵制、互相监督,又互相协调、互相平衡的程度被称为管理层权力制衡强度。常规的公司治理结构主要涉及"三会一层",因而本书的管理层是指董事、高管这类人员。

现有研究发现,权力制衡有利于公司治理水平的提高,对公司价值产生积极作用。例如高明华(2018)指出,规范的法人治理体系能够促使各方利益主体尽心尽责经营公司。多个大股东的联合监督，能够抑制控制股东的机会主义行为，股权制衡最终能够显著提高公司的经营业绩（Bloch & Hege，2001；Volpin，2002；赵国宇和禹薇，2018）。由此可以预期，管理层权力制衡强度的增大有利于治理水平的优化，最终表现为公司价值的提高。然而，管理层权力制衡强度对于公司治理水平的积极影响是否为优化资本结构调整速度提供了机会？管理层权力制衡强度影响资本结构调整速度的内在机理是什么？另外，公司的产权性质和成长机会不同，面临的债务约束强度不同，那么管理层权力制衡强度对资本结构调整速度的治理作用是否会受到产权性质和成长机会的影响？目前学术界与此相关的论证鲜少，关注度也不够，本章的研究依然选择管理层权力制衡强度的视角，深入探究其在资本结构调整速度中发挥的作用。

第二节 理论分析与研究假设

一、管理层权力制衡强度与资本结构调整速度

资本结构的动态权衡理论（Fischer et al.，1989；Leary & Roberts，2005；Flannery & Rangan，2006）表明，公司存在最优资本结构，是否对资本结构进行调整，取决于调整成本和调整收益的权衡（姜付秀和黄继承，2011）。公司内外部环境时刻在变化，经营状况和财务状况亦是如此，使得最优资本结构也在不断变化中，公司难免会偏离最优资本结构。当公司的实际资本结构偏离目标之后，为了不对公司价值产生负面影响，应当尽可能采取有效的措施缩小资本结构与目标水平的偏离程度，使公司的实际资本结构向目标趋近（盛明泉等，2016）。就资本结构的动态角度而言，公司趋向目标调整资本结构时，免不了受到市场摩擦成本的影响而增大了调整成本（Leary & Roberts，2005；Flannery & Rangan，2006；Morellec et al.，2012），而调整成本的大小对资本结构调整速度的影响至关重要。因而，降低调整成本是增大资本结构调整速度的重要方法。高明华（2018）认为，较大的管理层权力制衡强度使得董事会和总经理办公会尽心尽力经营公司，从而提高公司的经营水平。公司经营水平的提高可使公司治理水平得到优化，进而可以向资本市场传递积极信号，公司通过外部融资调整资本结构的成本便会下降（Anderson et al.，2004）。较多相关领

域的文献指出，股权制衡度有利于公司业绩的提高。例如，陈志军等（2014）、赵国宇和禹薇（2018）认为，股权制衡度与公司业绩显著正相关。国外多数学者也得出类似结论，发现适度的股权制衡度对公司的经营业绩是会产生正向影响的（Volpin，2002；Lehmann & Jrgen，2000）。管理层权力制衡强度与股权制衡的治理效应相近，因而可以推测，管理层权力制衡强度的增大会提高公司的业绩和价值，这将增大公司的外部融资能力，从而促进公司通过融资对资本结构进行调整。

除了调整成本外，公司资本结构调整速度还会受到董事、高管意愿的影响。公司经营的控制权掌握在董事、高管手中，他们对资本结构动态调整的态度将直接影响资本结构动态调整的过程和速度。若股东与经理人之间的代理冲突较大，或者股东与董事会之间也存在代理问题，那么即使调整成本很低或者调整收益很高，董事、高管也不愿意对资本结构进行调整。多数文献研究发现，管理层权力越大，管理层越倾向于利用权力影响自身薪酬的制定，对企业的盈余、信息披露等事项进行操纵，结果就是不利于企业业绩的提高（Adams，2005；Harjoto & Jo，2009；卢锐等，2008；赵青华和黄登仕，2011；张敦力和张婷，2018）。正如卢锐等（2008）研究指出，管理层权力越大，其薪酬越高，公司的在职消费水平也会提高，然而并未带来业绩的提高。而高明华（2018）研究指出，公司治理结构中，股东大会、董事会与总经理办公会之间并非简单的层级递进关系，而是相互制衡的关系。那么，管理层权力制衡强度的增大，不仅会提高董事会对管理层权力的监督力度，减弱管理层滥用权力的负面影响，还会增大拥有较大控制权的董事会、管理层、董事会成员、管理层成员的联合监督力度，减少董事、高管的机会主义行为，有助于缓解代理问题，从而提高董事、高管对资本结构进行动态调整的积极性。鉴于此，我们推断，管理层权力制衡强度增大，公司治理水平得到提高，代理冲突得到缓解，在资本结构动态调整的过程中，资本结构趋向目标的调整速度得到进一步强化。基于上述分析，本书提出如下假设：

H1：管理层权力制衡强度越大，公司资本结构调整速度越快。

二、管理层权力制衡强度与过度投资

公司的管理层权力制衡强度较大，总经理办公会的权力越会得到尊重，促使董事会和总经理办公会各司其职，双方控制权得到平衡，有助于防止董事会、总经理办公会权力的滥用。此外，管理层权力制衡强度较大，有利于公司引入外部监管力量。目前多数学者研究均发现，管理层权力的逐步增大，加之内部监督机制的不完善，使得公司的投资规模增大，投资效率降低。国外学者指出，当管理层发现，突破权力的制约追求过度投资获得的收益远远大于成本时，便会继续过度投资（Laurent & Carolina，2010）。由于信息不对称、目标利益不一致，管理层权力越大，便越会利用此优势来获取私有利益（Morse et al.，2011），而扩大投资规模绝对是选择之一。国内学者也得出类似结论，卢馨等（2014）、杭建民和于蕾（2016）研究发现，管理层权力越大，投资规模越大。由此可见，管理层权力的增大会对投资造成负面影响，易导致过度投资现象。那么，管理层权力制衡强度的增大，会加大对管理层权力的约束和监督，对投资决策产生正面影响，减少过度投资现象。股权制衡被多数文献证明，会对投资决策产生有利影响。例如，左晶晶（2013）认为，股权制衡强度的增大有利于促进公司的研发投资；赵国宇和禹薇（2018）研究发现，股权制衡能够显著提高投资效率。管理层权力制衡强度的增大与股权制衡有类似的治理效果，因此，管理层权力制衡强度有利于公司作出正确的投资决策。

多数研究成果指出，过度投资会对企业的发展产生负面影响，如降低企业的业绩（李彬，2013），使得公司股价崩盘的概率提高（江轩宇和许年行，2015）。经济是靠投资驱动的，作为市场经济的参与者，公司对此深信不疑，为了提高业绩会乐于扩大投资，易造成过度投资（张敏等，2010）。管理层权力制衡是重要的公司治理机制，公司的管理层权力制衡强度较大，各方利益主体的权力得到平衡，就会防止董事会、总经理办公会的权力滥用；同时，董事会还会加大对总经理办公会的监督，减少总经理办公会的机会主义行为。管理层权力制衡强度的增大会优化公司治理水平（高明华，2018），而规范的公司治理会缓解过度投资现象（殷裕品，2017；赵国宇和禹薇，2018），那么管理层权力制衡强度也会缓解公司的过度投资程度。当公司的管理层权力制衡强度较大时，董事会和总经理办公会各司其职，对于公司的重大决策，需先经过总经理办公会拟定，之后交由董事会审批，之后董事会再上报股东大会批准，这样就避免了各方利益主体的权力滥用。鉴于此，我们推断，提高管理层权力制衡强度是缓解代理问题的重要机制，对公司的投资决策产生积极作用，有利于缓解过度投资。基于上述分析，本书提出如下假设：

H2：管理层权力制衡强度越大，公司的过度投资程度越低。

三、管理层权力制衡强度、过度投资与资本结构调整速度

过度投资是指公司采用不盈利的项目或者风险较高的项目,进而损害股东及债权人的利益,最终损害公司价值。过度投资主要是两类代理冲突下的产物,第一类是股东与经理人之间的代理冲突,经理人的机会主义行为导致过度投资;第二类是股东与债权人之间利益不一致,经理人代表股东利益选择高风险项目或者非盈利项目进而导致过度投资。显而易见,过度投资对公司的长期发展会产生不利的影响,就资本市场来说,过度投资会增大股价崩盘的风险(赵国宇和禹薇,2018)。过度投资现象表明,公司的生产要素、生产资料大多效率较低或者产能严重过剩,表现为资源浪费和闲置;资源配置的不合理会进而降低公司价值,对资本结构也会产生负面效应(李彬,2013;马娜和钟田丽,2013)。由于股东与经理人之间的利益不一致,经理人为了扩大公司规模或者追求私利,造成投资速度过快,进而导致过度投资。过度投资会损害股东利益,投资者察觉后认为公司价值会下降,进而使其股价下跌,公司的股权融资成本增大;当股权融资成本较高时,公司会转而选择债务融资,进而提高债务融资水平(马娜和钟田丽,2013)。就公司内部而言,过度投资会减少公司的自由现金流和现金持有量,为了保证日常经营所需资金,公司通过债务融资获取资金以弥补过度投资缩减的部分(范亚东等,2018)。但这种情况下的债务融资并非正常的融资需求,增大的负债水平会扭曲资本结构的动态调整。因此,过度投资加剧了资本结构动态调整的扭曲。

董事过度参与公司的日常经营决策使得董事会凌驾于总经理办公会之上,董事长成为公司的"一把手"使其权力凌驾于其他董事和总经理权力之上(高明华,2018)。占有较大控制权的董事长可能会滥用手中的权力,对总经理办公会的日常决策过度干预,不利于总经理办公会潜能的发挥。在管理层权力制衡强度较大的情况下,董事会和总经理办公会的权力得到平衡,董事会成员和总经理办公会成员的权力也得到平衡,其他人员出于维护自己利益的动机,也会阻止董事长的过度干涉,或是阻止其他成员的不利行为。贾明琪等(2017)研究认为,股权制衡度增大,能够有效抑制过度投资。国外学者 Gomes 和 Livdan(2004)也发现,公司存在多个大股东且形成制衡的情况下,单个大股东难以私下利用控制权追求私利,同样能有效抑制过度投资。类似地,若公司的管理层权力制衡强度较大,董事会会对总经理办公会进行有效监督,独立董事

也会对董事会、总经理办公会的决策进行有效监督,董事长也无法过度干涉总经理,无论是团体还是个人,单个利益主体都难以私下利用控制权谋取私利,能够有效抑制过度投资。如何制约董事长、总经理或者其他拥有较大控制权的董事、高管在投资方面的机会主义行为,提高管理层权力制衡强度至关重要。较大的管理层权力制衡强度抑制了过度投资,提高了公司的投资效率;公司的投资意向决定了融资需求(李心合等,2014),在资本结构偏离目标时,合理的投资决策会加快资本结构趋向目标的调整速度。

在一个同时存在多个较大控制权的董事团体、管理层团体、董事成员、管理层成员的公司中,多个拥有较大控制权的团体或个人的并存能起到相互制衡的作用。例如,若董事长同时受到其他内部董事、独立董事,甚至总经理的联合监督,则有助于抑制董事长的高风险决策。目前多数文献也指出,管理层拥有较大的控制权,会使得公司的风险偏好激进,风险承受度也会提高(Anderson & Galinsky,2006;Lewellyn & Kahle,2012),公司战略决策的激进度也会提高,影响公司业绩的稳定(Adams,2005)。就投资方面而言,高风险的决策表现为投资扩张过快(Morse et al.,2011;卢馨等,2014;杭建民和于蕾,2016),进而导致过度投资。董事会未对管理层权力进行有效监督,使得管理层滥用控制权。由此可知,管理层权力制衡强度较弱时,会使公司战略定位过激,促进公司投资扩张过快而导致过度投资,在资本结构动态调整的过程中,资本结构趋向目标的调整速度减缓。鉴于此,我们推断,提高管理层权力制衡强度,能够抑制过度投资,在资本结构动态调整的过程中,资本结构趋向目标的调整速度进一步加快。

H3:管理层权力制衡强度通过缓解过度投资程度,进而提高公司资本结构调整速度。

第三节 研究设计

一、样本选取与数据来源

考虑到2008年全球金融危机的影响,本书研究的样本区间从2009年开始。本书初选2009—2018年沪深两市A股上市公司作为研究对象,并按照多数研究的惯例，对数据做以下处理：①剔除属于金融行业的上市公司；②剔除ST、*ST类上市公司；③样本区间内并非所有公司的管理层权力制衡强度的数据均存在，因此剔除管理层权力制衡强度数据缺失的上市公司；④剔除计算资本结构调整速度相关数据缺失的上市公司；⑤剔除其他数据缺失的上市公司；⑥剔除当年上市的公司；⑦剔除股东权益为负值、主营业务收入为零、资产负债率大于 1 等异常值的样本。其中，本书得到的初始样本为 12018 个公司年度观测值（时间区段为 10 年）。由于估计目标资本结构、过度投资程度等涉及滞后一期的数据，因此，进入模型检验的样本区间为 2010—2018 年的数据，最后，本书保留了 9051 个观测值。另外，本书后续检验只涉及过度投资的样本，过度投资组为 4261 个观测值。同时，为了避免极端值的影响，本书对所有连续变量进行了 1% ~ 99% 的 Winsorize 处理。本书的数据涉及公司财务、公司治理的相关内容，因此，数据主要来源于 CSMAR 数据库和 WIND 数据库。

二、变量定义

（一）资本结构

基于本书的研究目的，以及 Cook 和 Tang（2010）、Flannery 和 Rangan（2006）、姜付秀和黄继承（2011）、黄继承等（2016）、林慧婷等（2016）等学者的研究成果，本书选取有息负债率来衡量公司的资本结构，并用 Lev 表示，即 Lev = 有息负债/资产总额，其中，有息负债 = 短期借款 + 一年内到期的非流动负债 + 长期借款 + 应付债券。

（二）资本结构调整速度

依据目前多数文献的做法（Flannery & Rangan, 2006；Byoun, 2008；Lemmon et al., 2008；Faulkender et al., 2012；黄继承等，2016），本书使用标准部分调整模型来估计资本结构调整速度，并以此作为分析管理层权力制衡强度影响的基准模型，部分调整模型如 5.1 所示。

$$Lev_{i,t} - Lev_{i,t-1} = \frac{D_{i,t}}{A_{i,t}} - \frac{D_{i,t-1}}{A_{i,t-1}} = \lambda(Lev_{i,t}^{*} - Lev_{i,t-1}) + \mu_{i,t} \quad (5.1)$$

其中，$D_{i,t}$ 和 $D_{i,t-1}$ 分别表示公司 i 在 t 年末和 $t-1$ 年末的有息负债，$A_{i,t}$ 和 $A_{i,t-1}$ 是公司 i 在 t 年末和 $t-1$ 年末的资产总额。$Lev_{i,t}$ 和 $Lev_{i,t-1}$ 则为公司 i 在 t 年

和 $t-1$ 年末的有息负债率,即本书的资本结构,而 $Lev_{i,t}^*$ 是公司 i 在 t 年的目标资本结构,目标资本结构的估算方法见下文陈述。公司 i 在 t 年的资本结构调整速度就是回归系数 λ。另外,借鉴 Faulkender 等 (2012)、黄继承等 (2016) 等的研究,我们对模型 5.1 进行修正、扩展,得到模型 5.2,此时的资本结构调整速度为 γ,$Lev_{i,t-1}^p$ 的定义及计算方法见下文资本结构偏离程度。

$$Lev_{i,t} - Lev_{i,t-1}^p = \gamma(Lev_{i,t}^* - Lev_{i,t-1}^p) + \mu_{i,t} \quad (5.2)$$

(三) 目标资本结构

借鉴已有文献的做法 (Lemmon et al., 2008; Huang & Ritter, 2009; 姜付秀、黄继承,2011; 盛明泉等,2016),本书使用以下模型来估计公司 i 在 t 年的目标资本结构。

$$Lev_{i,t}^* = \beta X_{i,t-1} \quad (5.3)$$

其中,$Lev_{i,t}^*$ 是公司的目标资本结构,β 是回归系数向量,$X_{i,t-1}$ 是滞后一期的影响公司资本结构的公司特征变量及公司和年度的固定效应,具体选取了以下变量来估计公司的目标资本结构:盈利能力 *EBIT_TA*、成长机会 *MB*、非债务税盾 *DEP_TA*、企业规模 *LnTA*、抵押能力 *FA_TA*、公司所在行业的资本结构中位数 *Industry_median Lev*,以及年度和行业的虚拟变量等。具体的定义,本书将其合并放入下文的控制变量中一起陈述。通过模型 5.3 的估算,可以得到公司 i 在 t 年的目标资本结构。上述估计资本结构的模型为静态模型,而现有研究中,有部分学者认为使用动态模型估计公司的目标资本结构来研究资本结构的调整速度更合理 (Lemmon et al., 2008; Huang & Ritter, 2009; 黄继承等,2016; 张博等,2018),参照此方法,我们将模型 5.3 代入模型 5.1 中,得到模型 5.4。为了保证研究结论的稳健性,本书在后续的稳健性检验中,还以常用的系统广义矩估计 (System GMM) 的方法 (Blundell & Bond, 1998),对动态模型 5.4 进行回归,得到系数 β 然后代入模型 5.3,来重新估计公司的目标资本结构。

$$Lev_{i,t} = \lambda\beta X_{i,t-1} + (1-\lambda)Lev_{i,t-1} + \varepsilon_{i,t} \quad (5.4)$$

(四) 资本结构偏离程度

Faulkender 等 (2012) 研究认为,公司资本结构的动态调整包括两个部分,一个是机械调整,另一个为主动调整。机械式的调整是指,即使公司当年未发生资本结构的主动调整行为，但是由于年末实现了盈余或亏损，仍然会使得资本结构发生变动。本书的研究，更关注于管理层权力制衡导致公司发生的主动调整行为，参考现有研究成果（Faulkender et al.，2012；黄继承等，2016；林慧婷等，2016），本书选取资本结构的主动调整为研究对象，因而资本结构的偏离程度即为机械调整被剔除后，公司 i 在 t 年年初时实际资本结构偏离目标资本结构的程度，用 Dev 表示，即 $Dev_{i,t} = Lev_{i,t}^* - Lev_{i,t-1}^p$，其中，$Lev_{i,t-1}^p = D_{i,t-1}/(A_{i,t-1} + NI_{i,t})$，$D_{i,t-1}$ 和 $A_{i,t-1}$ 的定义同上，$NI_{i,t}$ 表示公司 i 在 t 年度的净利润，$Lev_{i,t-1}^p$ 表示公司 i 在 t 年度净融资额为零时的年末资本结构。

（五）资本结构的变化

本书借鉴姜付秀和黄继承（2011）、黄继承等（2016）、林慧婷等（2016）、盛明泉等（2016）等学者的做法，使用年末的资本结构与年初的资本结构之差来度量公司 i 在 t 年内资本结构的变化。因为本书关注的是资本结构的主动调整，则资本结构的变化即为公司 i 在 t 年内资本结构趋向目标的主动调整幅度，使用 ΔLev 表示，$\Delta Lev = Lev_{i,t} - Lev_{i,t-1}^p$。

（六）管理层权力制衡强度

本书借鉴卢馨等（2014）、卢锐等（2008）、李彬（2013）等学者的做法，选取三个维度来衡量管理层权力制衡强度，包括董事长对总经理的制衡强度、董事会对总经理办公会的制衡强度、董事会内部的制衡强度，管理层权力制衡强度我们用 PB 来表示。同时，我们还对这几个维度变量做了一些变换，构建了三个制衡强度的综合变量。下面我们分别对各个维度的制衡强度及三个综合权力制衡强度变量进行界定。

（1）董事长对总经理的制衡强度用两职分离来衡量，并用 PB_CM 表示。PB_CM 为哑变量，若董事长和总经理并非为同一人任职，则取值 1，否则取值 0，数值越大则表明制衡强度越大。

（2）董事会对总经理办公会的制衡强度用高管未兼任董事占比来衡量，并用 PB_MBOD 表示。高管兼任董事的比例即为高管兼任董事的人数与高管总人数的比值，比值越大，表明兼任董事的高管越多，则不利于董事会对总经理办公会进行有效制衡。而高管未兼任董事的比例为数值 1 减去高管兼任董事的比例，该比例越大，表明董事会对总经理办公会的制衡强度越大。

(3) 董事会内部的制衡强度用独立董事占比、外部董事占比来衡量,分别用 IB、EB 表示。独立董事占比即为独立董事人数与董事总人数的比值,外部董事占比即为外部董事人数与董事总人数的比值。IB、EB 值越大则表明独立董事、外部董事的人数较多,有利于对董事会的行为决策进行监督,制衡强度就越大。

(4) 综合权力制衡强度积分变量 1 用 PB_CM、PB_MBOD、IB、EB 四个值之和来衡量,并用 PB1 表示。PB1 的数值越大则表明管理层权力制衡强度越大。

(5) 综合权力制衡强度积分变量 2 用各个维度变换后的变量来衡量,并用 PB2 表示。我们将 PB_MBOD 分行业分年度,从小到大进行排序,如果 PB_MBOD 的数值高于行业中位数,则取值 1,否则取值 0;同样地,将 IB、EB 分行业分年度从小到大进行排序,如果 IB、EB 的数值高于行业中位数,则取值 1,否则取值 0。用变换后的 PB_MBOD、IB、EB 以及 PB_CM 四个值之和构建综合权力制衡强度积分变量 2,数值越大则表明管理层权力制衡强度越大。

(6) 综合权力制衡强度虚拟变量 1 同样用各个维度变换后的变量来衡量,并用 PB3 表示。我们同样使用上一个步骤变换后的 PB_MBOD、IB、EB 以及 PB_CM 四个值构建 PB3,PB3 为哑变量,若变换后的 PB_MBOD、IB、EB 以及 PB_CM 之和大于等于 3,则取值 1,否则取值 0。PB3 的数值越大则表明管理层权力制衡强度越大。

(七) 过度投资

过度投资即企业投资于净现值小于 0 的项目 (Jensen,1986),本书参考了大多数学者的做法 (辛清泉等,2007;方红星和金玉娜,2013),采用 Richardson (2006) 的投资回归模型,对收集到的样本数据进行回归分析,估计出样本公司投资水平的拟合值,即样本公司的预期投资水平 (Exp_Inv)。同时,使用该模型估计出的投资水平的残差值来度量样本公司的非效率投资水平,正的残差为高于预期投资水平的值,记为过度投资 (如下模型中的 $Exce\_Inv$ 所示);而负的残差则为低于预期投资水平的值,记为投资不足 (如下模型中的 $Lack\_Inv$ 所示)。

$$Inv_{i,t} = \alpha_0 + \alpha_1 Growth_{i,t-1} + \alpha_2 LEV_{i,t-1} + \alpha_3 Cash_{i,t-1}$$
$$+ \alpha_4 Age_{i,t-1} + \alpha_5 Size_{i,t-1} + \alpha_6 Ret_{i,t-1} + \alpha_7 Inv_{i,t-1}$$
$$+ \sum Ind + \sum Year + \varepsilon_{i,t} \qquad (5.5)$$

$$Exce\_Inv_{i,t} = Inv_{i,t} - Exp\_Inv_{i,t}$$

（当 $Inv_{i,t} - Exp\_Inv_{i,t} > 0$ 时）

$$Lack\_Inv_{i,t} = -(Inv_{i,t} - Exp\_Inv_{i,t})$$

（当 $Inv_{i,t} - Exp\_Inv_{i,t} < 0$ 时）

其中，各个变量的含义依次为，Inv 为公司的投资水平，Inv =（构建固定资产、无形资产和其他长期资产所支付的现金 – 处置固定资产、无形资产和其他长期资产所收回的现金）/期初总资产，这些数据可以通过公司的现金流量表得到；$Growth$ 为公司的成长性，使用营业收入增长率来度量；LEV 为公司的杠杆水平，使用资产负债率来度量（为了与本书的被解释变量区别开来，本处使用大写的 LEV 代替）；$Cash$ 为现金持有水平，$Cash$ =（货币资金+交易性金融资产）/总资产；Age 为公司的上市年限，等于公司当年的实际上市年数；$Size$ 为公司规模，用总资产的自然对数表示；Ret 为市场业绩，用考虑现金红利再投资的股票年回报率表示；Ind 和 $Year$ 分别为行业虚拟变量和年度虚拟变量，其中，行业划分是依据证监会 2012 年发布的《上市公司行业分类指引》（2012 年修订）确定的。

由于本书研究只涉及过度投资，因此在利用以上模型估计出投资水平的残差项后，需要从 9051 个样本中剔除投资不足的样本，剩下 4261 个过度投资样本，这些样本将进入后续涉及过度投资的模型中，进行回归检验。本书后续检验中，过度投资我们使用 $Inve$ 表示。

（八）控制变量

本书借鉴了黄继承等（2016）、黄继承等（2014）、Flannery 和 Rangan（2006）、Faulkender 等（2012）、姜付秀和黄继承（2011）等学者的研究成果和相关结论，选取了几个公司特征变量来估计目标资本结构。同时，本书参考了赵国宇和禹薇（2018）、卢馨等（2014）、李彬（2013）等学者的做法，也对影响过度投资的几个常规变量进行了控制，具体如下。

（1）盈利能力，用息税前利润与总资产的比值来衡量，并用 $EBIT\_TA$ 表示。纵观目前的实证研究，多数学者如姜付秀和黄继承（2011）、姜付秀和黄继承（2013）以及林慧婷等（2016）、张博等（2018）等，均将盈利能力、成长机会、企业规模等一些常见的影响资本结构的因素作为控制变量，因此，本书也选取这些变量作为影响静态资本结构水平的控制变量，如（1）—（6）所示。后文控制变量的（2）—（6）理由与此相同，之后不再一一赘述。

（2）成长机会，用股票市场价值与负债账面价值之和与总资产的比值来衡量，并用 *MB* 表示。

（3）非债务税盾，用固定资产折旧与总资产的比值来衡量，并用 *DEP_TA* 表示。

（4）企业规模，用总资产的自然对数来衡量，并用 *LnTA* 表示。

（5）抵押能力，用固定资产与总资产的比值来衡量，并用 *FA_TA* 表示。

（6）公司所在行业的资本结构中位数，用行业年度有息负债率的中位数来衡量，并用 *Industry_median Lev* 表示。后续模型检验及表 5-1 中，我们使用 *Indlev* 进行简化表示。

（7）公司规模，用总资产的自然对数来衡量，并用 *Size* 表示。同（4）中企业规模一样，用于管理层权力制衡强度对过度投资影响的检验模型中。多数研究均发现，公司的过度投资现象与公司规模有关，更多的结论指出，两者呈现正相关关系（辛清泉等，2007；吕长江和张海平，2011）。

（8）股权集中度，用公司前十大股东持股比例的平方和来衡量，并用 *H_10* 表示。股权集中度体现了公司的股权分布情况，也间接体现了股权分散程度。李彬（2013）指出，股权集中指数越高，公司的"所有者缺位"现象发生的频率越高，更易发生过度投资。赵国宇和禹薇（2018）研究认为，股权制衡度与公司投资效率呈正相关关系。同时，在稳健性检验中，我们增加了股权制衡度变量重新进行回归分析，以保证结论的可靠性。

（9）上市年限，用公司实际上市时间来衡量，并用 *Age* 表示。公司上市时间不同，对公司的财务数据以及投资、融资行为均有影响，因此，一些研究会删掉上市不足一定时间的样本（卢馨等，2014；盛明泉等，2016），避免异常财务数据影响回归结果。鉴于此，本书将上市年限作为影响过度投资的控制变量。

（10）公司盈利水平，用总资产利润率来衡量，并用 *Roa* 表示。Markarian 等（2008）发现，公司盈利水平与投资水平呈正相关关系，高盈利的公司投资水平也更高。同时，多数相关的实证研究，也将其作为影响过度投资的常规变量加以控制（卢馨等，2014；李彬，2013；姜付秀等，2009）。

（11）公司的成长能力，用公司当年的营业收入增长率来衡量，并用 *Growth* 表示。公司的成长性越高，往往意味着未来无限可期，投资机会也会增加。投资机会的增加也意味着投资支出的增加（姜付秀等，2009），因此，我们也将此因素放入影响过度投资的模型中。

（12）自由现金流率，用自由现金流量与平均总资产的比值来衡量，并用 Fcf 表示。Fazzari 等（1998）的"投资—现金"流敏感性模型证明了投资规模与现金流之间的相关性，且李彬（2013）、姜付秀等（2009）研究也都控制了自由现金流量对过度投资的影响。

（13）高管持股比例，用高管持股数量与总股本的比值来衡量，并用 $Mshare$ 表示。目前有部分上市公司实施了股权激励，以引导高管行为。而多数研究指出，股权激励对高管行为有正面影响（盛明泉等，2016；姜付秀等，2009）。

（14）产权性质，用是否为国有企业来衡量，并用 Soe 表示。Soe 为哑变量，公司若为国有企业取值1，否则取值0。大量实证研究证明，国有企业和民营企业受到的融资约束不同，产权性质会对投资行为产生影响（方军雄，2007；李彬，2013）。

（15）行业虚拟变量，用 $Industry$ 表示，根据证监会2012年发布的《上市公司行业分类指引》（2012年修订）进行划分。

（16）年度虚拟变量，用 $Year$ 表示，用来控制年份的影响。

另外，所有变量的具体定义及计算方法如表5-1所示。

表 5-1　　关于被解释变量、解释变量以及控制变量的定义

变量类型	变量名称	变量符号	变量定义
被解释变量	资本结构	Lev	有息负债/资产总额，其中，有息负债=短期借款+一年内到期的非流动负债+长期借款+应付债券
	资本结构调整速度	γ	模型5.2中的回归系数 γ
	目标资本结构	Lev^*	通过模型5.3回归得到
	资本结构偏离程度	Dev	$Dev_{i,t} = Lev^*_{i,t} - Lev^p_{i,t-1}$，其中，$Lev^p_{i,t-1} = D_{i,t-1}/(A_{i,t-1} + NI_{i,t})$，$D_{i,t-1}$ 是公司 i 在 $t-1$ 年年末的有息负债，$A_{i,t-1}$ 是公司 i 在 $t-1$ 年年末的总资产，$NI_{i,t}$ 表示公司 i 在 t 年度的净利润，$Lev^p_{i,t-1}$ 表示公司 i 在 t 年度净融资额为零时的年末资本结构
	资本结构的变化	ΔLev	$Lev_{i,t} - Lev^p_{i,t}$，$Lev^p_{i,t}$ 计算方法同上

续表

变量类型	变量名称		变量符号	变量定义
解释变量	董事长对总经理的制衡强度	两职分离	PB_CM	哑变量,若董事长和总经理并非为同一人任职,则取值1,否则取值0
	董事会对总经理办公会的制衡强度	高管未兼任董事占比	PB_MBOD	1 - 高管兼任董事人数/高管总人数
	董事会内部的制衡强度	独立董事占比	IB	独立董事人数/董事总人数
		外部董事占比	EB	外部董事人数/董事总人数
	综合权力制衡强度积分变量1		PB1	PB_CM + PB_MBOD + IB + EB
	综合权力制衡强度积分变量2		PB2	将 PB_MBOD、IB、EB 分别分行业分年度,从小到大进行排序,如果 PB_MBOD、IB、EB 的数值分别高于行业中位数,则取值1,否则取值0;PB2 = PB_CM + 变换后 PB_MBOD + 变换后 IB + 变换后 EB
	综合权力制衡强度虚拟变量1		PB3	若(PB_CM + 变换后 PB_MBOD + 变换后 IB + 变换后 EB)≥3,取值1,否则取值0
	过度投资		Inve	模型5.5大于0的回归残差
控制变量 模型5.7	公司特征变量	盈利能力	EBIT_TA	息税前利润/总资产
		成长机会	MB	(股票市场价值+负债账面价值)/总资产
		非债务税盾	DEP_TA	固定资产折旧/总资产
		企业规模	LnTA	总资产的自然对数
		抵押能力	FA_TA	固定资产/总资产
		资本结构行业年度中位数	Indlev	公司某年同一行业所有公司有息负债率的中位数
		公司规模	Size	总资产的自然对数
		股权集中度	H_10	公司前十大股东持股比例的平方和
		上市年限	Age	当年年份 - 上市年份
		公司盈利水平	Roa	净利润/总资产
		公司成长能力	Growth	(本期营业收入 - 上期营业收入)/上期营业收入
		自由现金流率	Fcf	经营活动现金流量/资产平均值

续表

变量类型		变量名称	变量符号	变量定义
控制变量	模型5.7	高管持股比例	Mshare	高管持股数量/总股本
		产权性质	Soe	哑变量，公司若为国有企业取值1，否则取值0
		行业	Industry	根据2012版证监会行业分类标准进行划分
		年度	Year	年度虚拟变量

三、模型设定

为了检验管理层权力制衡强度对资本结构调整速度的影响，本书借鉴 Faulkender 等（2102）、黄继承等（2014）、黄继承等（2016）、林慧婷等（2016）、张博等（2018）等学者的研究成果，对调整速度的基准模型 5.2 进行扩展，得到模型 5.6，其中，PB 表示管理层权力制衡强度（同模型 5.7、模型 5.8），$Lev_{i,t-1}^{p}$ 表示公司 i 在 t 年度净融资额为零时的资本结构，γ_0 衡量的是公司主动进行资本结构调整的速度，而 γ_1 表示资本结构偏离程度与管理层权力制衡强度交互项的回归系数，衡量了管理层权力制衡强度对资本结构调整速度的影响。若 γ_1 显著为正，则说明管理层权力制衡强度越大，公司资本结构向目标趋近的速度越快；若 γ_1 显著为负，则表示管理层权力制衡强度越大，公司资本结构调整速度越慢。另外，本书还考虑资本结构调整的方向问题，依据主动偏离程度 Dev，将样本分为实际资本结构低于目标水平（偏离程度大于零）和实际资本结构高于目标水平（偏离程度小于或等于零）的子样本，使用模型 5.6 和模型 5.8 分别进行回归。

对于管理层权力制衡强度能否缓解过度投资程度，本书借鉴赵国宇和禹薇（2018）、李彬（2013）、姜付秀等（2009）等学者的研究成果，建立影响过度投资的模型，如模型 5.7 所示。若模型 5.7 中的 β_1 显著为负，则说明管理层权力制衡强度越大，公司的过度投资程度越低；反之，若 β_1 显著为正，则说明管理层权力制衡强度越大，公司的过度投资程度越高。

为了检验管理层权力制衡强度对资本结构调整速度的内在影响机理，本书在模型 5.6 的基础上添加了管理层权力制衡强度与过度投资的交互项，建立了模型 5.8。同上一章所述，目前多数的研究成果以及实务界的案例发现（李心合等，2014），投资决定融资，融资限制投资。因此，若模型 5.8 中 γ_2 显著为正，则表明公司资本结构调整速度会受到过度投资的影响；若三次交互项的回归系数 γ_3 显著且为负，则说明管理层权力制衡强度可以通过缓解过度投资程度来影响资本结构调整速度。

$$Lev_{i,t} - Lev^p_{i,t-1} = (\gamma_0 + \gamma_1 PB_{i,t})(Lev^*_{i,t} - Lev^p_{i,t-1}) + \varepsilon_{i,t} \quad (5.6)$$

$$Inve_{i,t} = \beta_0 + \beta_1 PB_{i,t} + \beta_2 Size_{i,t} + \beta_3 H\_10_{i,t} + \beta_4 Age_{i,t}$$
$$+ \beta_5 Roa_{i,t} + \beta_6 Growth_{i,t} + \beta_7 Fcf_{i,t} + \beta_8 Mshare_{i,t}$$
$$+ \beta_9 Soe_{i,t} + \sum Ind + \sum Year + \varepsilon_{i,t} \quad (5.7)$$

$$Lev_{i,t} - Lev^p_{i,t-1} = (\gamma_0 + \gamma_1 PB_{i,t} + \gamma_2 Inve_{i,t} + \gamma_3 PB_{i,t}$$
$$* Inve_{i,t})(Lev^*_{i,t} - Lev^p_{i,t-1}) + \varepsilon_{i,t} \quad (5.8)$$

本书用衡量管理层权力制衡强度某一维度的变量和衡量管理层权力制衡强度的综合变量依次代入以上三个模型的 PB 中进行回归。

第四节 实证结果及分析

一、描述性统计及相关性分析

（一）描述性统计

表 5-2 是全样本下管理层权力制衡强度对资本结构调整速度影响的描述性统计结果，由表中 Panel A 的结果可知，全样本下，上市公司目标资本结构 *Lev target* 的均值（中位数）为 0.1988（0.1951），标准差为 0.0939。实际资本结构偏离目标资本结构的程度 *Dev* 的均值（中位数）为 0.0091（0.0224），标准差为 0.1269；而资本结构主动调整 ΔLev 的均值（中位数）为 0.0091（0.0008），标准差为 0.0688；这与已有文献的结论很相近（黄继承等，2016；林慧婷等，2016）。同时，这些数据也表明，实际资本结构偏离目标资本结构的程度及资本结构主动调整的幅度都较小，分布较广泛。两职分离 *PB_CM* 的均值（中位数）是 0.7941（1.0000），标准差是 0.4044，表明董事长和总经理并非由一人任职的情况占据了样本公司的 79.41%，这说明上市公司中董事长兼任总经理的情况并不普遍，董事长对总经理的制衡强度较大，且不同公司之

间差异较大。高管未兼任董事占比 PB_MBOD 的均值（中位数）是 0.2858（0.2857），标准差是 0.1869，可见高管兼任董事的现象非常普遍，董事会对总经理办公会的制衡强度较小，且数据分布较为广泛。独立董事占比 IB 的均值（中位数）为 0.3770（0.3636），标准差为 0.0547；外部董事占比 EB 的均值（中位数）为 0.3774（0.3636），标准差为 0.0549，这表明，从整体上来看，我国上市公司的董事会成员绝大多数为内部董事，外部董事占比偏低，且外部董事基本由独立董事构成；独立董事比例普遍较低，仅在上市公司要求的最低比例线之上。由此可知，董事会内部的制衡强度较低。综合权力制衡强度方面，$PB1$ 的均值（中位数）是 1.8336（1.9167），标准差是 0.4635；$PB2$ 的均值（中位数）是 2.7730（3.0000），标准差是 1.1762；$PB3$ 的均值（中位数）是 0.6235（1.0000），标准差是 0.4845。$PB2$ 的均值超过其最大值 4 的一半，且 $PB3$ 的均值说明，$PB2$ 的值大于等于 3 的公司在总样本中的比例为 62.35%；这些均表明，管理层综合权力制衡强度较大，且不同公司之间存在较大差异。

从资本结构不同的调整方向来看，在实际资本结构低于目标资本结构时，偏离 Dev 的均值为 0.0996，主动调整 ΔLev 的均值为 0.0198；而在实际资本结构高于目标资本结构时，偏离 Dev 的均值为 −0.1077，主动调整 ΔLev 的均值为 −0.0046。这表明公司负债水平不同，偏离和主动调整的方向均相反，所以应当区分不同的调整方向分别讨论。Panel B 中报告了用于估计目标资本结构的公司特征变量，有息负债率 Lev 的均值（中位数）是 0.1988（0.1799），标准差是 0.1610，表明上市公司的负债率较高，分布广泛，且此结果与现有研究成果相近（郭雪萌等，2019）。由于本书是使用全样本来估计公司的目标资本结构，因此未报告低于目标水平和高于目标水平两个子样本中公司特征变量的均值。其余变量的描述性结果如表 5 − 2 所示，这里不再依次描述。

表 5 − 2　基于管理层权力制衡强度与资本结构调整速度之间的关系（模型 5.6）的描述性统计

	均值	中位数	标准差	低于目标水平	高于目标水平
Panel A：目标资本结构、偏离程度、资本结构变化和权力制衡强度					
Lev target	0.1988	0.1951	0.0939	0.1918	0.2078
Dev	0.0091	0.0224	0.1269	0.0996	−0.1077
ΔLev	0.0091	0.0008	0.0688	0.0198	−0.0046

续表

	均值	中位数	标准差	低于目标水平	高于目标水平
Panel A：目标资本结构、偏离程度、资本结构变化和权力制衡强度					
PB_CM	0.7941	1.0000	0.4044	0.7947	0.7933
PB_MBOD	0.2858	0.2857	0.1869	0.2866	0.2847
IB	0.3770	0.3636	0.0547	0.3763	0.3779
EB	0.3774	0.3636	0.0549	0.3768	0.3781
PB1	1.8336	1.9167	0.4635	1.8334	1.8338
PB2	2.7730	3.0000	1.1762	2.7694	2.7776
PB3	0.6235	1.0000	0.4845	0.6164	0.6326
Panel B：用于估计目标资本结构的公司特征					
Lev	0.1988	0.1799	0.1610		
EBIT_TA	0.0537	0.0488	0.0530		
MB	2.0228	1.5069	1.7701		
DEP_TA	0.1308	0.0957	0.1205		
LnTA	22.2956	22.1321	1.2326		
FA_TA	0.2301	0.1972	0.1661		
Industry median Lev	0.1498	0.1387	0.0712		

注：样本数 $N = 9051$。

表 5-3 是在过度投资样本下，管理层权力制衡强度对过度投资影响的描述性统计结果。由表可知，过度投资 $Inve$ 的均值为 0.0566，表明样本公司过度投资水平为总资产的 5.66%。过度投资的最大值为 0.3415，最小值为 0，说明不同公司的过度投资程度存在较大差异。两职分离 PB_CM 的均值为 0.8425，表明董事长未兼任总经理的公司在过度投资样本中的比例为 84.25%，这说明董事长兼任总经理的情况在过度投资样本中更不普遍，董事长对总经理的制衡强度较大。高管未兼任董事占比 PB_MBOD 的均值为 30.30%，中位数为 30.00%，略高于全样本下的 PB_MBOD 值，表明高管兼任董事的现象在过度投资样本中依然很普遍，董事会对总经理办公会的制衡强度较小。高管未兼任董事占比 PB_MBOD 的最大值为 71.43%，最小值为 0，说明不同公司的高管兼任董事的情况依然存在较大差异。独立董事占比 IB 的均值为 37.55%，略低于全样本下 IB 的均值，可见过度投资样本中独立董事的占比会更低些。同理，外

部董事占比 EB 的均值为 37.60%，也略低于全样本下 EB 的均值。由此可知，存在过度投资现象的公司，其董事会成员中内部董事占比更高，董事会内部的制衡强度较全样本更低。综合权力制衡强度方面，过度投资样本中的 PB1、PB2、PB3 的平均值均略高于全样本，说明存在过度投资现象的公司，管理层综合权力制衡强度依然较大。同样地，从表 5-3 中我们发现，除了 IB、EB 外，其他解释变量的最大值与最小值差异较大，表明不同公司之间，管理层权力制衡强度依然存在较大差异。

表 5-3　基于管理层权力制衡强度与过度投资之间的关系（模型 5.7）的描述性统计

变量	N	均值	中位数	标准差	最小值	最大值
Inve	4261	0.0566	0.0409	0.0549	0.0000	0.3415
PB_CM	4261	0.8425	1.0000	0.3643	0.0000	1.0000
PB_MBOD	4261	0.3030	0.3000	0.1902	0.0000	0.7143
IB	4261	0.3755	0.3636	0.0556	0.3333	0.5714
EB	4261	0.3760	0.3636	0.0558	0.3333	0.5714
PB1	4261	1.8957	1.9429	0.4316	0.6667	2.7143
PB2	4261	2.8848	3.0000	1.1280	0.0000	4.0000
PB3	4261	0.6508	1.0000	0.4768	0.0000	1.0000
Size	4261	23.0259	22.9166	1.2137	19.8050	26.0239
H_10	4261	0.1678	0.1338	0.1204	0.0141	0.5570
Age	4261	13.3790	14.0000	5.6580	3.0000	23.0000
Roa	4261	0.0364	0.0297	0.0448	-0.1478	0.1875
Growth	4261	0.1960	0.1222	0.4047	-0.5064	2.5807
Fcf	4261	0.0490	0.0488	0.0720	-0.1893	0.2528
Mshare	4261	0.0219	0.0000	0.0744	0.0000	0.5633
Soe	4261	0.5870	1.0000	0.4924	0.0000	1.0000

表 5-4 是在过度投资样本下，管理层权力制衡强度通过过度投资对资本结构调整速度产生影响的描述性统计结果。从表 5-4 中 Panel A 的结果可知，过度投资 Inve、管理层权力制衡强度 PB 的结果与表 5-3 相同，这里就不再赘述。而过度投资样本中，上市公司目标资本结构 Lev target 的均值（中位数）为 0.2436（0.2434），高于全样本的结果。偏离程度 Dev 的均值（中位数）为

第五章 管理层权力制衡强度、过度投资与资本结构调整速度

-0.0037（0.0031），均值的符号变为负号，说明过度投资样本中较多公司存在过度负债现象。主动调整的均值为 0.0131，高于全样本下的结果，说明公司的过度投资现象也会加快资本结构调整速度。在区分不同负债水平后，我们发现，偏离程度 Dev 在资本结构低于目标水平时的均值为 0.1045，高于目标水平时的均值为 -0.1159，与全样本相比，资本结构的偏离程度均增大。主动调整 ΔLev 在资本结构低于目标水平时的均值为 0.0274，高于全样本的结果；而在高于目标水平时的均值为 -0.0018，却低于全样本的结果。由此表明，过度投资的公司倾向于向上调整资本结构，而向下调整资本结构的速度会下降，因而过度负债的可能性更大。Panel B 中报告的是过度投资样本下，用于估计目标资本结构的公司特征变量的数值。我们发现，有息负债率 Lev 的均值（中位数）是 0.2605（0.2545），标准差为 0.1612，都高于全样本下的结果，再次表明存在过度投资现象的公司，其资产负债率更高，且样本分布依然广泛。其余变量的描述性结果见表 5-4，这里同样不再赘述。

表 5-4 基于管理层权力制衡强度对资本结构调整速度的内在影响机理（模型 5.8）的描述性统计

	均值	中位数	标准差	低于目标水平	高于目标水平
Panel A：目标资本结构、偏离程度、资本结构变化、权力制衡强度和过度投资					
Lev target	0.2436	0.2434	0.0901	0.2372	0.2503
Dev	-0.0037	0.0031	0.1355	0.1045	-0.1159
ΔLev	0.0131	0.0070	0.0729	0.0274	-0.0018
PB_CM	0.8425	1.0000	0.3643	0.8502	0.8346
PB_MBOD	0.3030	0.3000	0.1902	0.3133	0.2923
IB	0.3755	0.3636	0.0556	0.3762	0.3748
EB	0.3760	0.3636	0.0558	0.3769	0.3750
PB1	1.8957	1.9429	0.4316	1.9143	1.8765
PB2	2.8848	3.0000	1.1280	2.9345	2.8332
PB3	0.6508	1.0000	0.4768	0.6584	0.6429
Inve	0.0566	0.0409	0.0549	0.0569	0.0563
Panel B：用于估计目标资本结构的公司特征					
Lev	0.2605	0.2545	0.1612		
EBIT_TA	0.0568	0.0503	0.0486		

续表

	均值	中位数	标准差	低于目标水平	高于目标水平
Panel B：用于估计目标资本结构的公司特征					
MB	1.3624	0.9656	1.2984		
DEP_TA	0.1448	0.1090	0.1255		
LnTA	23.0259	22.9166	1.2137		
FA_TA	0.2611	0.2340	0.1811		
Industry median Lev	0.1642	0.1399	0.0750		

注：样本数 $N=4261$。

（二）相关性分析

表 5-5 为全样本下管理层权力制衡强度对资本结构调整速度影响的相关性分析的结果，由表可知：①偏离 Dev 与主动调整 ΔLev 显著正相关（系数为 0.212，显著性水平 1%），表明公司会通过各种方式趋向目标资本结构。②两职分离 PB_CM 与主动调整 ΔLev 显著负相关（系数为 -0.043，显著性水平 1%），独立董事占比 IB 以及外部董事占比 EB 均与主动调整 ΔLev 显著正相关（系数均为 0.018，显著性水平均为 10%），综合权力制衡强度积分变量 $PB1$ 与主动调整 ΔLev 显著负相关（系数为 -0.030，显著性水平为 1%）；尽管高管未兼任董事占比 PB_MBOD 及综合权力制衡强度 $PB2$、$PB3$ 与主动调整 ΔLev 之间没有显著相关性，但其符号均为正号，由此我们认为，管理层权力制衡强度的增大更可能会提高资本结构调整速度。③资本结构 Lev 与调整方向 $Direction$[①] 在 1% 水平上显著正相关，表明倾向于向下调整资本结构的公司，其负债率往往更高。另外，资本结构 Lev 与非债务税盾 DEP_TA、企业规模 $LnTA$ 和抵押能力 FA_TA 显著正相关，说明公司的偿债能力越强，其债务融资水平会越高。但是，较高的负债水平会对其盈利能力和成长机会产生不利影响。由于相关性分析并未控制其他因素，因此，还需要进行回归分析，才能得出最终的结论。此外，除了解释变量的 IB 与 EB、构建的综合变量与各个维度解释变量、综合变量之间的相关系数较大外，其他变量的相关系数绝对值小于 0.7，模型 5.6 中

---

① 参照盛明泉等（2016）的做法，设置 Direction 变量。Direction 为指示变量，当公司实际资本结构高于目标资本结构时，即向下调整资本结构，取值 1；反之，向上调整资本结构则取值 0。

第五章 管理层权力制衡强度、过度投资与资本结构调整速度

VIF 最大值为 4.17，平均值为 4.17，表明模型不存在严重的多重共线性。

表 5-5　　模型 5.6 的 Pearson 相关性分析

变量	ΔLev	Dev	PB_CM	PB_MBOD	IB	EB	PB1
ΔLev	1						
Dev	0.212***	1					
PB_CM	-0.043***	0.019*	1				
PB_MBOD	0.007	0.019*	0.014	1			
IB	0.018*	-0.014	-0.157***	0.420***	1		
EB	0.018*	-0.011	-0.156***	0.422***	0.994***	1	
PB1	-0.030***	0.020*	0.837***	0.516***	0.269***	0.270***	1
PB2	0.005	0.010	0.307***	0.510***	0.456***	0.456***	0.580***
PB3	0.013	-0.007	0.160***	0.339***	0.470***	0.469***	0.389***
Lev	0.231***	-0.713***	0.065***	0.023**	-0.001	-0.003	0.065***
Direction	-0.176***	-0.810***	-0.002	-0.005	0.014	0.012	0
EBIT_TA	0.021**	0.117***	-0.009	0.032***	-0.029***	-0.027***	-0.003
MB	-0.043***	0.058***	-0.145***	-0.046***	0.077***	0.076***	-0.126***
DEP_TA	-0.090***	-0.030***	0.111***	-0.077***	-0.075***	-0.077***	0.047***
LnTA	0.051***	0	0.118***	0.187***	0.019*	0.022**	0.182***
FA_TA	-0.065***	-0.057***	0.069***	-0.069***	-0.070***	-0.071***	0.014
Industry median Lev	0.014	-0.006	0.124***	-0.034***	-0.008	-0.007	0.092***

变量	PB2	PB3	Lev	Direction	EBIT_TA	MB	DEP_TA
PB2	1						
PB3	0.833***	1					
Lev	0.064***	0.061***	1				
Direction	0.003	0.017	0.613***	1			
EBIT_TA	0.018*	0.004	-0.224***	-0.102***	1		
MB	-0.091***	-0.044***	-0.460***	-0.079***	0.210***	1	
DEP_TA	0.019*	0.025**	0.092***	0.048***	-0.102***	-0.087***	1

续表

变量	PB2	PB3	Lev	Direction	EBIT_TA	MB	DEP_TA
LnTA	0.042***	-0.004	0.402***	0.039***	0.071***	-0.516***	-0.028***
FA_TA	0.038***	0.049***	0.259***	0.088***	-0.060***	-0.144***	0.675***
Industry median Lev	0.052***	0.029***	0.312***	0.031***	-0.051***	-0.290***	0.025**

变量	LnTA	FA_TA	Industry median Lev
LnTA	1		
FA_TA	0.022**	1	
Industry median Lev	0.240***	0.078***	1

注：(1) 样本数 N=9051。(2) ***、**、* 分别表示变量在1%、5%和10%水平上显著（双尾检验）。

表5-6为过度投资样本下，管理层权力制衡强度对过度投资影响的相关性分析的结果。从结果可知，高管未兼任董事占比 PB_MBOD、独立董事占比 IB、外部董事占比 EB、综合权力制衡强度积分变量 PB2 以及综合权力制衡强度虚拟变量 PB3 均与过度投资 Inve 显著正相关，两职分离 PB_CM、综合权力制衡强度积分变量 PB1 与过度投资存在不显著的负向关系。由此可知，董事会对总经理办公会的制衡强度、董事会内部的制衡强度以及管理层综合权力制衡强度均与过度投资存在显著相关性。同样地，由于相关性分析并未控制其他因素，因此，还需要进行回归分析，才能得出最终的结论。另外，除了解释变量的 IB 与 EB、构建的综合变量与各个维度解释变量、综合变量之间的相关系数较大外，其他变量的相关系数绝对值小于0.5，模型5.7中 VIF 最大值为1.35，平均值为1.23，表明模型不存在严重的多重共线性。

表5-6 模型5.7的 Pearson 相关性分析

变量	Inve	PB_CM	PB_MBOD	IB	EB	PB1	PB2
Inve	1						
PB_CM	-0.025	1					
PB_MBOD	0.032**	-0.010	1				

续表

变量	Inve	PB_CM	PB_MBOD	IB	EB	PB1	PB2
IB	0.030*	-0.125***	0.426***	1			
EB	0.029*	-0.122***	0.431***	0.993***	1		
PB1	-0.000	0.801***	0.543***	0.337***	0.341***	1	
PB2	0.057***	0.279***	0.471***	0.440***	0.441***	0.555***	1
PB3	0.071***	0.135***	0.272***	0.452***	0.452***	0.353***	0.828***
Size	0.198***	0.096***	0.208***	0.115***	0.118***	0.201***	0.039**
H_10	0.073***	0.077***	0.012	0.088***	0.090***	0.090***	0.071***
Age	-0.081***	0.180***	-0.061***	-0.023	-0.023	0.118***	-0.031**
Roa	0.052***	-0.045***	0.047***	0.012	0.013	-0.016	0.028*
Growth	0.168***	-0.039**	0.015	0.015	0.016	-0.023	0.010
Fcf	0.146***	0.010	0.001	-0.014	-0.014	0.004	0.017
Mshare	0.024	-0.362***	0.042***	0.057***	0.057***	-0.270***	-0.123***
Soe	0.007	0.260***	-0.027*	-0.040***	-0.041***	0.196***	0.115***

变量	PB3	Size	H_10	Age	Roa	Growth	Fcf
PB3	1						
Size	0.002	1					
H_10	0.079***	0.310***	1				
Age	-0.045***	0.161***	-0.067***	1			
Roa	0.008	-0.051***	0.062***	-0.111***	1		
Growth	0.001	-0.004	0.023	-0.096***	0.184***	1	
Fcf	0.018	-0.060***	0.091***	-0.075***	0.425***	0.026*	1
Mshare	-0.072***	-0.176***	-0.082***	-0.365***	0.090***	0.076***	0.035**
Soe	0.083***	0.221***	0.206***	0.301***	-0.153***	-0.103***	-0.004

变量	Mshare	Soe
Mshare	1	
Soe	-0.332***	1

注：(1) 样本数 $N=4261$。(2) ***、**、*分别表示变量在1%、5%和10%水平上显著（双尾检验）。

表5-7为过度投资样本下，管理层权力制衡强度、过度投资与资本结构调整速度的相关性分析的结果，由表可知：①偏离 Dev 与主动调整 ΔLev 显著正

相关（系数为 0.236，显著性水平 1%），同样表明公司会通过各种方式趋向目标资本结构。②两职分离 PB_CM 与主动调整 ΔLev 显著负相关（系数为 -0.043，显著性水平 1%），综合权力制衡强度积分变量 PB1 与主动调整 ΔLev 显著负相关（系数为 -0.037，显著性水平为 5%）；独立董事占比 IB、外部董事占比 EB、综合权力制衡强度 PB3 均与主动调整 ΔLev 存在不显著的正向关系，高管未兼任董事占比 PB_MBOD、综合权力制衡强度 PB2 均与主动调整 ΔLev 存在不显著的负向关系。由此我们认为，管理层权力制衡强度的增大可能会降低资本结构调整速度，也可能会提高资本结构调整速度。③过度投资 Inve 与主动调整 ΔLev 显著正相关（系数为 0.192，显著性水平 1%），说明过度投资会提高公司的资本结构调整速度。④资本结构 Lev 与调整方向 Direction 在 1% 水平上显著正相关，说明过度投资样本中，倾向于向下调整资本结构的公司，其负债率也更高。另外，资本结构 Lev 与公司特征变量之间的关系，与全样本下基本一致，此处不再赘述。由于相关性分析并未控制其他因素，因此，还需要进行回归分析，才能得出最终的结论。此外，除了解释变量的 IB 与 EB、构建的综合变量与各个维度解释变量、综合变量之间的相关系数较大外，其他变量的相关系数绝对值小于 0.7，模型 5.8 中 VIF 最大值为 6.91，平均值为 4.76，表明模型不存在严重的多重共线性。

表 5-7　　　　　　　　模型 5.8 的 Pearson 相关性分析

变量	ΔLev	Dev	PB_CM	PB_MBOD	IB	EB	PB1
ΔLev	1						
Dev	0.236***	1					
PB_CM	-0.043***	0.032**	1				
PB_MBOD	-0.004	0.065***	-0.01	1			
IB	0.006	0.007	-0.125***	0.426***	1		
EB	0.006	0.013	-0.122***	0.431***	0.993***	1	
PB1	-0.037**	0.057***	0.801***	0.543***	0.337***	0.341***	1
PB2	-0.003	0.059***	0.279***	0.471***	0.440***	0.441***	0.555***
PB3	0.005	0.023	0.135***	0.272***	0.452***	0.452***	0.353***
Inve	0.192***	-0.001	-0.025	0.032**	0.030*	0.029*	-0.000
Lev	0.204***	-0.735***	0.045**	-0.029*	0.0140	0.010	0.030*

续表

变量	ΔLev	Dev	PB_CM	PB_MBOD	IB	EB	PB1
Direction	-0.200***	-0.813***	-0.021	-0.055***	-0.012	-0.017	-0.044***
EBIT_TA	0.040***	0.196***	-0.030*	0.040***	0.002	0.001	-0.009
MB	0.005	0.068***	-0.148***	-0.031**	0.012	0.012	-0.136***
DEP_TA	-0.067***	-0.022	0.111***	-0.086***	-0.073***	-0.077***	0.035**
LnTA	-0.012	0.104***	0.096***	0.208***	0.115***	0.118***	0.201***
FA_TA	-0.047***	-0.046***	0.072***	-0.096***	-0.084***	-0.088***	-0.005
Industry median Lev	0.016	-0.001	0.119***	-0.056***	0.003	0.005	0.075***

变量	PB2	PB3	Inve	Lev	Direction	EBIT_TA	MB
PB2	1						
PB3	0.828***	1					
Inve	0.057***	0.071***	1				
Lev	0.010	0.031**	0.152***	1			
Direction	-0.045***	-0.016	-0.005	0.633***	1		
EBIT_TA	0.036**	0.019	0.051***	-0.328***	-0.182***	1	
MB	-0.075***	-0.043***	-0.012	-0.425***	-0.102***	0.396***	1
DEP_TA	0.007	0.016	0.074***	0.078***	0.041***	-0.085***	-0.085***
LnTA	0.039**	0.002	0.198***	0.272***	-0.052***	-0.035**	-0.466***
FA_TA	0.028*	0.048***	0.182***	0.217***	0.083***	-0.037**	-0.087***
Industry median Lev	0.010	-0.005	-0.006	0.285***	0.020	-0.073***	-0.282***

变量	DEP_TA	LnTA	FA_TA	Industry median Lev
DEP_TA	1			
LnTA	-0.052***	1		
FA_TA	0.692***	-0.056***	1	
Industry median Lev	-0.020	0.230***	0.020	1

注：(1) 样本数 $N=4261$。(2) ***、**、* 分别表示变量在1%、5%和10%水平上显著（双尾检验）。

二、多元回归分析

(一) 管理层权力制衡强度对资本结构调整速度的影响

表5-8和表5-9为管理层不同维度的权力制衡强度与资本结构调整速度的多元回归分析结果,具体来说,表5-8是董事长对总经理的制衡强度以及董事会对总经理办公会的制衡强度对资本结构调整速度的影响,表5-9是董事会内部的制衡强度对资本结构调整速度的影响。表5-8前三列的结果显示,全样本下(All组)资本结构偏离程度Dev与主动调整ΔLev在1%水平上显著正相关,主动调整速度的平均值为32.90%,说明公司的资本结构存在趋向目标的倾向。区分调整方向后可知,无论是低于目标水平(Under组)还是高于目标水平(Over组),资本结构偏离程度Dev与主动调整ΔLev均在1%水平上显著正相关。低于目标水平时的主动调整速度为22.07%,而高于目标水平时的主动调整速度为40.21%,说明公司向下调整的速度更快。通过进一步分析发现,全样本下两职分离与偏离交互项PB_CM*Dev的回归系数显著为正,说明董事长对总经理的制衡强度越大,公司资本结构调整速度越快。同时,从经济意义上来看,交互项的回归系数为0.1792,表明董事长和总经理两职分离后,资本结构主动调整速度将提高17.92%,说明董事长对总经理的制衡强度对资本结构调整速度的影响也具有显著的经济意义。区分调整方向后,董事长对总经理的制衡强度同样显著提高了资本结构向上和向下调整的速度。

表5-8 管理层不同维度的权力制衡强度与资本结构调整速度的回归结果

变量	董事长对总经理的制衡强度			董事会对总经理办公会的制衡强度		
	All	Under	Over	All	Under	Over
Dev	0.3290***	0.2207***	0.4021***	0.3925***	0.2539***	0.4747***
	(15.88)	(7.36)	(11.33)	(20.24)	(10.24)	(18.78)
PB_CM*Dev	0.1792***	0.1588***	0.2005***			
	(7.80)	(4.89)	(5.78)			
$PB\_MBOD*Dev$				0.0907***	0.0705***	0.0756***
				(4.87)	(3.82)	(3.66)
_cons	0.0050***	-0.0153***	0.0572***	0.0050***	-0.0086***	0.0484***
	(35.18)	(-6.06)	(20.13)	(35.39)	(-3.86)	(18.58)

续表

变量	董事长对总经理的制衡强度			董事会对总经理办公会的制衡强度		
	All	Under	Over	All	Under	Over
N	9051	5099	3952	9051	5099	3952
R^2	0.2121	0.0732	0.1977	0.1857	0.0568	0.1602
F	429.25	96.08	237.61	436.58	83.64	255.77

注：(1) ***、**、* 分别表示变量在1%、5%和10%水平上显著（双尾检验）。(2) 回归括号中的数字为 t 值。(3) 标准误差经过公司层面的聚类调整（cluster）。

表5-8后三列的证据显示，全样本下（All组）资本结构偏离程度 Dev 与主动调整 ΔLev 在1%水平上显著正相关，主动调整速度的平均值为39.25%。区分调整方向后可知，无论是低于目标水平（Under组）还是高于目标水平（Over组），资本结构偏离程度 Dev 与主动调整 ΔLev 均在1%水平上显著正相关。低于目标水平时的主动调整速度为25.39%，而高于目标水平时的主动调整速度为47.47%，同样表明公司向下调整的速度更快。通过进一步分析发现，全样本下高管未兼任董事占比与偏离交互项 PB_MBOD * Dev 的回归系数显著为正，说明董事会对总经理办公会的制衡强度显著提高了资本结构调整速度。从经济意义上来看，交互项的回归系数为0.0907，说明高管未兼任董事占比 PB_MBOD 每增大一个百分点，资本结构主动调整速度将提高9.07%，表明董事会对总经理办公会的制衡强度对资本结构调整速度的影响也具有较强的经济显著性。区分调整方向后，董事会对总经理办公会的制衡强度也显著提高了资本结构向上和向下调整的速度。

表5-9的结果显示，无论是独立董事占比 IB 样本组，还是外部董事占比 EB 样本组，全样本下（All组）资本结构偏离程度 Dev 与主动调整 ΔLev 均在1%水平上显著正相关，主动调整速度的平均值分别为38.14%和37.95%，区分调整方向后，独立董事占比 IB 样本组和外部董事占比 EB 样本组的偏离 Dev 与主动调整 ΔLev 均显著正相关；高于目标资本结构（Over组）的调整速度分别为45.90%和45.59%，均大于低于目标资本结构（Under组）的调整速度24.69%。通过进一步分析发现，全样本下独立董事占比与偏离交互项 IB * Dev 以及外部董事占比与偏离交互项 EB * Dev 的回归系数均显著为正，表明董事会内部的制衡强度越大，公司趋向目标调整资本结构的速度越快。从经济意义上来看，两个交互项的回归系数分别为0.0859和0.0887，说明独立董事占比 IB

和外部董事占比 EB 每增大一个百分比，资本结构主动调整速度将分别提高 8.59% 和 8.87%，表明董事会内部的制衡强度对资本结构调整速度的影响同样有较强的经济显著性。区分调整方向后，董事会内部的制衡强度同样显著提高了资本结构向上和向下调整的速度。

表 5-9 管理层不同维度的权力制衡强度与资本结构调整速度的回归结果（续表）

变量	董事会内部的制衡强度					
	All	Under	Over	All	Under	Over
Dev	0.3814***	0.2469***	0.4590***	0.3795***	0.2469***	0.4559***
	(20.04)	(9.99)	(14.12)	(19.95)	(9.99)	(13.99)
$IB*Dev$	0.0859***	0.0649***	0.0816***			
	(4.97)	(3.93)	(2.80)			
$EB*Dev$				0.0887***	0.0650***	0.0859***
				(5.11)	(3.92)	(2.93)
_cons	0.0051***	-0.0085***	0.0487***	0.0051***	-0.0085***	0.0487***
	(35.71)	(-3.78)	(17.38)	(35.71)	(-3.78)	(17.41)
N	9051	5099	3952	9051	5099	3952
R^2	0.1849	0.0564	0.1602	0.1852	0.0564	0.1607
F	392.31	81.05	181.46	392.66	80.96	181.98

注：(1) ***、**、* 分别表示变量在1%、5%和10%水平上显著（双尾检验）。(2) 回归括号中的数字为 t 值。(3) 标准误差经过公司层面的聚类调整（cluster）。

表 5-10 为管理层综合权力制衡强度与资本结构调整速度的多元回归分析结果。结果显示，在 $PB1$、$PB2$ 和 $PB3$ 的样本组中，All 组中 Dev 的系数分别为 0.3916、0.3620 和 0.3922，显著性水平均为 1%，说明主动调整速度的均值分别为 39.16%、36.20% 和 39.22%；Under 组中 Dev 的系数分别为 0.3447、0.2473 和 0.2530，显著性水平同样均为 1%，表明低于目标资本结构时的调整速度分别为 34.47%、24.73% 和 25.30%；Over 组中 Dev 的系数分别为 0.4062、0.4559 和 0.4689，均在 1% 水平上显著为正，说明高于目标资本结构时的调整速度分别为 40.62%、45.59% 和 46.89%。由此可见，公司向下调整资本结构的速度要快于向上调整的速度，与现有多数文献的结论一致（黄继承等，2016；盛明泉等，2016；林慧婷等，2016）。通过进一步分析发现，All 组

中 PB1 与偏离交互项 PB1 * Dev、PB2 与偏离交互项 PB2 * Dev 以及 PB3 与偏离交互项 PB3 * Dev 的回归系数均显著为正,说明综合权力制衡强度能够显著提高资本结构调整速度。PB1 * Dev 的回归系数为 0.0685,表明 PB1 每提高一个单位,主动调整速度提高 6.85%;PB2 * Dev 的回归系数为 0.0373,表明四个权力制衡强度的维度变量中,每增加一个高于行业中位数的权力制衡强度变量,主动调整速度提高 3.73%;PB3 * Dev 的回归系数为 0.0781,表明权力制衡强度中至少有三个维度变量的数值高于行业中位数,同时说明主动调整速度提高了 7.81%;以上数据说明综合权力制衡强度对资本结构调整速度的影响具有显著的经济意义。区分调整方向后,综合权力制衡强度同样显著提高了资本结构向上和向下调整的速度。以上结果表明,管理层权力制衡强度越大,公司趋向目标调整资本结构的速度越快,H1 得到验证。

表 5-10 管理层综合权力制衡强度与资本结构调整速度的回归结果

变量	综合权力制衡强度								
	All	Under	Over	All	Under	Over	All	Under	Over
Dev	0.3916*** (14.71)	0.3447*** (6.77)	0.4062*** (9.94)	0.3620*** (15.95)	0.2473*** (8.76)	0.4559*** (11.98)	0.3922*** (21.42)	0.2530*** (10.48)	0.4689*** (15.10)
PB1 * Dev	0.0685*** (5.26)	0.0714*** (3.54)	0.0977*** (4.99)						
PB2 * Dev				0.0373*** (5.46)	0.0313*** (4.55)	0.0353*** (3.02)			
PB3 * Dev							0.0781*** (4.41)	0.0595*** (3.60)	0.0763*** (2.58)
_cons	0.0060*** (32.06)	-0.0266*** (-8.40)	0.0608*** (19.70)	0.0049*** (34.66)	-0.0140*** (-5.76)	0.0557*** (19.39)	0.0052*** (36.20)	-0.0081*** (-3.62)	0.0487*** (17.46)
N	9051	5099	3952	9051	5099	3952	9051	5099	3952
R^2	0.2213	0.1021	0.2017	0.2064	0.0690	0.1881	0.1844	0.0560	0.1602
F	424.09	136.07	220.04	442.24	98.50	223.03	388.09	78.52	183.94

注:(1) ***、**、* 分别表示变量在1%、5%和10%水平上显著(双尾检验)。(2) 回归括号中的数字为 t 值。(3) 标准误差经过公司层面的聚类调整(cluster)。

(二) 管理层权力制衡强度对过度投资的影响

表 5-11 为管理层权力制衡强度与过度投资的多元回归分析结果,包括各

个维度的制衡强度以及综合权力制衡强度对过度投资的影响。由于只涉及过度投资，因而对模型 5.7 的检验只保留了过度投资样本，样本数为 4261，后续模型 5.8 的检验亦为如此。第（1）列的结果显示，两职分离 PB_CM 与过度投资 $Inve$ 在 5% 水平上显著负相关，表明董事长对总经理的制衡强度越大，公司的过度投资程度越低。第（2）的高管未兼任董事占比 PB_MBOD 与过度投资 $Inve$ 存在不显著的负向关系，说明董事会对总经理办公会的制衡强度对过度投资没有明显的治理效应。从第（3）、（4）列的回归结果，我们发现，独立董事占比 IB 和外部董事占比 EB 均与过度投资 $Inve$ 在 10% 水平上显著正相关，由此难道认为董事会内部的制衡强度会加重公司的过度投资程度吗？答案是否定的，本书认为，此处的结果应当更多地解释为，董事会内部的制衡强度会提高公司的投资水平，且会在适度范围内提高，并不会导致过度投资。这与上章中发现的董事会内部的制衡强度可以提高公司的负债水平相呼应。而下文中，对管理层权力制衡强度影响资本结构调整速度的机理进行检验时，能进一步证实此猜想。由后三列的结果可知，$PB1$ 与过度投资 $Inve$ 在 5% 水平上显著负相关，表明管理层权力制衡强度越大，公司过度投资程度越低。$PB2$ 与过度投资 $Inve$ 存在不显著的负向关系，$PB3$ 与过度投资 $Inve$ 存在不显著的正向关系，表明 $PB2$ 和 $PB3$ 对过度投资 $Inve$ 不能产生显著的影响。由此可知，综合权力制衡强度也体现了各个维度变量对过度投资的影响。以上回归结果证明，管理层权力制衡强度能够缓解公司的过度投资程度，H2 基本得到验证。

表 5-11　　　　管理层权力制衡强度与过度投资的回归结果

变量	董事长对总经理的制衡强度	董事会对总经理办公会的制衡强度	董事会内部的制衡强度		综合权力制衡强度		
	(1)	(2)	(3)	(4)	(5)	(6)	(7)
PB_CM	-0.0050** (-2.00)						
PB_MBOD		-0.0024 (-1.40)					
IB			0.0039* (1.96)				

续表

变量	董事长对总经理的制衡强度	董事会对总经理办公会的制衡强度	董事会内部的制衡强度		综合权力制衡强度		
	(1)	(2)	(3)	(4)	(5)	(6)	(7)
EB				0.0048 * (1.86)			
PB1					-0.0041 ** (-1.98)		
PB2						-0.0010 (-0.94)	
PB3							0.0025 (1.29)
Size	-0.0115 *** (-12.31)	-0.0114 *** (-12.20)	0.0135 *** (11.62)	-0.0118 *** (-7.69)	-0.0113 *** (-12.09)	-0.0055 (-1.58)	0.0134 *** (11.58)
H_10	0.0007 (0.08)	0.0001 (0.01)	-0.0116 (-1.19)	-0.0185 (-1.41)	0.0005 (0.07)	-0.0109 (-0.45)	-0.0113 (-1.16)
Age	-0.0019 *** (-10.17)	-0.0020 *** (-10.33)	-0.0001 (-0.45)	-0.0041 *** (-12.82)	-0.0019 *** (-10.19)	-0.0045 (-0.93)	-0.0001 (-0.43)
Roa	0.0138 (0.63)	0.0145 (0.66)	-0.0824 *** (-3.16)	0.0128 (0.40)	0.0147 (0.67)	0.1576 *** (4.91)	-0.0822 *** (-3.15)
Growth	0.0294 *** (7.58)	0.0294 *** (7.58)	0.0228 *** (6.83)	0.0330 *** (8.29)	0.0294 *** (7.59)	0.0226 *** (9.11)	0.0228 *** (6.83)
Fcf	0.0726 *** (4.75)	0.0721 *** (4.71)	0.1103 *** (6.43)	0.1220 *** (5.77)	0.0725 *** (4.74)	0.0447 *** (2.79)	0.1102 *** (6.42)
Mshare	0.0213 (1.35)	0.0285 * (1.85)	0.0366 ** (2.13)	0.0587 *** (2.66)	0.0234 (1.52)	0.0079 (0.24)	0.0378 ** (2.21)
Soe	-0.0047 ** (-2.36)	-0.0052 *** (-2.61)	-0.0067 *** (-2.59)	-0.0112 *** (-3.24)	-0.0049 ** (-2.44)	0.0095 (1.10)	-0.0068 *** (-2.62)
_cons	0.3111 *** (14.41)	0.3052 *** (14.34)	-0.2495 *** (-9.55)	0.4241 *** (12.26)	0.3102 *** (14.44)	0.2384 ** (2.37)	-0.2476 *** (-9.43)
Industry	控制	控制	控制	控制	控制	控制	控制

续表

变量	董事长对总经理的制衡强度	董事会对总经理办公会的制衡强度	董事会内部的制衡强度		综合权力制衡强度		
	(1)	(2)	(3)	(4)	(5)	(6)	(7)
Year	控制	控制	控制	控制	控制	控制	控制
N	4261	4261	4261	4261	4261	4261	4261
R^2	0.2321	0.2316	0.1595	0.3741	0.2321	0.0868	0.1590
F	27.19	27.00	13.22	51.04	27.10	9.36	13.09

注：(1) ***、**、* 分别表示变量在1%、5%和10%水平上显著（双尾检验）。(2) 回归括号中的数字为 t 值。(3) 标准误差经过公司层面的聚类调整（cluster）。

控制变量方面，上市年限 Age、国企身份 Soe 在一定程度上能够抑制过度投资，而公司成长能力 Growth、自由现金流率 Fcf、高管持股比例 Mshare 与过度投资 Inve 显著正相关。公司规模 Size 与过度投资 Inve 在第（3）、（7）列中为显著正相关关系，而在（1）、（2）、（4）、（5）列中为显著负相关关系，参照现有研究成果（李彬，2013；方红星和金玉娜，2013），我们认为公司规模 Size 与过度投资 Inve 更多情况为正相关关系。同理，公司盈利水平 Roa 与过度投资 Inve 更多情况为正相关关系。

（三）管理层权力制衡强度影响资本结构调整速度的机理分析

表5-12和表5-13为管理层不同维度的权力制衡强度影响资本结构调整速度机理分析的回归结果。从表5-12前三列的结果可知，两职分离与偏离交互项 PB_CM * Dev 的回归系数在 All 组和 Over 组均显著为正，在 Under 组中系数虽然不显著，但其 T 统计量大于1，基本也表明了提高主动调整速度的趋势，再次说明董事长对总经理的制衡强度能够显著提高资本结构调整速度，区分调整方向后，董事长对总经理的制衡强度同样提高了资本结构向上和向下调整的速度。过度投资与偏离交互项 Inve * Dev 的回归系数在 All 组、Under 组和 Over 组中均显著为正，显著性水平分别为1%、1%和5%，说明过度投资也会提高资本结构调整速度，相较于资本结构向下调整而言，过度投资能够更明显地提高向上调整的速度，进而提高过度负债的可能性，使得资本结构决策失衡。这也与表5-4的描述性结果一致。更重要的是，两职分离、过度投资和偏离3次交互项的回归系数在全样本和子样本中均显著为负，表明董事长对总经理的

第五章　管理层权力制衡强度、过度投资与资本结构调整速度

制衡强度削弱了过度投资对资本结构调整速度的不利影响。三次交互项 $PB\_CM * Inve * Dev$ 的回归系数在 Over 组中的显著性水平高于 Under 组，表明董事长对总经理的制衡强度在向下调整资本结构方面能发挥更明显的治理效用，与上章认为的，董事长对总经理的制衡强度能够显著降低公司的负债水平相呼应。表 5-12 后三列的证据显示，在全样本和子样本中，高管未兼任董事占比与偏离交互项 $PB\_MBOD * Dev$ 的回归系数均显著为正，再次说明董事会对总经理办公会的制衡强度越大，公司资本结构调整速度越快，区分调整方向后，结论依然不变。过度投资与偏离交互项 $Inve * Dev$ 的回归系数在全样本和子样本中均显著为正，且 Under 组中的显著性水平高于 Over 组，再次说明过度投资对资本结构调整速度的不利影响。

表 5-12　管理层不同维度的权力制衡强度、过度投资与资本结构调整速度的回归结果

变量	董事长对总经理的制衡强度			董事会对总经理办公会的制衡强度		
	All	Under	Over	All	Under	Over
Dev	0.3573***	0.3086***	0.4201***	0.3541***	0.1716***	0.5027***
	(12.30)	(6.90)	(9.22)	(11.05)	(3.84)	(11.00)
$Inve * Dev$	1.3076***	2.8555***	0.7178**	1.8164***	3.1732***	0.8337*
	(3.95)	(5.01)	(2.13)	(4.74)	(5.64)	(1.92)
$PB\_CM * Dev$	0.1693***	0.0605	0.2691***			
	(5.77)	(1.39)	(5.68)			
$PB\_CM * Inve * Dev$	-0.7873**	-1.1317*	-0.8580**			
	(-2.14)	(-1.77)	(-2.30)			
$PB\_MBOD * Dev$				0.1705***	0.1418***	0.1378***
				(4.77)	(3.62)	(2.64)
$PB\_MBOD * Inve * Dev$				-1.4133***	-1.3513**	-1.1233**
				(-3.44)	(-2.30)	(-2.34)
_cons	0.0158***	-0.0150***	0.0729***	0.0157***	-0.0126***	0.0652***
	(16.22)	(-4.21)	(18.25)	(77.19)	(-3.28)	(14.27)
N	4261	2169	2092	4261	2169	2092
R^2	0.2447	0.1338	0.2356	0.2416	0.1543	0.2098
F	241.51	51.61	102.76	131.53	37.33	62.14

注：(1) ***、**、* 分别表示变量在 1%、5% 和 10% 水平上显著（双尾检验）。(2) 回归括号中的数字为 t 值。(3) 标准误差经过公司层面的聚类调整（cluster）。

关键解释变量 $PB\_MBOD * Inve * Dev$ 在全样本和子样本中均显著为负，说明董事会对总经理办公会的制衡强度削弱了过度投资对资本结构调整速度的不利影响。三次交互项 $PB\_MBOD * Inve * Dev$ 的回归系数虽然在 Under 组和 Over 组中显著性水平相同，但其对应的 $Inve * Dev$ 的回归系数显著性水平却变化较大，从 Under 组中的 1% 下降到 Over 组中的 10%，一定程度上反映了董事会对总经理办公会的制衡强度在向下调整资本结构方面能发挥更明显的治理效用。这与上章认为的，董事会对总经理办公会的制衡强度能够显著降低公司的负债水平相呼应。

表 5-13 的结果显示，独立董事占比与偏离交互项 $IB * Dev$、外部董事占比与偏离交互项 $EB * Dev$ 的回归系数在 ALL 组和 Over 组均显著为正，再次印证董事会内部的制衡强度能够显著提高资本结构调整速度。过度投资与偏离交互项 $Inve * Dev$ 的回归系数在各列中均显著为正，且 Under 组中的显著性水平均大于 Over 组，说明了过度投资对资本结构决策的负面影响。关键解释变量 $IB * Inve * Dev$、$EB * Inve * Dev$ 在全样本和子样本中均显著为负，说明董事会内部的制衡强度削弱了过度投资对资本结构调整速度的不利影响。三次交互项 $IB * Inve * Dev$ 和 $EB * Inve * Dev$ 在 Under 组中的显著性水平均高于 Over 组，表明董事会内部的制衡强度在向上调整资本结构方面能发挥更明显的治理效用，与上章认为的，董事会内部的制衡强度能够显著提高公司的负债水平相呼应。

表 5-13 管理层不同维度的权力制衡强度、过度投资与资本结构调整速度的回归结果（续表）

变量	董事会内部的制衡强度					
	All	Under	Over	All	Under	Over
Dev	0.3443 *** (10.42)	0.1892 *** (4.27)	0.5000 *** (9.61)	0.3464 *** (10.33)	0.1892 *** (4.28)	0.5036 *** (11.32)
$Inve * Dev$	2.6787 *** (5.23)	3.7555 *** (5.83)	1.1628 * (1.94)	2.5438 *** (4.89)	3.7377 *** (5.81)	0.9708 * (1.80)
$IB * Dev$	0.1422 *** (4.38)	0.0141 (0.53)	0.1042 ** (2.16)			
$IB * Inve * Dev$	-2.0494 *** (-3.82)	-1.7891 ** (-2.44)	-1.2089 * (-1.96)			

续表

变量	董事会内部的制衡强度					
	All	Under	Over	All	Under	Over
$EB * Dev$				0.1408***	0.0150	0.1021***
				(4.37)	(0.56)	(2.61)
$EB * Inve * Dev$				-1.8988***	-1.7642**	-0.9982*
				(-3.54)	(-2.41)	(-1.79)
_cons	0.0159***	-0.0115***	0.0647***	0.0158***	-0.0115***	0.0646***
	(81.46)	(-2.92)	(14.40)	(80.41)	(-2.92)	(16.48)
N	4261	2169	2092	4261	2169	2092
R^2	0.2385	0.1538	0.2050	0.2378	0.1536	0.2047
F	132.34	31.14	67.06	133.48	31.13	85.82

注：(1) ***、**、* 分别表示变量在1%、5%和10%水平上显著（双尾检验）。(2) 回归括号中的数字为 t 值。(3) 标准误差经过公司层面的聚类调整（cluster）。

表5-14为管理层综合权力制衡强度影响资本结构调整速度机理分析的回归结果。证据显示，综合权力制衡强度与偏离交互项 $PB1 * Dev$、$PB2 * Dev$ 的回归系数在全样本和子样本中均显著为正；$PB3 * Dev$ 的回归系数在 All 组和 Over 组中也都显著为正，尽管在 Under 组中不显著，但其 T 统计量大于1，基本表明了提高主动调整速度的趋势；因此，此处再次说明综合权力制衡强度显著提高了资本结构调整速度，区分调整方向后，结论依然不变。过度投资与偏离交互项 $Inve * Dev$ 的回归系数在各列中均显著为正，且 Under 组中的显著性水平均大于 Over 组，再次说明了过度投资对资本结构决策的负面影响。关键解释变量 $PB1 * Inve * Dev$、$PB2 * Inve * Dev$ 和 $PB3 * Inve * Dev$ 在全样本和子样本中均显著为负，表明综合权力制衡强度削弱了过度投资对资本结构调整速度的不利影响。三次交互项 $PB3 * Inve * Dev$ 在 Under 组中的显著性水平均高于 Over 组，说明 PB3 在向上调整资本结构方面能发挥更明显的治理效用，与上章认为的，综合权力制衡强度虚拟变量1能够显著提高公司的负债水平相呼应，也体现了维度变量的影响。以上结果表明，过度投资导致了资本结构动态调整的扭曲，而管理层权力制衡强度有效地缓解了这种扭曲，从而提高公司的资本结构调整速度，H3 得到验证。

表5-14 管理层综合权力制衡强度、过度投资与资本结构调整速度的回归结果

变量	综合权力制衡强度								
	All	Under	Over	All	Under	Over	All	Under	Over
Dev	0.3629***	0.2462***	0.3213***	0.2684***	0.1419***	0.4413***	0.3708***	0.2149***	0.5215***
	(11.59)	(2.93)	(5.55)	(6.37)	(2.59)	(6.97)	(12.03)	(5.62)	(12.27)
Inve * Dev	2.3031***	5.0108***	1.4573*	3.4504***	5.2691***	1.6648**	2.1145***	3.3680***	0.7630*
	(4.10)	(4.13)	(1.76)	(5.47)	(5.54)	(2.22)	(5.06)	(7.53)	(1.67)
PB1 * Dev	0.0801***	0.0916**	0.1646***						
	(5.05)	(2.55)	(5.64)						
PB1 * Inve * Dev	-0.8293***	-1.8460***	-0.8673**						
	(-2.89)	(-3.24)	(-2.11)						
PB2 * Dev				0.0680***	0.0505***	0.0556***			
				(5.38)	(3.25)	(2.85)			
PB2 * Inve * Dev				-0.8228***	-0.9699***	-0.4866**			
				(-4.64)	(-3.50)	(-2.28)			
PB3 * Dev							0.1166***	0.0536	0.0824**
							(3.78)	(1.47)	(2.20)
PB3 * Inve * Dev							-1.4823***	-1.2302**	-0.8003*
							(-3.38)	(-2.42)	(-1.68)
_cons	0.0188***	-0.0227***	0.0674***	0.0165***	-0.0168***	0.0717***	0.0158***	-0.0123***	0.0641***
	(18.73)	(-4.75)	(17.56)	(62.66)	(-3.89)	(14.50)	(79.14)	(-3.63)	(16.40)
N	4261	2169	2092	4261	2169	2092	4261	2169	2092
R^2	0.2603	0.1798	0.2177	0.2534	0.1618	0.2262	0.2359	0.1493	0.2036
F	262.39	38.14	92.83	134.34	34.63	69.31	132.69	58.64	85.24

注:(1)***、**、*分别表示变量在1%、5%和10%水平上显著(双尾检验)。(2)回归括号中的数字为 t 值。(3)标准误差经过公司层面的聚类调整(cluster)。

第五节 稳健性检验

为了保证研究结论的可靠性,本书从管理层权力制衡强度的其他衡量方法、过度投资的其他衡量方法、目标资本结构的其他衡量方法、控制其他变量

对资本结构调整速度的影响、可能的内生性问题等五个方面进行了稳健性检验。回归结果再次验证了本书的结论（稳健性检验由于篇幅所限，均未报告）。下文具体描述检验的方法。

一、管理层权力制衡强度的其他衡量方法

以上回归中的董事会对总经理办公会的制衡强度，是用高管未兼任董事占比来衡量，本书又将 PB_MBOD 分行业、分年度，从小到大进行排序，如果高管未兼任董事占比高于行业中位数，则取值 1，否则取值 0，以此新构建的变量来替代原来的高管未兼任董事占比，对模型 5.6、模型 5.7、模型 5.8 重新进行回归。同样地，以上回归中的董事会内部的制衡强度，使用独立董事占比、外部董事占比来衡量，本书又将 IB、EB 分行业、分年度从小到大进行排序，如果独立董事占比、外部董事占比分别高于行业中位数，则取值 1，否则取值 0，以此新构建的变量替代原来的独立董事占比、外部董事占比，对模型 5.6、模型 5.7、模型 5.8 重新进行回归。综合权力制衡强度方面，我们又构建了均值变量，用 $PB4$ 表示，即 PB_CM、PB_MBOD、IB 以及 EB 四个变量之和的平均值，然后用 $PB4$ 对模型 5.6、模型 5.7、模型 5.8 重新进行回归。

二、过度投资的其他衡量方法

过度投资也是本书研究的关键变量之一，目前通过模型 5.5 残差项的符号来划分过度投资和投资不足的做法较为普遍，但此做法是假设样本整体投资水平正常，投资水平整体不存在偏差，即整体而言不存在过度投资或者投资不足。若样本整体的投资水平发生了偏差，那么此种划分方法将会有偏误。考虑此种影响，并借鉴现有成果（李彬，2013；王永海和石青梅，2016），我们将模型 5.5 的残差项，分行业、分年度从小到大进行排序，按照残差项的上下四分位把全样本分为投资不足、正常投资及过度投资三个子样本，即前 25% 为投资不足组，中间 50% 为正常投资组，后 25% 为过度投资组，并对后 25% 样本组重新使用模型 5.7 和模型 5.8 进行回归。另外，参考赵国宇和禹薇（2018）的做法，我们还通过过度投资的行业中位数对过度投资水平进行调整，重新计算过度投资水平。

三、目标资本结构的其他衡量方法

本书主要是参照盛明泉等（2016）的做法，使用静态模型5.3直接估计目标资本结构。但是目前估计目标资本结构的方法较多，不仅有利用静态模型进行估计的，还有多数学者认为使用动态模型进行估计会更合理（Faulkender et al.，2012；黄继承等，2016；林慧婷等，2016）。参照现有学者的做法，静态模型我们选择分年度对模型5.3进行OLS回归，重新估计目标资本结构（Byoun，2008；Uysal，2011）。动态模型我们选取最常用的系统GMM方法（Lemmon et al.，2008；Faulkender et al.，2012；Blundell & Bond，1998）对模型5.4进行回归，得到系数β然后代入模型5.3来重新估计公司的目标资本结构。在得到新的目标资本结构后，重新对模型5.6和模型5.8进行检验。基于新估计的目标资本结构对模型5.6和模型5.8进行检验得到的结果（限于篇幅，未报告），除了调整速度、模型R方及显著性水平等方面与原来主检验存在差异，且这些差异整体来看较小，其他方面基本不变。

四、控制其他变量对资本结构调整速度的影响

借鉴现有的研究（黄继承等，2016；黄继承等，2014；盛明泉等，2016），我们还控制了其他影响资本结构调整速度、过度投资的几个变量，即在模型5.6和模型5.8中增加机构投资者的持股比例（*Institutional*）、第一大股东持股比例（*Top*1）及高管薪酬（*Pay*）等其他公司治理变量，然后重新进行回归。其中，机构投资者的持股比例用机构投资的持股数量与总股本的比值来衡量，第一大股东持股比例用第一大股东持股数量与总股本的比值来衡量，高管薪酬用高管前三名薪酬总额平均值的自然对数来衡量。我们在模型5.7中增加了股权制衡度*EBD*和事务所规模*Big*4两个变量，然后重新进行回归。其中，股权制衡度用第二至第十大股东持股比例之和与第一大股东持股比例的比值来衡量，事务所规模为哑变量，当公司的财务报告经国际四大审计时取值1，否则取值0。由于机构投资者的持股比例数据存在缺失，因此样本总量减少为9011个，过度投资样本组减少为4254个。未报告的结果显示，除了调整速度、模型R方及显著性水平等方面与原来主检验存在差异外，且这些差异整体来看较小，其他方面基本不变。

五、内生性问题

内生性问题主要是由于两方面造成的,一是因变量和自变量的反向因果关系,二是遗漏重大变量。前文我们已经参考现有的成果,将可能对资本结构调整速度和过度投资产生影响的变量加以控制,基本不存在重大遗漏变量。本书主要研究的是管理层权力制衡强度对资本结构调整速度的影响,理论上来说,管理层权力制衡强度会对资本结构调整速度产生影响,而资本结构调整速度的变化不会造成管理层权力制衡强度的变化,所以因变量与自变量之间反向因果关系的可能性极小。本书在研究管理层权力制衡强度影响资本结构调整速度的机理时,涉及管理层权力制衡强度对过度投资的影响,即模型5.7。同样地,理论上来说,管理层权力制衡强度会对过度投资产生影响,而过度投资的变化不会造成管理层权力制衡强度的变化,两者之间存在反向因果关系的可能性也很小。另外,投资水平与融资水平之间会存在一定的反向因果关系,企业投资扩张过快造成过度投资,使得资本结构失衡,使资本结构动态调整扭曲;反过来,资本结构决策失衡,可能会进一步加剧过度投资。为了缓解可能的反向影响,本章参考现有的做法(黄继承等,2016;綦好东等,2018),将权力制衡变量、过度投资变量、控制变量滞后一期以及用权力制衡变量的变化值、过度投资变量的变化值代替原来的变量,然后重新对模型5.6、模型5.7和模型5.8进行回归。考虑到行业因素的影响,我们将管理层权力制衡强度的变化设置为哑变量,如果管理层权力制衡强度变化值高于同行业同年度的权力制衡强度变化中位数则取值1,否则取值0;同样也将过度投资的变化值设置为哑变量,如果过度投资变化值高于同行业同年度的过度投资变化中位数则取值1,否则取值0。

第六节 进一步研究:产权性质、成长机会的调节效应

由于权力制衡机制的治理效果很大程度上受到组织和内外部环境的影响,因此权力制衡机制的治理效果在不同类型和特征的公司中有所不同(卢馨等,2014;卢锐等,2008)。多数文献证明,国有企业的融资能力更强,较非国企而言,更易获得银行提供的贷款,预算软约束的情况更普遍(方军雄,2007;

江伟和李斌，2006），IPO 和股权再融资时，国企更容易通过审批（祝继高和陆正飞，2012）。与非国有企业相比，国企受到的监督、约束程度也更高，那么，国企中权力制衡强度在资本结构动态调整中起到的作用可能会被削弱。例如，张博等（2018）研究发现，新会计准则实施后，相较于国企而言，民企中资本结构调整速度提高的更明显。另外，成长性高的公司往往面临较高的经营风险，债务融资较难，更多的是风险资本家的投入，进而面临较强的债务约束效应（黄继承等，2016），从而对管理层的行为决策产生影响。基于上述分析，产权性质和成长机会对债务约束效应、公司内部治理机制会产生一定的影响，进而可能会影响管理层权力制衡强度与资本结构调整速度之间的关系，本书接下来将从这两个方面进行检验。

一、产权性质的影响

为了检验产权性质对管理层权力制衡强度与资本结构调整速度之间关系的影响，本书对模型 5.6 进行了如下的扩展。

$$Lev_{i,t} - Lev_{i,t-1}^p = (\gamma_0 + \gamma_1 PB_{i,t} + \gamma_2 Soe_{i,t} + \gamma_3 PB_{i,t} * Soe_{i,t})$$
$$(Lev_{i,t}^* - Lev_{i,t-1}^p) + \varepsilon_{i,t} \qquad (5.9)$$

其中，Soe 为产权性质哑变量，当公司为国有企业时，则 Soe 取值 1，否则取值 0。如果三次交互项 $PB * Soe * Dev$ 的回归系数 γ_3 显著且与 γ_1 符号相同，则表明国企身份会促进管理层权力制衡强度对资本结构调整速度的影响。如果三次交互项 $PB * Soe * Dev$ 的回归系数 γ_3 显著且与 γ_1 符号相反，则表明国企身份会抑制管理层权力制衡强度对资本结构调整速度的影响。回归结果如表 5-15、表 5-16 和表 5-17 所示。

表 5-15 和表 5-16 为检验产权性质对管理层不同维度的权力制衡强度与资本结构调整速度之间关系的影响。表 5-15 的结果显示，$Soe * Dev$ 的回归系数在各列中均显著为正，表明国企身份也会提高资本结构调整速度。$PB\_CM * Dev$ 和 $PB\_MBOD * Dev$ 的回归系数在全样本（All 组）和子样本（Under 组和 Over 组）中均显著为正，再次说明董事长对总经理的制衡强度、董事会对总经理办公会的制衡强度能够显著提高公司资本结构调整速度，区分调整方向后，结论依旧不变。更为重要的是，三次交互项 $PB\_CM * Soe * Dev$ 和 $PB\_MBOD * Soe * Dev$ 的回归系数，在全样本和子样本中均显著为负，这说明国企身份会显著抑制董事长对总经理的制衡强度、董事会对总经理办公会的制衡强度提高公

第五章 管理层权力制衡强度、过度投资与资本结构调整速度

司资本结构调整速度。这应当如何解释呢？我们从表 5-15 第（2）、（3）列发现，$Soe*Dev$ 的回归系数在 Under 组中的显著性水平高于 Over 组，这说明国企身份同样提高了过度负债的可能性，造成资本结构动态调整的扭曲，削弱了管理层权力制衡强度对资本结构调整速度的治理效用。同理，由表 5-16 的结果可知，$Soe*Dev$ 的回归系数在各列中均显著为正，再次表明国企身份会对资本结构调整速度产生影响。$IB*Dev$ 和 $EB*Dev$ 的回归系数在全样本和子样本中均显著为正，再次证明董事会内部的制衡强度可以显著提高公司资本结构趋向目标的速度，区分调整方向后，结论依然不变。关键解释变量 $IB*Soe*Dev$ 和 $EB*Soe*Dev$ 的回归系数，在全样本和子样本中均显著为负，说明国企身份会明显削弱董事会内部的制衡强度对资本结构调整速度的治理作用。

表 5-15 管理层不同维度的权力制衡强度、产权性质与资本结构调整速度的回归结果

变量	董事长对总经理的制衡强度			董事会对总经理办公会的制衡强度		
	All	Under	Over	All	Under	Over
Dev	0.2873***	0.1299***	0.3674***	0.3159***	0.1518***	0.3736***
	(11.66)	(3.71)	(8.58)	(12.21)	(5.27)	(9.05)
$Soe*Dev$	0.2144***	0.3932***	0.1515**	0.1837***	0.2989***	0.2105***
	(5.27)	(6.96)	(2.33)	(5.65)	(6.59)	(4.15)
PB_CM*Dev	0.2539***	0.2237***	0.2659***			
	(7.84)	(5.05)	(5.65)			
$PB\_CM*Soe*Dev$	-0.2665***	-0.3003***	-0.2067***			
	(-5.83)	(-4.96)	(-3.03)			
$PB\_MBOD*Dev$				0.1815***	0.1180***	0.1884***
				(5.90)	(3.89)	(3.71)
$PB\_MBOD*Soe*Dev$				-0.1866***	-0.1228***	-0.2186***
				(-5.12)	(-3.38)	(-3.66)
_cons	0.0050***	-0.0176***	0.0572***	0.0053***	-0.0130***	0.0508***
	(30.75)	(-6.85)	(20.12)	(33.39)	(-5.40)	(18.07)
N	9051	5099	3952	9051	5099	3952
R^2	0.2168	0.0855	0.2009	0.1941	0.0722	0.1716
F	226.33	59.78	123.34	226.3	47.4	97.74

注：（1）***、**、* 分别表示变量在 1%、5% 和 10% 水平上显著（双尾检验）。（2）回归括号中的数字为 t 值。（3）标准误差经过公司层面的聚类调整（cluster）。

表 5-16 管理层不同维度的权力制衡强度、产权性质与
资本结构调整速度的回归结果（续表）

变量	董事会内部的制衡强度					
	All	Under	Over	All	Under	Over
Dev	0.2796*** (11.32)	0.1422*** (5.02)	0.3289*** (6.93)	0.2792*** (11.33)	0.1425*** (5.04)	0.3293*** (6.97)
Soe*Dev	0.2486*** (7.63)	0.3304*** (7.07)	0.2633*** (4.86)	0.2457*** (7.53)	0.3306*** (7.08)	0.2581*** (4.77)
IB*Dev	0.2028*** (6.82)	0.1161*** (4.17)	0.2170*** (3.99)			
IB*Soe*Dev	-0.2510*** (-7.15)	-0.1501*** (-4.34)	-0.2580*** (-4.21)			
EB*Dev				0.2036*** (6.85)	0.1162*** (4.16)	0.2167*** (4.02)
EB*Soe*Dev				-0.2472*** (-7.02)	-0.1504*** (-4.35)	-0.2506*** (-4.09)
_cons	0.0055*** (34.69)	-0.0133*** (-5.44)	0.0514*** (18.04)	0.0055*** (34.65)	-0.0133*** (-5.45)	0.0515*** (18.06)
N	9051	5099	3952	9051	5099	3952
R^2	0.1972	0.0732	0.1731	0.1972	0.0732	0.1730
F	210.66	47.02	97.86	210.28	46.94	97.79

注：(1) ***、**、*分别表示变量在1%、5%和10%水平上显著（双尾检验）。(2) 回归括号中的数字为 t 值。(3) 标准误差经过公司层面的聚类调整（cluster）。

表 5-17 为检验产权性质对管理层综合权力制衡强度与资本结构调整速度之间关系的影响。数据显示，Soe*Dev 的回归系数在各列中均显著为正，说明国企身份会对资本结构调整速度产生影响。PB1*Dev、PB2*Dev 和 PB3*Dev 的回归系数在全样本和子样本中均显著为正，印证前文认为的综合权力制衡强度能够显著提高资本结构调整速度的结论，且区分调整方向后，结论依然不变。关键解释变量 PB1*Soe*Dev、PB2*Soe*Dev 和 PB3*Soe*Dev 的回归系数，在全样本和子样本中均显著为负，表明国企身份会显著抑制综合权力制衡强度对资本结构调整速度的治理作用。综合以上分析，我们可以看出，国企身份会显著削弱管理层权力制衡强度对资本结构调整速度的治理作用，也就是

说，管理层权力制衡机制在非国企中能发挥更显著的治理效用。

表 5-17 管理层综合权力制衡强度、产权性质与资本结构调整速度的回归结果

变量	综合权力制衡强度								
	All	Under	Over	All	Under	Over	All	Under	Over
Dev	0.3819***	0.3296***	0.3956***	0.2577***	0.1312***	0.3331***	0.3104***	0.1469***	0.3743***
	(13.67)	(6.15)	(9.27)	(8.66)	(3.85)	(6.03)	(13.03)	(5.22)	(8.76)
Soe*Dev	0.1314**	0.1759**	0.1373	0.2789***	0.3708***	0.2704***	0.2079***	0.3199***	0.2100***
	(2.17)	(2.13)	(1.42)	(6.71)	(6.93)	(3.91)	(6.61)	(7.15)	(4.13)
PB1*Dev	0.0912***	0.0851***	0.1235***						
	(5.89)	(3.94)	(5.29)						
PB1*Soe*Dev	-0.1039***	-0.0973**	-0.1100**						
	(-3.37)	(-2.56)	(-2.20)						
PB2*Dev				0.0776***	0.0579***	0.0778***			
				(7.17)	(5.15)	(4.04)			
PB2*Soe*Dev				-0.0947***	-0.0750***	-0.0917***			
				(-7.05)	(-5.45)	(-3.99)			
PB3*Dev							0.1722***	0.1145***	0.1703***
							(5.53)	(4.27)	(3.20)
PB3*Soe*Dev							-0.2046***	-0.1415***	-0.1935***
							(-5.62)	(-4.14)	(-3.20)
_cons	0.0062***	-0.0269***	0.0610***	0.0052***	-0.0174***	0.0565***	0.0055***	-0.0128***	0.0510***
	(33.76)	(-8.48)	(20.07)	(32.70)	(-6.81)	(19.61)	(34.59)	(-5.36)	(17.94)
N	9051	5099	3952	9051	5099	3952	9051	5099	3952
R^2	0.2235	0.1038	0.2038	0.2162	0.0827	0.1977	0.1940	0.0731	0.1691
F	218.64	68.94	114.30	228.14	54.64	114.68	205.57	48.5	96.49

注：(1) ***、**、*分别表示变量在1%、5%和10%水平上显著（双尾检验）。(2) 回归括号中的数字为 t 值。(3) 标准误差经过公司层面的聚类调整（cluster）。

二、成长机会的影响

为了检验成长机会对管理层权力制衡强度与资本结构调整速度之间关系的影响，本书用成长机会变量替换模型5.9中的产权性质变量，以检验成长机会对管理层权力制衡与资本结构调整速度之间关系的影响，具体模型设定如下。

$$Lev_{i,t} - Lev_{i,t-1}^p = (\gamma_0 + \gamma_1 PB_{i,t} + \gamma_2 HighMB_{i,t} + \gamma_3 PB_{i,t} * HighMB_{i,t})(Lev_{i,t}^* - Lev_{i,t-1}^p) + \varepsilon_{i,t} \quad (5.10)$$

其中，HighMB 为成长机会的哑变量，我们仍然使用 MB［(股票市场价值 + 负债账面价值)/总资产］来度量公司的成长机会。参照黄继承等（2016）的做法，考虑行业因素可能对成长机会的影响，若公司的成长机会 MB 大于同行业同年度成长机会的中位数，HighMB 取值 1，否则取值 0。如果三次交互项 PB * HighMB * Dev 的回归系数 γ_3 显著且与 γ_1 符号相同，则表明公司的高成长性会促进管理层权力制衡强度对资本结构调整速度的影响。如果三次交互项 PB * HighMB * Dev 的回归系数 γ_3 显著且与 γ_1 符号相反，则表明公司的高成长性会抑制管理层权力制衡强度对资本结构调整速度的影响。回归结果见表 5 - 18、表 5 - 19 和表 5 - 20。

表 5 - 18 和表 5 - 19 为检验成长机会对管理层不同维度的权力制衡强度与资本结构调整速度之间关系的影响。表 5 - 18 的结果显示，HighMB * Dev 的回归系数在各列均显著为正，表明公司的成长性越高，公司资本结构调整速度越快。这与现有文献中认为的，高成长性的公司向上调整资本结构的速度会变慢（黄继承等，2016）有些不一致。我们认为可能的解释是，尽管成长机会较高的公司融资较难，但其仍然尽全力趋向目标，向上调整资本结构，因而在实证结果中表现出显著性。PB_CM * Dev 和 PB_MBOD * Dev 的回归系数在全样本（All 组）和子样本（Under 组和 Over 组）中均显著为正，再次说明董事长对总经理的制衡强度、董事会对总经理办公会的制衡强度能够显著提高公司资本结构调整速度，区分调整方向后，结论依旧不变。关键解释变量 PB_CM * HighMB * Dev 和 PB_MBOD * HighMB * Dev 的回归系数，在全样本和子样本中均显著为负，说明公司的高成长性会显著抑制董事长对总经理的制衡强度、董事会对总经理办公会的制衡强度提高资本结构调整速度。同理，由表 5 - 19 的结果可知，HighMB * Dev 的回归系数在各列均显著为正，再次说明成长机会会对资本结构调整速度产生影响。IB * Dev 和 EB * Dev 的回归系数在全样本和子样本中均显著为正，再次证明董事会内部的制衡强度可以显著提高公司资本结构趋向目标的速度，区分调整方向后，结论依然不变。更为重要的是，IB * HighMB * Dev 和 EB * HighMB * Dev 的回归系数，在全样本和子样本中均显著为负，说明公司的高成长性会明显削弱董事会内部的制衡强度对资本结构调整速度的治理作用。

第五章 管理层权力制衡强度、过度投资与资本结构调整速度

表 5-18　管理层不同维度的权力制衡强度、成长机会与资本结构调整速度的回归结果

变量	董事长对总经理的制衡强度			董事会对总经理办公会的制衡强度		
	All	Under	Over	All	Under	Over
Dev	0.2504***	0.1669***	0.3333***	0.3169***	0.2260***	0.4040***
	(9.23)	(4.77)	(9.89)	(15.21)	(8.70)	(12.50)
HighMB*Dev	0.2197***	0.1433***	0.2449***	0.2222***	0.0808***	0.2696***
	(6.49)	(3.32)	(5.05)	(7.91)	(2.97)	(5.93)
PB_CM*Dev	0.2361***	0.2663***	0.2211***			
	(7.91)	(6.06)	(6.78)			
PB_CM*HighMB*Dev	-0.1675***	-0.2298***	-0.1043**			
	(-4.43)	(-4.74)	(-1.97)			
PB_MBOD*Dev				0.1528***	0.1484***	0.1018***
				(6.76)	(5.83)	(3.20)
PB_MBOD*HighMB*Dev				-0.1805***	-0.1519***	-0.1233*
				(-5.08)	(-4.64)	(-1.94)
_cons	0.0035***	-0.0169***	0.0572***	0.0030***	-0.0104***	0.0498***
	(11.13)	(-6.32)	(21.65)	(8.92)	(-4.45)	(18.25)
N	9051	5099	3952	9051	5099	3952
R^2	0.2193	0.0812	0.2112	0.1994	0.0625	0.1814
F	240.89	52.26	179.29	240.08	49.42	103.13

注：(1) ***、**、*分别表示变量在1%、5%和10%水平上显著（双尾检验）。(2) 回归括号中的数字为 t 值。(3) 标准误差经过公司层面的聚类调整（cluster）。

表 5-19　管理层不同维度的权力制衡强度、成长机会与资本结构调整速度的回归结果（续表）

变量	董事会内部的制衡强度					
	All	Under	Over	All	Under	Over
Dev	0.3164***	0.2112***	0.4020***	0.3163***	0.2121***	0.4008***
	(14.98)	(8.11)	(12.03)	(14.95)	(8.15)	(11.96)
HighMB*Dev	0.2537***	0.1090***	0.3403***	0.2454***	0.1068***	0.3218***
	(8.75)	(3.64)	(5.61)	(8.47)	(3.61)	(5.34)

续表

变量	董事会内部的制衡强度					
	All	Under	Over	All	Under	Over
IB * Dev	0.1253 ***	0.1429 ***	0.0887 ***			
	(6.06)	(5.80)	(2.97)			
IB * HighMB * Dev	-0.1892 ***	-0.1700 ***	-0.1910 ***			
	(-5.95)	(-5.41)	(-2.74)			
EB * Dev				0.1258 ***	0.1415 ***	0.0905 ***
				(6.09)	(5.76)	(3.01)
EB * HighMB * Dev				-0.1792 ***	-0.1673 ***	-0.1688 **
				(-5.67)	(-5.35)	(-2.45)
_cons	0.0031 ***	-0.0099 ***	0.0499 ***	0.0031 ***	-0.0099 ***	0.0498 ***
	(9.32)	(-4.20)	(18.41)	(9.32)	(-4.20)	(18.41)
N	9051	5099	3952	9051	5099	3952
R^2	0.1967	0.0632	0.1812	0.1965	0.0630	0.1807
F	229.33	46.10	107.88	229.41	45.97	107.86

注：(1) ***、**、*分别表示变量在1%、5%和10%水平上显著（双尾检验）。(2) 回归括号中的数字为 t 值。(3) 标准误差经过公司层面的聚类调整（cluster）。

表5-20为检验成长机会对管理层综合权力制衡强度与资本结构调整速度之间关系的影响。数据显示，HighMB * Dev 的回归系数在各列均显著为正，说明成长机会能够对资本结构调整速度产生影响。PB1 * Dev、PB2 * Dev 和 PB3 * Dev 的回归系数在全样本和子样本中均显著为正，印证前文认为的综合权力制衡强度能够显著提高资本结构调整速度的结论，且区分调整方向后，结论依然不变。关键解释变量 PB1 * HighMB * Dev、PB2 * HighMB * Dev 和 PB3 * HighMB * Dev 的回归系数，在全样本和子样本中均显著为负，说明公司的高成长性会显著抑制综合权力制衡强度对资本结构调整速度的治理作用。综合以上分析，我们可以看出，在高成长性的公司中，债务对公司行为决策的约束效应更强，因而会明显削弱管理层权力制衡强度对资本结构调整速度的治理效用。

表 5-20　管理层综合权力制衡强度、成长机会与资本结构调整速度的回归结果

变量	综合权力制衡强度								
	All	Under	Over	All	Under	Over	All	Under	Over
Dev	0.3789*** (13.35)	0.3564*** (6.78)	0.4097*** (9.85)	0.2829*** (11.03)	0.1838*** (5.88)	0.3941*** (9.94)	0.3275*** (16.23)	0.2216*** (8.99)	0.4084*** (12.64)
HighMB * Dev	0.0952* (1.86)	0.0035 (0.05)	0.0661 (0.58)	0.2985*** (7.81)	0.1815*** (4.62)	0.3283*** (4.13)	0.2132*** (8.04)	0.0871*** (3.26)	0.2790*** (5.38)
PB1 * Dev	0.0763*** (5.17)	0.1110*** (4.77)	0.0744*** (3.66)						
PB1 * HighMB * Dev	-0.0541* (-1.86)	-0.0851** (-2.30)	0.0284 (0.45)						
PB2 * Dev				0.0557*** (6.93)	0.0671*** (6.90)	0.0397*** (3.36)			
PB2 * HighMB * Dev				-0.0754*** (-6.07)	-0.0783*** (-6.39)	-0.0566** (-2.15)			
PB3 * Dev							0.1169*** (5.73)	0.1338*** (5.54)	0.0846*** (2.85)
PB3 * HighMB * Dev							-0.1485*** (-4.57)	-0.1534*** (-4.90)	-0.1242* (-1.89)
_cons	0.0060*** (21.48)	-0.0265*** (-8.38)	0.0613*** (20.00)	0.0033*** (10.20)	-0.0159*** (-6.29)	0.0560*** (19.72)	0.0032*** (9.55)	-0.0094*** (-3.97)	0.0497*** (18.09)
N	9051	5099	3952	9051	5099	3952	9051	5099	3952
R^2	0.2219	0.1172	0.2073	0.2160	0.0794	0.2029	0.1954	0.0622	0.1798
F	219.34	70.55	114.69	251.87	57.28	119.92	222.33	42.23	104.33

注：(1) ***、**、* 分别表示变量在1%、5%和10%水平上显著（双尾检验）。(2) 回归括号中的数字为 t 值。(3) 标准误差经过公司层面的聚类调整（cluster）。

第七节　拓展性检验

上文的进一步研究发现，国企身份会显著削弱管理层权力制衡强度对资本结构调整速度的治理效用，这与目前多数研究结论有类似点（李越冬和严青，

2017；卢馨等，2014）。而且，国有企业因其特殊性质，不像民营企业市场化程度较高，受到政府相关部门的约束较少，容易给董事会、高管团队成员滥用较大职权提供"温床"。类似的经验研究指出，机构投资者抑制非效率投资、盈余管理、内部控制缺陷的治理作用在民营企业中更为显著（吴先聪和刘星，2011；李增福等，2013；李越冬和严青，2017），新会计准则的实施能够显著地提高民企的资本结构调整速度（张博等，2018）。另外，同上章所述，家族企业是民企的一大类型，而家族成员对于企业的经营决策和发展方向往往过度干预，或者家族成员对于企业的所有权绝对控制（Claessens et al.，2000；Bertrand et al.，2008）。那么，我们可以预测，权力制衡机制在家族企业的环境中，可能会发挥较为明显的治理作用，进而对资本结构的动态调整产生有利的影响。基于此，本书将样本分为国企、非家族企业的民企和家族企业三个子样本，以检验管理层权力制衡机制在不同产权性质下对资本结构调整速度影响的差异。

考虑到家族企业的特征，同上章一样，我们在沿用本书对管理层权力制衡强度的度量方法的基础上，又添加了几个变量。在董事会对总经理办公会的制衡强度中添加一个变量，即总经理办公会中非家族成员占比，用 PB_MF 表示，$PB_MF = 1 - $ 家族成员任职高管的人数/高管总人数，数值越大表明制衡强度越大；在董事会内部的制衡强度中也添加一个变量，即董事会中非家族成员占比，用 PB_DF 表示，$PB_DF = 1 - $ 家族成员任职董事的人数/董事总人数，数值越大表明制衡强度越大。我们还添加了一个维度，即股东大会对董事长的制衡强度，用董事长是否控制该公司进行度量，用 PB_C 表示，此处的控制既包括绝对控制，也包括相对控制。绝对控制是指董事长是该公司的实际控制人，获得了该公司的绝对控制权。相对控制是指虽然该公司董事长并非实际控制人，但其持股比例达到33.33%，可以对公司的经营决策产生影响。PB_C 为哑变量，若该公司董事长未取得绝对控制权或者相对控制权中的任何一个，则 PB_C 取值1，否则取值0，数值越大，表明股东大会对董事长的制衡强度越大。同样地，我们将 PB_MF 和 PB_DF 进行变换，将 PB_MF 和 PB_DF 分别分行业、分年度从小到大进行排序，若 PB_MF 和 PB_DF 分别大于同行业、同年度 PB_MF、PB_DF 的中位数，则取值1，否则取值0。那么，家族企业管理层综合权力制衡强度积分变量 $PB1 = PB\_CM + PB\_MBOD + PB\_MF + IB + EB + PB\_DF + PB\_C$；积分变量 $PB2 = PB_CM + $ 变换后 $PB_MBOD + $ 变换后 $PB_MF + $

变换后 IB + 变换后 EB + 变换后 PB_DF + PB_C；虚拟变量 1 仍然用 PB3 表示，若 PB2 大于等于 6，则取值 1，否则取值 0。由于新添加的这几个变量数据缺失较重，因此家族企业最后保留的样本为 2634 个。另外，国有企业样本为 4071 个，非家族企业的民企样本为 522 个，说明本书样本区间的民企样本绝大多数为家族企业。过度投资样本组中，国企样本为 2501 个，非家族企业的民企样本为 254 个，家族企业样本为 898 个。为了简化表达，下文中非家族企业的民企样本，我们直接用民企来表示。下文中，我们基于模型 5.6、模型 5.7 和模型 5.8 分别对国企、民企、家族企业进行检验，具体的回归结果如表 5-21 至表 5-29 所示。

一、不同产权性质下管理层权力制衡强度对资本结构调整速度的影响

表 5-21 和表 5-22 为不同产权性质下，全样本中管理层不同维度的权力制衡强度与资本结构调整速度的多元回归分析结果。因为本部分主要关注产权性质带来的差异，因此我们只比较了全样本下（All 组）的结果，并未区分调整方向进行对比，下面的其他检验亦如此。表 5-21 的前三列显示，两职分离与偏离交互项 $PB\_CM * Dev$ 的回归系数在国企、非家族企业的民企和家族企业中均显著为正，显著性水平分别为 1%、5% 和 1%，表明相较于非家族企业的民企而言，董事长对总经理的制衡强度能更明显地提高国企和家族企业的资本结构调整速度。从经济意义上来看，交互项的回归系数在国企、非家族企业的民企和家族企业中分别为 0.2066、0.1743 和 0.1677，说明两职分离后，资本结构主动调整速度将分别提高 20.66%、17.43% 和 16.77%，表明董事长对总经理的制衡强度对资本结构调整速度的影响，在国企样本中具有更强的经济显著性。由此可知，董事长对总经理的制衡强度提高资本结构调整速度的治理效用在国企中最明显，其次为家族企业和非家族企业的民企。

由表 5-21 的后四列可知，高管未兼任董事占比与偏离交互项 $PB\_MBOD * Dev$ 的回归系数，在国企和家族企业中均显著为正，显著性水平均为 1%，而在非家族企业的民企中存在不显著的正向关系。从经济意义上来看，交互项的回归系数在国企和家族企业中分别为 0.0571 和 0.4019，说明高管未兼任董事占比 PB_MBOD 每增加一个百分点，资本结构主动调整速度将分别提高 5.71%、40.19%，表明董事会对总经理办公会的制衡强度对资本结构调整速度的影响，

在家族企业样本中具有更强的经济显著性。第（7）列家族企业样本下，总经理办公会中非家族成员占比与偏离交互项 PB_MF*Dev 的回归系数在5%水平显著为正，且系数为0.1016，表明总经理办公会中非家族成员占比 PB_MF 每增加一个百分点，资本结构主动调整速度将提高10.16%，同样显示了较强的经济显著性。由此可知，董事会对总经理办公会的制衡强度提高资本结构调整速度的治理效用在家族企业中最明显，其次为国有企业，在非家族企业的民企中不明显。

表 5-21　不同产权性质下管理层不同维度的权力制衡强度与资本结构调整速度的回归结果

变量	董事长对总经理的制衡强度			董事会对总经理办公会的制衡强度			
	国企	民企	家族企业	国企	民企	家族企业	家族企业
Dev	0.2735*** (8.29)	0.3846*** (5.22)	0.4550*** (13.46)	0.4032*** (16.48)	0.4076*** (4.91)	0.4337*** (9.89)	0.4863*** (12.56)
PB_CM*Dev	0.2066*** (6.20)	0.1743** (2.13)	0.1677*** (3.65)				
$PB\_MBOD*Dev$				0.0571*** (2.73)	0.0801 (0.82)	0.4019*** (3.04)	
PB_MF*Dev							0.1016** (2.10)
$\_cons$	0.0015*** (4.03)	0.0016 (1.50)	0.0058*** (13.28)	-0.0002 (-0.61)	0.0029** (2.19)	0.0059*** (13.80)	0.0062*** (15.69)
N	4071	522	2634	4071	522	2634	2634
R^2	0.2176	0.2233	0.2527	0.1893	0.1697	0.2342	0.2291
F	224.44	40.88	180.48	210.55	33.19	178.36	175.20

注：(1) ***、**、* 分别表示变量在1%、5%和10%水平上显著（双尾检验）。(2) 回归括号中的数字为 t 值。(3) 标准误差经过公司层面的聚类调整（cluster）。

表5-22的结果表明，独立董事占比与偏离交互项 $IB*Dev$ 的回归系数在国企、非家族企业的民企和家族企业中均显著为正，显著性水平分别为5%、1%和1%；外部董事占比与偏离交互项 $EB*Dev$ 的回归系数在国企、非家族企业的民企和家族企业中均显著为正，显著性水平均为1%。以上结果说明，相较于国企而言，董事会内部的制衡强度能更明显地提高民营企业（包括家族企

业和非家族企业）的资本结构调整速度。从经济意义上来看，$IB*Dev$ 的回归系数在国企、非家族企业的民企和家族企业中分别为 0.0483、0.2205 和 0.4628，说明独立董事占比 IB 每增加一个百分点，资本结构主动调整速度将分别提高 4.83%、22.05%、46.28%；$EB*Dev$ 的回归系数在国企、非家族企业的民企和家族企业中分别为 0.0527、0.2205 和 0.4630，表明外部董事占比 EB 每增加一个百分点，资本结构主动调整速度将分别提高 5.27%、22.05%、46.30%。以上结果表明，董事会内部的制衡强度对资本结构调整速度的影响，在家族企业样本中具有更强的经济显著性。第（7）列家族企业样本下，董事会中非家族成员占比与偏离交互项 PB_DF*Dev 的回归系数在 5% 水平显著为正，且系数为 0.1224，表明董事会中非家族成员占比 PB_DF 每增加一个百分点，资本结构主动调整速度将提高 12.24%，同样显示了较强的经济显著性。第（8）列为家族企业样本中，股东大会对董事长的制衡强度对资本结构调整速度的影响，结果显示，董事长控制与偏离交互项 PB_C*Dev 的回归系数存在不显著的正向关系，说明股东大会对董事长的制衡强度对资本结构调整速度没有产生显著影响。由此可知，董事会内部的制衡强度提高资本结构调整速度的治理效用在家族企业中最明显，其次为国企和非家族企业的民企。家族企业中股东大会对董事长的制衡强度未对资本结构调整速度产生明显影响。

表 5-22　不同产权性质下管理层不同维度的权力制衡强度与
资本结构调整速度的回归结果（续表）

变量	董事会内部的制衡强度							股东大会对董事长的制衡强度
	国企	民企	家族企业	国企	民企	家族企业	家族企业	家族企业
Dev	0.4005*** (15.85)	0.2951*** (3.86)	0.4416*** (6.52)	0.3975*** (15.70)	0.2951*** (3.86)	0.4415*** (6.53)	0.4762*** (11.48)	0.5292*** (16.95)
$IB*Dev$	0.0483** (2.52)	0.2205*** (3.20)	0.4628*** (3.20)					
$EB*Dev$				0.0527*** (2.71)	0.2205*** (3.20)	0.4630*** (3.20)		

续表

变量	董事会内部的制衡强度						股东大会对董事长的制衡强度	
	国企	民企	家族企业	国企	民企	家族企业	家族企业	家族企业
$PB\_DF * Dev$							0.1224** (2.57)	
$PB\_C * Dev$								0.0488 (0.72)
_cons	-0.0001 (-0.30)	0.0035*** (3.11)	0.0066*** (14.09)	-0.0001 (-0.24)	0.0035*** (3.11)	0.0066*** (14.07)	0.0065*** (15.23)	0.0064*** (14.77)
N	4071	522	2634	4071	522	2634	2634	2634
R^2	0.1884	0.1974	0.2634	0.1887	0.1974	0.2634	0.2306	0.2251
F	203.76	40.13	169.69	204.09	40.13	169.72	187.75	169.06

注：(1) ***、**、* 分别表示变量在1%、5%和10%水平上显著（双尾检验）。(2) 回归括号中的数字为 t 值。(3) 标准误差经过公司层面的聚类调整（cluster）。

表5-23为不同产权性质下，全样本中管理层综合权力制衡强度与资本结构调整速度的多元回归分析结果。由前三列的结果可知，$PB1 * Dev$ 的回归系数在国企和家族企业中均在1%水平上显著为正，而在非家族企业的民企中不显著，说明 $PB1$ 能够显著提高国企和家族企业的资本结构调整速度。$PB1 * Dev$ 的回归系数在国企和家族企业分别为0.0682、0.0426，说明 $PB1$ 每增加一个单位，资本结构主动调整速度将分别提高6.82%、4.26%，说明 $PB1$ 对资本结构调整速度的影响，在国企中具有更强的经济显著性。$PB2 * Dev$ 的回归系数在国企、非家族企业的民企和家族企业中均显著为正，显著性水平分别为1%、5%和1%，说明相较于非家族企业的民企而言，$PB2$ 能更明显地提高国企和家族企业的资本结构调整速度；$PB2 * Dev$ 的回归系数在国企、非家族企业的民企和家族企业中分别为0.0248、0.0558和0.0288，说明在制衡强度的四个维度变量中，每增加一个高于行业中位数的制衡强度，资本结构主动调整速度将分别提高2.48%、5.58%、2.88%，说明 $PB2$ 对资本结构调整速度的影响，在非家族企业的民企中具有更强的经济显著性。$PB3 * Dev$ 的回归系数只在国企样本中显著，其系数为0.0502，表明制衡强度的四个维度变量中至少有三个高于行业中位数的，资本结构主动调整速度将提高5.02%，同样显示了较强的经

济显著性。以上结果表明,综合权力制衡强度基本体现了各个维度的影响。由此可知,综合权力制衡强度提高资本结构调整速度的治理效用在国企中最明显,其次为家族企业和非家族企业的民企。综合以上分析,我们认为,管理层权力制衡强度提高资本结构调整速度在家族企业中最明显,其次为国企和非家族企业的民企。

表 5-23 不同产权性质下管理层综合权力制衡强度与资本结构调整速度的回归结果

变量	综合权力制衡强度								
	国企	民企	家族企业	国企	民企	家族企业	国企	民企	家族企业
Dev	0.3530***	0.5376***	0.4674***	0.3807***	0.3469***	0.4474***	0.4017***	0.3880***	0.5373***
	(8.28)	(5.21)	(7.25)	(13.01)	(4.22)	(11.51)	(16.55)	(5.38)	(22.41)
PB1*Dev	0.0682***	0.0145	0.0426***						
	(3.31)	(0.29)	(2.84)						
PB2*Dev				0.0248***	0.0558**	0.0288***			
				(3.17)	(2.42)	(3.32)			
PB3*Dev							0.0502***	0.1033	0.0110
							(2.63)	(1.60)	(0.30)
_cons	0.0033***	0.0148***	0.0065***	0.0003	0.0025**	0.0062***	-0.0000	0.0029	0.0063***
	(6.11)	(4.57)	(13.48)	(0.94)	(2.12)	(5.01)	(-0.14)	(0.94)	(5.03)
N	4071	522	2634	4071	522	2634	4071	522	2634
R^2	0.2153	0.2496	0.2619	0.2071	0.2259	0.2471	0.1886	0.1733	0.2246
F	211.27	47.24	160.34	223.10	44.07	305.55	202.37	29.76	269.68

注:(1)***、**、*分别表示变量在1%、5%和10%水平上显著(双尾检验)。(2)回归括号中的数字为 t 值。(3)标准误差经过公司层面的聚类调整(cluster)。

二、不同产权性质下管理层权力制衡强度对过度投资的影响

表 5-24 为不同产权性质下,董事长对总经理的制衡强度、董事会对总经理办公会的制衡强度与过度投资的多元回归分析结果。第(1)—(3)列为不同产权性质下,董事长对总经理的制衡强度对过度投资的影响,可以看出,第(3)列家族企业样本中,两职分离 PB_CM 与过度投资 Inve 在5%水平上显著负相关;而第(1)、(2)列国企和非家族企业的民企样本中,两职分离 PB_

CM 与过度投资 Inve 均存在不显著的负向关系。由此说明,家族企业中董事长对总经理的制衡强度能够显著降低过度投资,而这一治理作用在国企和非家族企业的民企中不明显。

后四列为不同产权性质下,董事会对总经理办公会的制衡强度对过度投资的影响,以及家族企业中股东大会对董事长的制衡强度对过度投资的影响,可以看出,第(6)列家族企业样本中,高管未兼任董事占比 PB_MBOD 与过度投资 Inve 在 5% 水平上显著正相关,这表明高管未兼任董事占比 PB_MBOD 在适度范围内提高了公司的投资水平,但未达到过度投资的程度;而第(4)、(5)列国企和非家族企业的民企样本中,高管未兼任董事占比 PB_MBOD 与过度投资 Inve 均存在不显著的负向关系;第(7)列家族企业样本中,总经理办公会中非家族成员占比 PB_MF 与过度投资 Inve 在 1% 水平上显著负相关。由此说明,家族企业中董事会对总经理办公会的制衡强度能够显著降低过度投资,而这一治理作用在国企和非家族企业的民企中仍不明显。

表 5-24 不同产权性质下管理层不同维度的权力制衡强度与过度投资的回归结果

变量	董事长对总经理的制衡强度			董事会对总经理办公会的制衡强度			
	国企	民企	家族企业	国企	民企	家族企业	家族企业
PB_CM	0.0034 (1.09)	-0.0059 (-0.69)	-0.0099** (-2.32)				
PB_MBOD				-0.0018 (-0.86)	-0.0060 (-0.86)	0.0502** (2.10)	
PB_MF							-0.0433*** (-2.80)
Size	-0.0086*** (-7.56)	-0.0084*** (-2.77)	-0.0187*** (-8.80)	-0.0085*** (-7.50)	-0.0077** (-2.45)	0.0061 (0.59)	0.0081*** (3.79)
H_10	-0.0101 (-0.96)	-0.0011 (-0.03)	0.0113 (0.64)	-0.0100 (-0.94)	0.0004 (0.01)	0.0187 (0.33)	0.0157 (0.88)
Age	-0.0016*** (-6.19)	-0.0018** (-2.35)	-0.0019*** (-5.24)	-0.0016*** (-6.21)	-0.0019** (-2.43)	0.0307 (1.10)	0.0002 (0.58)
Roa	-0.0103 (-0.37)	-0.0108 (-0.15)	0.0060 (0.12)	-0.0093 (-0.34)	-0.0171 (-0.23)	0.2132** (2.09)	-0.0567 (-1.14)

续表

变量	董事长对总经理的制衡强度			董事会对总经理办公会的制衡强度			家族企业
	国企	民企	家族企业	国企	民企	家族企业	
Growth	0.0231***	0.0116	0.0344***	0.0232***	0.0113	0.0392***	0.0309***
	(4.45)	(1.20)	(7.32)	(4.46)	(1.18)	(5.51)	(6.53)
Fcf	0.0711***	0.0474	0.0658**	0.0712***	0.0444	0.0527	0.0958***
	(4.32)	(0.79)	(2.32)	(4.32)	(0.74)	(1.22)	(3.36)
Mshare	0.1936	0.0437	-0.0084	0.1833	0.0500	-0.0014	-0.0031
	(1.36)	(0.56)	(-0.49)	(1.26)	(0.64)	(-0.03)	(-0.18)
_cons	0.2571***	0.2519***	0.4603***	0.2592***	0.2402***	-0.3039	-0.0904*
	(9.26)	(3.35)	(9.20)	(9.41)	(3.17)	(-1.05)	(-1.77)
Industry	控制	控制	控制	控制	控制	控制	控制
Year	控制	控制	控制	控制	控制	控制	控制
N	2501	254	898	2501	254	898	898
R^2	0.1384	0.2014	0.2981	0.1383	0.2023	0.1148	0.1510
F	9.20	2.11	13.18	9.22	2.12	3.14	5.52

注：(1) ***、**、*分别表示变量在1%、5%和10%水平上显著（双尾检验）。(2) 回归括号中的数字为t值。(3) 标准误差经过公司层面的聚类调整 (cluster)。

表5-25为不同产权性质下，董事会内部的制衡强度与过度投资的多元回归分析结果。从第 (1) —(3) 列的结果可知，在家族企业样本中，独立董事占比 IB 与过度投资 Inve 在1%水平上显著正相关，而在国企和非家族企业的名气样本中存在不显著的正向关系。同样地，由第 (4) —(6) 列可知，在家族企业样本中，外部董事占比 EB 与过度投资 Inve 在1%水平上显著正相关，而在国企和非家族企业的民企样本中均存在不显著的正向关系。第 (7) 列家族企业样本中，董事会中非家族成员占比 PB_DF 与过度投资 Inve 在10%水平上显著正相关；第 (8) 列为家族企业样本中，股东大会对董事长的制衡强度对过度投资的影响，由结果可知，董事长控制 PB_C 与过度投资 Inve 存在不显著的负向关系，说明股东大会对董事长的制衡强度对过度投资没有产生显著影响。由此说明，家族企业中董事会内部的制衡强度能够在适度范围内显著提高公司的投资水平，这一治理作用在国企和非家族企业的民企中仍不明显。家族企业中股东大会对董事长的制衡强度未对过度投资产生明显影响。

表 5-25 不同产权性质下管理层不同维度的权力制衡强度与
过度投资的回归结果（续表）

变量	董事会内部的制衡强度							股东大会对董事长的制衡强度
	国企	民企	家族企业	国企	民企	家族企业	家族企业	家族企业
IB	0.0009 (0.37)	0.0118 (1.45)	0.1224*** (3.33)					
EB				0.0002 (0.09)	0.0118 (1.45)	0.1157*** (3.14)		
PB_DF							0.0169* (1.74)	
PB_C								-0.0031 (-0.53)
$Size$	0.0163*** (11.02)	0.0176*** (5.67)	0.0080*** (3.73)	0.0163*** (11.03)	0.0176*** (5.67)	0.0080*** (3.73)	0.0081 (0.78)	-0.0188*** (-7.20)
H_10	-0.0319** (-2.46)	-0.0020 (-0.05)	0.0185 (1.04)	-0.0318** (-2.45)	-0.0020 (-0.05)	0.0189 (1.07)	0.0432 (0.77)	0.0239 (1.10)
Age	0.0003 (0.82)	-0.0001 (-0.13)	0.0001 (0.36)	0.0003 (0.83)	-0.0001 (-0.13)	0.0001 (0.35)	0.0293 (1.05)	-0.0040*** (-8.75)
Roa	-0.1293*** (-3.81)	-0.1022 (-1.39)	-0.0635 (-1.27)	-0.1295*** (-3.82)	-0.1022 (-1.39)	-0.0622 (-1.25)	0.2339** (2.31)	0.0691 (1.13)
$Growth$	0.0152*** (3.43)	0.0120 (1.23)	0.0300*** (6.34)	0.0151*** (3.42)	0.0120 (1.23)	0.0302*** (6.37)	0.0395*** (5.53)	0.0445*** (7.69)
Fcf	0.1158*** (6.07)	0.0967 (1.58)	0.0987*** (3.46)	0.1158*** (6.07)	0.0967 (1.58)	0.0983*** (3.45)	0.0569 (1.32)	0.0853** (2.44)
$Mshare$	0.2625 (1.05)	0.0776 (0.98)	0.0022 (0.13)	0.2630 (1.06)	0.0776 (0.98)	0.0026 (0.16)	-0.0160 (-0.33)	0.0121 (0.60)
$\_cons$	-0.3002*** (-9.15)	-0.3614*** (-4.64)	-0.1670*** (-3.19)	-0.3000*** (-9.15)	-0.3614*** (-4.64)	-0.1649*** (-3.14)	-0.3404 (-1.18)	0.5955*** (9.67)
$Industry$	控制	控制	控制	控制	控制	控制	控制	控制
$Year$	控制	控制	控制	控制	控制	控制	控制	控制

续表

变量	董事会内部的制衡强度							股东大会对董事长的制衡强度
	国企	民企	家族企业	国企	民企	家族企业	家族企业	家族企业
N	2501	254	898	2501	254	898	898	898
R^2	0.2224	0.3074	0.1542	0.2223	0.3074	0.1530	0.1124	0.4442
F	11.55	3.71	5.66	11.56	3.71	5.61	3.06	24.80

注：(1) ***、**、* 分别表示变量在1%、5%和10%水平上显著（双尾检验）。(2) 回归括号中的数字为 t 值。(3) 标准误差经过公司层面的聚类调整（cluster）。

表5-26为不同产权性质下，管理层综合权力制衡强度与过度投资的多元回归分析结果，综合权力制衡强度基本体现了各个维度变量的影响。从第（1）—（3）列的结果可知，在各个子样本中，综合权力制衡强度积分变量 $PB1$ 与过度投资均存在不显著的负向关系，但家族企业样本中 $PB1$ 的回归系数 T 的统计量大于1，表明了积分变量 $PB1$ 降低过度投资 $Inve$ 的治理作用在家族企业中有更明显的趋势。从第（4）—（6）列可知，在非家族企业的民企样本中，综合权力制衡强度积分变量 $PB2$ 与过度投资 $Inve$ 在5%水平上显著负相关，而在国企样本中存在不显著的负向关系，在家族企业样本中存在不显著的正向关系。从第（7）—（9）列的结果可知，在家族企业样本中，综合权力制衡强度虚拟变量 $PB3$ 与过度投资 $Inve$ 在5%水平上显著正相关，而在国企和非家族企业的民企样本中均存在不显著的正向关系。由此可知，管理层综合权力制衡强度对过度投资的影响在家族企业中最显著，其次为非家族企业的民企，而国企中并无显著影响。综合以上分析，我们认为，管理层权力制衡强度降低过度投资的效应在家族企业中最明显，其次为非家族企业的民企，在国企中不明显。

表5-26 不同产权性质下管理层综合权力制衡强度与过度投资的回归结果

变量	综合权力制衡强度								
	国企	民企	家族企业	国企	民企	家族企业	国企	民企	家族企业
$PB1$	-0.0002 (-0.06)	-0.0021 (-0.28)	-0.0029 (-1.10)						
$PB2$				-0.0008 (-0.61)	-0.0089** (-2.08)	0.0010 (0.38)			

续表

变量	综合权力制衡强度								
	国企	民企	家族企业	国企	民企	家族企业	国企	民企	家族企业
PB3							0.0021 (0.94)	0.0019 (0.26)	0.0103** (2.02)
Size	0.0163*** (10.99)	-0.0083*** (-2.68)	0.0078*** (3.64)	0.0082* (1.76)	-0.0112 (-0.64)	0.0080 (0.77)	0.0162*** (10.98)	0.0171*** (5.51)	-0.0186*** (-8.77)
H_10	-0.0317** (-2.45)	0.0005 (0.01)	0.0195 (1.09)	0.0320 (1.03)	-0.4179*** (-4.56)	0.0365 (0.65)	-0.0323** (-2.48)	0.0060 (0.16)	0.0164 (0.93)
Age	0.0003 (0.83)	-0.0018** (-2.33)	0.0001 (0.35)	0.0023 (0.39)	-0.0146 (-1.30)	0.0281 (1.00)	0.0003 (0.82)	-0.0001 (-0.17)	-0.0020*** (-5.43)
Roa	-0.1295*** (-3.82)	-0.0104 (-0.14)	-0.0541 (-1.08)	0.1320*** (3.54)	0.4412*** (3.00)	0.2399** (2.37)	-0.1289*** (-3.79)	-0.0950 (-1.28)	0.0116 (0.23)
Growth	0.0151*** (3.42)	0.0113 (1.18)	0.0313*** (6.60)	0.0164*** (5.46)	0.0027 (0.26)	0.0387*** (5.42)	0.0152*** (3.42)	0.0115 (1.18)	0.0352*** (7.49)
Fcf	0.1158*** (6.07)	0.0451 (0.75)	0.0971*** (3.39)	0.0274 (1.47)	0.0351 (0.45)	0.0547 (1.26)	0.1155*** (6.06)	0.0884 (1.45)	0.0614** (2.17)
Mshare	0.2622 (1.05)	0.0483 (0.62)	0.0020 (0.12)	0.3032* (1.88)	-0.6689* (-1.68)	-0.0032 (-0.07)	0.2683 (1.07)	0.0716 (0.90)	0.0069 (0.42)
_cons	-0.2998*** (-9.11)	0.2493*** (3.31)	-0.1099** (-2.16)	-0.1469 (-1.10)	0.4983 (1.21)	-0.3295 (-1.14)	-0.3001*** (-9.12)	-0.3391*** (-4.41)	0.4480*** (8.97)
Industry	控制	控制	控制	控制	控制	控制	控制	控制	控制
Year	控制	控制	控制	控制	控制	控制	控制	控制	控制
N	2501	254	898	2501	254	898	2501	254	898
R^2	0.2223	0.2000	0.1446	0.0831	0.2378	0.1074	0.2226	0.3011	0.2971
F	11.49	2.09	5.24	5.70	2.18	2.91	11.56	3.61	13.12

注：(1) ***、**、*分别表示变量在1%、5%和10%水平上显著（双尾检验）。(2) 回归括号中的数字为 t 值。(3) 标准误差经过公司层面的聚类调整（cluster）。

三、不同产权性质下管理层权力制衡强度影响资本结构调整速度的机理分析

表5-27为不同产权性质下，检验董事长对总经理的制衡强度、董事会对

总经理办公会的制衡强度影响资本结构调整速度内在机理的多元回归分析结果。结果显示，PB_CM * Dev 和 PB_MBOD * Dev 的回归系数在国企和家族企业中均显著为正，PB_MF * Dev 的回归系数在家族企业中显著为正，尽管 PB_CM * Dev 的回归系数在非家族企业的民企中不显著，但其 T 统计量大于 1，也表明了提高资本结构调整速度的趋势。这些结果基本再次印证董事长对总经理的制衡强度、董事会对总经理办公会的制衡强度能够显著提高公司资本结构调整速度的结论。除了第（1）、（5）列，Inve * Dev 的回归系数在其他列均显著为正。尽管 Inve * Dev 的回归系数在第（1）、（5）列中不显著，但其 T 统计量均大于 1，这些基本可以再次说明过度投资对资本结构动态调整的扭曲。关键解释变量 PB_CM * Inve * Dev 的回归系数只在家族企业中显著为负；PB_MBOD * Inve * Dev 的回归系数在国企和家族企业中均显著为负，显著性水平分别为 10% 和 1%；而家族企业中 PB_MF * Inve * Dev 的回归系数在 5% 水平上显著为负。由此可知，家族企业中董事长对总经理的制衡强度通过缓解公司的过度投资程度，从而显著提高资本结构调整速度，而这一治理效用在国企和非家族企业的民企中不明显。董事会对总经理办公会的制衡强度有效缓解了过度投资对资本结构动态调整的扭曲，从而显著提高了资本结构调整速度。这一治理效用在家族企业中最明显，其次为国企，而在非家族企业的民企中仍不明显。

表 5-27 不同产权性质下管理层不同维度的权力制衡强度、过度投资与资本结构调整速度的回归结果

变量	董事长对总经理的制衡强度			董事会对总经理办公会的制衡强度			
	国企	民企	家族企业	国企	民企	家族企业	家族企业
Dev	0.2502***	0.2615*	0.4925***	0.3739***	0.4696***	0.4923***	0.4156***
	(7.00)	(1.81)	(7.08)	(9.83)	(3.54)	(8.10)	(4.39)
Inve * Dev	1.2392	2.4452**	1.5647***	1.1307***	1.5668	1.9406***	4.6490**
	(1.52)	(2.24)	(2.84)	(2.92)	(1.51)	(2.98)	(2.13)
PB_CM * Dev	0.2292***	0.2272	0.1549*				
	(6.59)	(1.49)	(1.93)				
PB_CM * Inve * Dev	-1.1914	-1.3590	-1.6323**				
	(-1.43)	(-1.32)	(-2.16)				
PB_MBOD * Dev				0.0733***	-0.0694	0.1206**	
				(2.89)	(-0.51)	(2.16)	

续表

变量	董事长对总经理的制衡强度			董事会对总经理办公会的制衡强度			家族企业
	国企	民企	家族企业	国企	民企	家族企业	
PB_MBOD * Inve * Dev				-0.8842* (-1.96)	-1.7695 (-1.37)	-1.7242*** (-2.72)	
PB_MF * Dev							0.2568*** (2.61)
PB_MF * Inve * Dev							-4.9463** (-1.97)
_cons	0.0117*** (9.13)	0.0169*** (4.04)	0.0237*** (10.91)	0.0091*** (24.31)	0.0052*** (3.22)	0.0216*** (10.23)	0.0250*** (10.10)
N	2501	254	898	2501	254	898	898
R^2	0.2022	0.2311	0.2940	0.2260	0.2521	0.3210	0.3222
F	117.13	11.12	54.66	75.71	18.32	62.05	62.40

注：(1) ***、**、* 分别表示变量在1%、5%和10%水平上显著（双尾检验）。(2) 回归括号中的数字为 t 值。(3) 标准误差经过公司层面的聚类调整（cluster）。

表5-28为不同产权性质下，检验董事会内部的制衡强度、股东大会对董事长的制衡强度影响资本结构调整速度内在机理的多元回归分析结果。结果表明，$IB*Dev$ 和 $EB*Dev$ 的回归系数在国企、非家族企业的民企和家族企业中均显著为正，家族企业中 PB_C*Dev 的回归系数尽管不显著，但其 T 的统计量大于1，也基本表明提高资本结构调整速度的趋势。这些结果基本再次印证董事会内部的制衡强度能够显著提高公司资本结构调整速度的结论。$Inve*Dev$ 的回归系数在各列均显著为正，再次表明过度投资会对资本结构调整速度产生影响。更重要的是，$IB*Inve*Dev$ 的回归系数在国企、非家族企业的民企和家族企业中均显著为正，显著性水平分别为1%、10%和1%；$EB*Inve*Dev$ 的回归系数在国企、非家族企业的民企和家族企业中均显著为正，显著性水平分别为5%、10%和1%；家族企业中 $PB\_DF*Inve*Dev$ 和 $PB\_C*Inve*Dev$ 的回归系数均在5%水平上显著为负。由此可知，董事会内部的制衡强度有效缓解了过度投资对资本结构动态调整的扭曲，从而显著提高了资本结构调整速度，这一治理效用在家族企业中最明显，其次为国企和非家族企业的民企。家族企业中股东大会对董事长的制衡强度通过缓解公司的过度投资程度，从而显著提高资本结构调整速度。

表 5-28 不同产权性质下管理层不同维度的权力制衡强度、过度投资与资本结构调整速度的回归结果（续表）

变量	董事会内部的制衡强度							股东大会对董事长的制衡强度
	国企	民企	家族企业	国企	民企	家族企业	家族企业	家族企业
Dev	0.3486*** (8.36)	0.2136 (1.31)	0.4495*** (5.67)	0.3549*** (8.32)	0.2136 (1.31)	0.4475*** (5.61)	0.5493*** (8.46)	0.6025*** (11.45)
Inve*Dev	2.2556*** (3.45)	4.3687** (2.41)	3.9146** (3.12)	2.0205*** (2.98)	4.3687** (2.41)	3.8896*** (3.08)	2.0066*** (2.92)	0.8433* (1.70)
IB*Dev	0.1140*** (3.00)	0.3507** (2.31)	0.2158** (2.29)					
IB*Inve*Dev	-1.8600*** (-2.74)	-3.7152* (-1.82)	-3.9434*** (-2.94)					
EB*Dev				0.1075*** (2.88)	0.3507** (2.31)	0.2190** (2.29)		
EB*Inve*Dev				-1.6009** (-2.34)	-3.7152* (-1.82)	-3.9107*** (-2.90)		
PB_DF*Dev							0.0431 (0.55)	
PB_DF*Inve*Dev							-1.7845** (-2.10)	
PB_C*Dev								0.1334 (1.56)
PB_C*Inve*Dev								-1.6319** (-2.24)
_cons	0.0097*** (20.81)	0.0063*** (5.24)	0.0222*** (31.83)	0.0096*** (19.76)	0.0063*** (5.24)	0.0221*** (32.81)	0.0226*** (10.32)	0.0203*** (54.03)
N	2501	254	898	2501	254	898	898	898
R^2	0.2267	0.2617	0.3295	0.2252	0.2617	0.3291	0.2940	0.3137
F	75.15	26.78	55.53	75.27	26.78	55.64	54.66	50.80

注：(1) ***、**、*分别表示变量在1%、5%和10%水平上显著（双尾检验）。(2) 回归括号中的数字为 t 值。(3) 标准误差经过公司层面的聚类调整（cluster）。

表 5-29 为不同产权性质下，检验管理层综合权力制衡强度影响资本结构调整速度内在机理的多元回归分析结果。证据显示，$PB1*Dev$ 的回归系数在国企和家族企业中显著为正，显著性水平分别为 1%、5%；$PB2*Dev$ 的回归系数在国企、非家族企业的民企和家族企业中均显著为正，显著性水平分别为 1%、10% 和 5%；$PB3*Dev$ 的回归系数只在国企中显著，且显著性水平为 1%；尽管 $PB3*Dev$ 的回归系数在家族企业中不显著，但其 T 的统计量大于 1，也表明了提高资本结构主动调整速度的趋势。这些结果基本再次说明了前文的结论，即综合权力制衡强度越大，公司资本结构调整速度越快。除了第（2）列外，$Inve*Dev$ 的回归系数在其他列均显著为正；同样地，第（2）列中 $Inve*Dev$ 的回归系数的 T 的统计量大于 1，表明了提高资本结构调整速度的趋势；因此，基本再次说明了过度投资对资本结构动态调整的扭曲。关键解释变量 $PB1*Inve*Dev$ 的回归系数在国企和家族企业中显著为正，显著性水平分别为 5%、1%；$PB2*Inve*Dev$ 的回归系数在国企、非家族企业的民企和家族企业中均显著为正，但显著性水平有差异，分别为 1%、10% 和 1%；$PB3*Inve*Dev$ 的回归系数在国企和家族企业中显著为正，显著性水平分别为 5%、1%。以上结果表明，综合权力制衡强度基本体现了各个维度的影响。由此可知，综合权力制衡强度通过缓解过度投资提高资本结构调整速度这一治理效用，在家族企业中最明显，其次为国企和非家族企业的民企。综合以上分析，我们认为，管理层权力制衡强度通过缓解过度投资程度来提高公司资本结构调整速度的治理效用，在家族企业中最明显，其次为国企和非家族企业的民企。

从以上检验结果可知，管理层权力制衡强度提高资本结构调整速度的治理作用及其内在影响机理的检验，基本上都是在家族企业样本中有较明显的统计显著性；国企样本具有次之的统计显著性，在好几个检验中，国企样本的显著性甚至高于家族企业，这说明国企的债务约束效应正在逐年增强；非家族企业的民企样本虽然统计上的显著性要低于前两者，但也可能是样本量较少所致。由此我们可以认为，管理层权力制衡强度对资本结构调整速度的影响，以及管理层权力制衡强度通过缓解过度投资程度提高资本结构调整速度的治理效应，在家族企业中最明显，其次为国企和非家族企业的民企。

表 5-29　不同产权性质下管理层综合权力制衡强度、过度投资与
资本结构调整速度的回归结果

变量	综合权力制衡强度								
	国企	民企	家族企业	国企	民企	家族企业	国企	民企	家族企业
Dev	0.3174***	0.4445***	0.4337***	0.2790***	0.2538*	0.3738***	0.3656***	0.4090***	0.5469***
	(5.31)	(2.75)	(4.92)	(5.33)	(1.82)	(3.46)	(9.15)	(4.35)	(10.11)
$Inve*Dev$	3.3022***	2.1004	5.4121***	3.1297***	3.7263**	4.8155***	1.8228***	1.7114*	1.7958***
	(2.86)	(1.29)	(3.23)	(3.74)	(2.33)	(2.94)	(3.01)	(1.95)	(2.61)
$PB1*Dev$	0.0909***	0.0244	0.0591**						
	(3.07)	(0.29)	(2.41)						
$PB1*Inve*Dev$	-1.4206**	-0.4384	-1.4196***						
	(-2.50)	(-0.54)	(-3.10)						
$PB2*Dev$				0.0598***	0.0814*	0.0530**			
				(4.12)	(1.95)	(2.11)			
$PB2*Inve*Dev$				-0.7953***	-0.9249*	-0.9180***			
				(-3.48)	(-1.85)	(-2.94)			
$PB3*Dev$							0.1006***	0.0682	0.1879
							(2.78)	(0.47)	(1.28)
$PB3*Inve*Dev$							-1.4289**	-0.5904	-2.7495***
							(-2.30)	(-0.65)	(-2.69)
_cons	0.0131***	0.0146***	0.0251***	0.0111***	0.0068*	0.0224***	0.0096***	0.0061***	0.0209***
	(14.43)	(3.35)	(10.20)	(18.07)	(1.66)	(21.86)	(19.39)	(6.37)	(58.59)
N	2501	254	898	2501	254	898	2501	254	898
R^2	0.2530	0.2706	0.3275	0.2446	0.2599	0.3306	0.2245	0.2237	0.3237
F	74.75	13.73	63.91	82.31	12.99	55.67	74.87	16.75	50.70

注：(1) ***、**、*分别表示变量在1%、5%和10%水平上显著（双尾检验）。(2) 回归括号中的数字为 t 值。(3) 标准误差经过公司层面的聚类调整（cluster）。

第八节　本章小结

本书以 2010—2018 年沪深两市 A 股非金融类上市公司为例，实证检验了管理层权力制衡强度对资本结构调整速度的影响，并检验了其内在影响机理。

研究结果发现：首先，管理层权力制衡强度越大，公司资本结构调整速度越快。其次，检验管理层权力制衡强度对资本结构调整速度的内在影响机理表明，管理层权力制衡强度通过缓解过度投资对资本结构动态调整的扭曲，从而提高资本结构调整速度。区分资本结构向上和向下的调整方向后，结论依然不变。在考虑管理层权力制衡强度的其他衡量方法、过度投资的其他衡量方法、目标资本结构的其他衡量方法、控制其他变量对资本结构调整速度的影响以及可能的内生性问题后，上述结论依然稳健。进一步的研究发现，国企身份会显著削弱管理层权力制衡强度对资本结构调整速度的治理效用，也就是说，管理层权力制衡机制在非国企中能发挥更显著的治理效用。此外，在高成长性的公司中，债务对公司行为决策的约束效应更强，因而会明显削弱管理层权力制衡强度对资本结构调整速度的治理效用。

本书发现国企身份会显著削弱管理层权力制衡强度对资本结构调整速度的影响，据此可以推测，管理层权力制衡强度对资本结构调整速度的影响及其内在影响机理的检验应该在家族企业中最显著，其次为非家族企业的民企，最后为国有企业。鉴于此，本书将样本分为国有企业、非家族企业的民企和家族企业三个子样本，以检验管理层权力制衡机制在不同产权性质下对资本结构调整速度的影响差异。考虑家族企业的特点，对管理层权力制衡强度的衡量又增加了几个变量，即在董事会对总经理办公会的制衡强度中增加了总经理办公会中非家族成员占比的变量，在董事会内部的制衡强度中增加了董事会中非家族成员占比的变量，同时还增加了股东大会对董事长的制衡强度这一维度。研究结果表明，管理层权力制衡强度能够显著提高资本结构调整速度，以及管理层权力制衡强度通过缓解过度投资程度来提高资本结构调整速度的治理效用，在家族企业中最明显，其次为国企和非家族企业的民企。在国企中产生一定的治理效用表明，国企面临的债务约束正在逐年增强。

第六章 管理层权力制衡强度、过度投资与资本结构调整方式

第一节 引　言

资本结构动态调整理论表明，当公司的资本结构偏离目标时，公司会采取各种方式调整现存的资本结构，使其向目标资本结构靠近。当公司的实际资本结构偏离目标资本结构越远时，公司采取措施调整资本结构的可能性就越大。现有研究指出（Hovakimian et al.，2001；Hovakimian，2004；Korajczyk & Levy，2003；Leary & Roberts，2005），资本结构调整方式主要是指债权和股权的净变化，包括正债务融资、负债务融资、正权益融资以及负权益融资。正债务融资表现为增加负债，负债务融资表现为减少负债，正权益融资表现为发行股票，负权益融资包括回购股票和现金分红。但是，我国上市公司回购股票的现象较少，因而负权益融资更多体现为现金分红。基于此，我国资本结构调整的方式主要为四种，即增加负债、减少负债、发行股票和现金分红。大量研究发现，资本结构动态调整会受到宏观经济运行、法律环境、媒体报道等外部环境因素的影响（Cook & Tang，2010；Öztekin & Flannery，2012；黄继承等，2014；林慧婷等，2016），以及公司自身的特征、发展方向等内部因素的影响（盛明泉等，2016）。除此之外，更重要的是，公司资本结构的动态调整会受到内部经营者意愿的影响。公司内部经营者拥有的控制权，会影响资本结构的调整方式。"内部人控制"问题会增大公司内部经营者追求自利，进而放弃有利的资本结构调整方式的可能性。因此，缓解股东与经理人之间的代理问题，对资本结构调整方式有着积极影响。

"内部人控制"现象主要还是由于公司内部的治理机制运行"出错"导致，而为了缓解此现象，多数学者依旧以激励、监督为核心思想的措施为主。股东与经理人之间实质为间接委托关系，进而易让人忽略董事会与总经理办公会之间的委托代理关系。如上两章所述，董事过度干预总经理办公会的日常决

策,董事长替代总经理成为公司"一把手",总经理办公会决策失去独立性等现象使得董事会与总经理办公会的职能混同(高明华,2018),两者之间的制衡关系减弱,违背了公司治理的制衡原则,加剧了代理冲突。那么,增大董事、高管这类管理层人员内部的权力制衡强度,对缓解股东与经理人之间的代理问题至关重要。同上两章一样,我们将董事、高管这类管理层人员内部的权力制衡强度界定为管理层权力制衡强度。

本章是在上一章研究管理层权力制衡强度对资本结构调整速度的影响基础上,进一步探讨这一影响的作用路径,即检验管理层权力制衡强度与资本结构调整方式的关系。我们还从投资驱动引发投资扩张过快,进而导致过度投资的视角出发,检验过度投资对管理层权力制衡强度与资本结构调整方式之间关系的调节作用。另外,我们还将样本分为国有企业、非家族企业的民营企业和家族企业的子样本,检验管理层权力制衡强度与资本结构调整方式在不同产权性质下是否存在差异。

第二节 理论分析与研究假设

一、管理层权力制衡强度与资本结构调整方式

使公司趋向目标资本结构的调整方式主要有四种,即增加净债务融资、减少净债务融资、增加净权益融资和减少净权益融资。当实际资本结构低于目标资本结构时,公司可以通过增加净债务融资或者减少净权益融资来进行向上调整。而当实际资本结构高于目标资本结构时,公司可以通过降低净债务融资或者增加净权益融资来进行向下调整。增加净债务融资和净权益融资都是外部融资活动,需要公司向外界披露财务信息。管理层权力制衡强度越大,越能够提高公司治理水平,有利于企业绩效的提高,从而会提高公司的各项财务指标,降低公司的融资成本。由此可以预期,管理层权力制衡强度越大,则公司通过增加净债务融资和增加净权益融资对资本结构进行调整的可能性会更大。

具体而言,当实际资本结构低于目标资本结构时,公司的管理层权力制衡强度越大,公司的治理水平越能得到提高,使得代理冲突得到缓解,内部经营者的机会主义行为减少,激励措施的效用增大,从而提高公司的盈利能力、偿

债能力，提高公司的绩效，进而提高公司的财务指标。因此，管理层权力制衡强度越大的公司，获得的贷款利率会越低，从而增加公司通过提高负债水平来调整资本结构的概率。当实际资本结构高于目标资本结构时，管理层权力制衡强度越大的公司，盈余操纵现象越少，风险承受度越低；同时，公司的在职消费也会减少，薪酬的激励绩效增加，从而提高公司的盈利能力、偿债能力，提高公司的绩效，进而提高公司的财务指标。那么，公司更容易获得较低成本的权益融资，公司通过发行股票来向下调整资本结构的可能性更高。另外，公司的管理层权力制衡强度越大，公司的财务决策越保守。当公司的负债水平过高时，公司的财务风险较高，内部经营者会在制衡机制的作用下，尽快偿还负债，对资本结构进行向下调整。基于上述分析，本书提出如下假设：

H1：管理层权力制衡强度越大，公司在低于目标资本结构时，通过增加有息负债实现资本结构上调的概率越大；在高于目标资本结构时，通过偿还有息负债和发行股票实现资本结构下调的概率越大。

二、管理层权力制衡强度、过度投资与资本结构调整方式

过度投资是指企业采用不盈利的项目或者风险较高的项目，损害股东及债权人的利益，最终损害企业价值的行为。过度投资主要是由两种方式产生的，第一种是股东与经理人之间的代理冲突，经理人的机会主义行为导致过度投资；第二种是股东与债权人之间利益不一致，经理人代表股东利益选择高风险项目或者非盈利项目进而导致过度投资。显而易见，过度投资对企业的长期发展会产生不利的影响，就资本市场来说，过度投资会增大股价崩盘的风险（江轩宇和许年行，2015）。过度投资现象表明，企业的生产要素、生产资料大多效率较低或者产能严重过剩，表现为资源浪费和闲置，资源配置不合理，进而降低企业价值（Lin & Lu，2009）。Titman 等（2004）、李彬（2013）研究均发现，过度投资会减弱公司的盈利能力，如果公司存在较多现金流且负债较少，那么过度投资导致的负面影响更大。过度投资会减少公司的自由现金流和现金持有量，为了保证日常经营所需资金，公司通过债务融资获取资金以弥补过度投资缩减的部分（范亚东等，2018）。但这种情况下的债务融资并非正常的融资需求，因此，过度投资对公司的融资决策会产生负面影响。那么，过度投资同样会对动态的资本结构调整方式产生不良影响。基于上述分析，本书提出如下假设。

H2：随着公司过度投资程度的增加，管理层权力制衡强度与资本结构调整方式之间的关系会被显著削弱。

第三节　研究设计

一、样本选取与数据来源

考虑到2008年金融危机的影响，本书研究的样本区间从2009年开始。本书初选2009—2018年沪深两市A股上市公司作为研究对象，并按照多数研究的惯例，对数据做以下处理：①剔除属于金融行业的上市公司；②剔除ST、*ST类上市公司；③样本区间内并非所有公司的管理层权力制衡强度的数据均存在，因此剔除管理层权力制衡强度数据缺失的上市公司；④剔除计算资本结构调整方式相关数据缺失的上市公司；⑤剔除其他数据缺失的上市公司；⑥剔除当年上市的公司；⑦剔除股东权益为负值、主营业务收入为零、资产负债率大于1等异常值的样本。其中，本书得到的初始样本为10年内，共12018个公司年度观测值。由于估计目标资本结构、过度投资程度，以及主检验模型等涉及滞后一期的数据，因此，进入模型检验的样本区间为2010—2018年的数据，本书最后保留了9051个观测值。另外，本书后续检验只涉及过度投资的样本，过度投资组为4261个观测值。同时，为了避免极端值的影响，本书对所有连续变量进行了1%~99%的Winsorize处理。本书的数据涉及公司财务、公司治理的相关数据，因此，数据主要来源于CSMAR数据库和WIND数据库。

二、变量定义

（一）资本结构

基于本书的研究目的，以及Cook和Tang（2010）、Flannery和Rangan（2006）、姜付秀和黄继承（2011）、黄继承等（2016）、林慧婷等（2016）等学者的研究成果，本书选取有息负债率来衡量公司的资本结构。资本结构用Lev表示，即Lev = 有息负债/资产总额，其中，有息负债 = 短期借款 + 一年内到期的非流动负债 + 长期借款 + 应付债券。

(二) 目标资本结构

借鉴已有文献的做法(Lemmon et al.,2008;Huang & Ritter,2009;Faulkender et al.,2012;姜付秀和黄继承,2011;盛明泉等,2016),本书使用模型6.1来估计公司i在t年的目标资本结构。

$$Lev_{i,t}^* = \beta X_{i,t-1} \qquad (6.1)$$

其中,$Lev_{i,t}^*$是公司的目标资本结构,β是回归系数向量,$X_{i,t-1}$是滞后一期的影响公司资本结构的公司特征变量及公司和年度的固定效应,具体选取了以下变量来估计公司的目标资本结构:盈利能力 EBIT_TA、成长机会 MB、非债务税盾 DEP_TA、企业规模 LnTA、抵押能力 FA_TA、公司所在行业的资本结构中位数 Industry_median Lev,以及年度和行业的虚拟变量等。具体的定义,本书将其合并放入下文的控制变量中,一起陈述。

(三) 资本结构偏离程度绝对值

Faulkender 等(2012)研究认为,公司资本结构的动态调整包括两个部分,一个是机械调整,另一个为主动调整。机械式的调整是指,即使公司当年未发生资本结构的主动调整行为,但是由于年末实现了盈余或亏损,仍然会使资本结构发生变动。本书的研究,更关注于管理层权力制衡导致公司发生的主动调整行为,参考现有研究成果(Faulkender 等,2012;黄继承等,2014;林慧婷等,2016),本书选取资本结构的主动调整为研究对象,因而资本结构偏离程度绝对值即为机械调整被剔除后,公司i在t年初的资本结构偏离目标资本结构的绝对值,用 Dev^a 表示,即 $Dev_{i,t-1}^a = |Lev_{i,t}^* - Lev_{i,t-1}^p|$,其中,$Lev_{i,t-1}^p = D_{i,t-1}/(A_{i,t-1} + NI_{i,t})$,$D_{i,t-1}$ 表示公司i在$t-1$年末的有息负债,$A_{i,t-1}$是公司i在$t-1$年年末的资产总额,$NI_{i,t}$表示公司i在t年度的净利润,$Lev_{i,t-1}^p$表示公司i在t年度净融资额为零时的年末资本结构。

(四) 资本结构调整方式

资本结构调整方式,我们使用 Adjust_N 来表示,借鉴黄继承等(2014)、林慧婷等(2016)、Leary 和 Roberts(2005)等学者的研究成果,并结合目前融资的实际情况,我们将资本结构调整的方式界定为如下几类:①增加(降低)有息负债的调整方式,使用虚拟变量 Net debt increase(Net debt decrease)进行度量;具体而言,有息负债率增加(减少)的幅度 = $(Debt_{i,t} - Debt_{i,t-1})/TA_{i,t-1}$,其中,$Debt_{i,t}$ 和 $Debt_{i,t-1}$ 分别表示 i 公司在 t 年末、$t-1$ 年年末的有息负债,$TA_{i,t-1}$ 表示 i 公司在 t 年年初的总资产;当该数值大于等于(小于等于)5%时,Net debt increase(Net debt decrease)取值1,否则取值0。②发行股票(现金分红)的调整方式,使用虚拟变量 Positive net equity financing(Negative net equity financing)进行度量;具体而言,扣除净利润后股东权益增加(减少)的幅度 = $(Equity_{i,t} - Equity_{i,t-1} - NI_{i,t})/TA_{i,t-1}$,其中,$Equity_{i,t}$ 和 $Equity_{i,t-1}$ 分别表示 i 公司在 t 年年末、$t-1$ 年年末的股东权益,$NI_{i,t}$ 表示 i 公司在 t 年年末的净利润,$TA_{i,t-1}$ 表示 i 公司在 t 年年初的总资产;当该数值大于等于(小于等于)5%时,Positive net equity financing(Negative net equity financing)取值1,否则取值0。

(五)管理层权力制衡强度

本书借鉴卢馨等(2014)、卢锐等(2008)、李彬(2013)等学者的做法,选取三个维度来衡量管理层权力制衡强度,包括董事长对总经理的制衡强度、董事会对总经理办公会的制衡强度、董事会内部的制衡强度,管理层权力制衡强度我们用 PB 来表示。同时,我们还对这几个维度变量做了一些变换,构建了三个制衡强度的综合变量。下面我们分别对各个维度的制衡强度及三个综合权力制衡强度变量进行界定。

(1)董事长对总经理的制衡强度用两职分离来衡量,并用 PB_CM 表示。PB_CM 为哑变量,若董事长和总经理并非为同一人任职,则取值1,否则为0,数值越大则表明制衡强度越大。

(2)董事会对总经理办公会的制衡强度用高管未兼任董事占比来衡量,并用 PB_MBOD 表示。高管兼任董事的比例即高管兼任董事的人数与高管总人数的比值,比值越大则表明兼任董事的高管越多,兼任董事的高管越多则越不利于董事会对总经理办公会进行有效制衡。而高管未兼任董事的比例为数值1减去高管兼任董事的比例,比例越大则表明董事会对总经理办公会的制衡强度越大。

(3)董事会内部的制衡强度用独立董事占比、外部董事占比来衡量,分别用 IB、EB 表示。独立董事占比即独立董事人数与董事总人数的比值,外部董事占比即外部董事人数与董事总人数的比值。IB、EB 值越大则表明独立董事、外部董事的人数较多，独立董事、外部董事的人数越多越有利于对董事会的行为决策进行监督，制衡强度就越大。

（4）综合权力制衡强度积分变量1用 PB_CM、PB_MBOD、IB、EB 四个值之和来衡量，并用 $PB1$ 表示。$PB1$ 的数值越大则表明管理层权力制衡强度越大。

（5）综合权力制衡强度积分变量2用各个维度变换后的变量来衡量，并用 $PB2$ 表示。我们将 PB_MBOD 分行业、分年度，从小到大进行排序，如果 PB_MBOD 的数值高于行业中位数，则取值1，否则取值0；同样地，将 IB、EB 分行业、分年度从小到大进行排序，如果 IB、EB 的数值高于行业中位数，则取值1，否则取值0。用变换后的 PB_MBOD、IB、EB 以及 PB_CM 四个值之和构建综合权力制衡强度积分变量2，数值越大则表明管理层权力制衡强度越大。

（6）综合权力制衡强度虚拟变量1同样用各个维度变换后的变量来衡量，并用 $PB3$ 表示。我们同样使用上一个步骤变换后的 PB_MBOD、IB、EB 以及 PB_CM 四个值构建 $PB3$，$PB3$ 为哑变量，若变换后的 PB_MBOD、IB、EB 以及 PB_CM 之和大于等于3，则取值1，否则为0。$PB3$ 的数值越大则表明管理层权力制衡强度越大。

（六）过度投资

过度投资即企业投资于净现值小于0的项目（Jensen，1986），本书参考了大多数学者的做法（辛清泉等，2007；方红星和金玉娜，2013），采用 Richardson（2006）的投资回归模型，对收集到的样本数据进行回归分析，估计出样本公司投资水平的拟合值，即样本公司的预期投资水平（Exp_Inv）。同时，使用该模型估计出的投资水平的残差值来度量样本公司的非效率投资水平，正的残差为高于预期投资水平的值，记为过度投资（如下模型中的 $Exce\_Inv$ 所示）；而负的残差则为低于预期投资水平的值，记为投资不足（如下模型中的 $Lack\_Inv$ 所示）。

$$Inv_{i,t} = \alpha_0 + \alpha_1 Growth_{i,t-1} + \alpha_2 LEV_{i,t-1} + \alpha_3 Cash_{i,t-1}$$
$$+ \alpha_4 Age_{i,t-1} + \alpha_5 Size_{i,t-1} + \alpha_6 Ret_{i,t-1} + \alpha_7 Inv_{i,t-1}$$
$$+ \sum Ind + \sum Year + \varepsilon_{i,t} \quad (6.2)$$

$$Exce\_Inv_{i,t} = Inv_{i,t} - Exp\_Inv_{i,t}$$

（当 $Inv_{i,t} - Exp\_Inv_{i,t} > 0$ 时）

$$Lack\_Inv_{i,t} = -(Inv_{i,t} - Exp\_Inv_{i,t})$$

（当 $Inv_{i,t} - Exp\_Inv_{i,t} < 0$ 时）

其中，各个变量的含义依次为，Inv 为公司的投资水平，Inv =（构建固定资产、无形资产和其他长期资产所支付的现金 – 处置固定资产、无形资产和其他长期资产所收回的现金）/期初总资产，这些数据可以通过公司的现金流量表得到；$Growth$ 为公司的成长性，使用营业收入增长率来度量；LEV 为公司的杠杆水平，使用资产负债率来度量（为了与本书的被解释变量区别开来，本处使用大写的 LEV 代替）；$Cash$ 为现金持有水平，$Cash$ =（货币资金 + 交易性金融资产）/总资产；Age 为公司的上市年限，等于公司当年的实际上市年数；$Size$ 为公司规模，用总资产的自然对数表示；Ret 为市场业绩，用考虑现金红利再投资的股票年回报率表示；Ind 和 $Year$ 分别为行业虚拟变量和年度虚拟变量，其中，行业是依据证监会 2012 年发布的《上市公司行业分类指引》（2012 年修订）划分的。

由于本书研究只涉及过度投资，因此在利用以上模型估计出投资水平的残差项后，需要从 9051 个样本中剔除投资不足的样本，剩下 4261 个过度投资样本，这些样本将进入后续涉及过度投资的模型中，进行回归检验。本书后续检验中，过度投资我们使用 $Inve$ 表示。

（七）控制变量

本书借鉴了黄继承等（2016）、黄继承等（2014）、Flannery 和 Rangan（2006）、Faulkender 等（2012）、姜付秀和黄继承（2011）等学者的研究成果和相关结论，选取了几个公司特征变量来估计目标资本结构，这些变量也作为影响资本结构调整方式的控制变量。具体包括以下几点。

（1）盈利能力。盈利能力用息税前利润与总资产的比值来衡量，并用 $EBIT\_TA$ 表示。纵观目前的实证研究，多数学者，如姜付秀和黄继承（2011）、姜付秀和黄继承（2013）以及林慧婷等（2016）、张博等（2018）等，均将盈利能力、成长机会、企业规模等一些常见的影响资本结构的因素作为控制变量，因此，本书也选取这些变量作为影响静态资本结构水平的控制变量，如（1）—（6）所示。后文设置控制变量（2）—（6）的理由与此相同，之后就不再一一赘述。

（2）成长机会。成长机会用股票市场价值与负债账面价值之和与总资产的比值来衡量，并用 MB 表示。

（3）非债务税盾。非债务税盾用固定资产折旧与总资产的比值来衡量，并用 DEP_TA 表示。

（4）企业规模。企业规模用总资产的自然对数来衡量，并用 $LnTA$ 表示。

（5）抵押能力。抵押能力用固定资产与总资产的比值来衡量，并用 FA_TA 表示。

（6）公司所在行业的资本结构中位数。该变量用行业年度有息负债率的中位数来衡量，并用 $Industry\_median\ Lev$ 表示。后续模型检验及表 6-1 中，我们使用 $Indlev$ 进行简化表示。

（7）行业虚拟变量。行业虚拟变量用 $Industry$ 表示，行业划分的依据是证监会 2012 年发布的《上市公司行业分类指引》（2012 年修订）。

（8）年度虚拟变量。年度虚拟变量用 $Year$ 表示，用来控制年份的影响。

另外，所有变量的具体定义及计算方法如表 6-1 所示。

表 6-1　　　　　　　　　关于主要变量的定义

变量类型	变量名称		变量符号	变量定义
被解释变量	资本结构		Lev	有息负债（短期借款＋一年内到期的非流动负债＋长期借款＋应付债券）/资产总额
	目标资本结构		Lev^*	通过模型 6.1 回归得到
	资本结构偏离程度绝对值		Dev^a	$Dev^a_{i,t-1} = \lvert Lev^*_{i,t-1} - Lev^p_{i,t-1} \rvert$，其中，$Lev^p_{i,t-1} = D_{i,t-1}/(A_{i,t-1} + NI_{i,t})$，$D_{i,t-1}$ 是公司 i 在 $t-1$ 年年末的有息负债，$A_{i,t-1}$ 是公司 i 在 $t-1$ 年年末的总资产，$NI_{i,t}$ 表示公司 i 在 t 年度的净利润，$Lev^p_{i,t-1}$ 表示公司 i 在 t 年度净融资额为零时的资本结构
	资本结构调整方式	增加负债	$Net\ debt\ increase$	若 $(D_{i,t} - D_{i,t-1})/A_{i,t-1} \geq 0.05$，$Net\ debt\ increase$ 取值 1，否则取值 0；其中，$D_{i,t}$ 和 $D_{i,t-1}$ 是公司 i 在 t 年年末和 $t-1$ 年年末的有息负债，$A_{i,t-1}$ 是公司 i 在 $t-1$ 年年末的总资产
		减少负债	$Net\ debt\ decrease$	若 $(D_{i,t} - D_{i,t-1})/A_{i,t-1} \leq -0.05$，$Net\ debt\ decrease$ 取值 1，否则取值 0；其中，$D_{i,t}$ 和 $D_{i,t-1}$ 是公司 i 在 t 年年末和 $t-1$ 年年末的有息负债，$A_{i,t-1}$ 是公司 i 在 $t-1$ 年年末的总资产

续表

变量类型	变量名称		变量符号	变量定义
被解释变量	资本结构调整方式	发行股票	Positive net equity financing	若 $(E_{i,t} - E_{i,t-1} - NI_{i,t})/A_{i,t-1} \geq 0.05$，Positive net equity financing 取值1，否则取值0；其中，$E_{i,t}$ 和 $E_{i,t-1}$ 是公司 i 在 t 年年末和 $t-1$ 年年末的股东权益，$NI_{i,t}$ 表示公司 i 在 t 年度的净利润，$A_{i,t-1}$ 是公司 i 在 $t-1$ 年年末的总资产
		现金分红	Negative net equity financing	若 $(E_{i,t} - E_{i,t-1} - NI_{i,t})/A_{i,t-1} \leq -0.05$，Negative net equity financing 取值1，否则取值0；其中，$E_{i,t}$ 和 $E_{i,t-1}$ 是公司 i 在 t 年年末和 $t-1$ 年年末的股东权益，$NI_{i,t}$ 表示公司 i 在 t 年度的净利润，$A_{i,t-1}$ 是公司 i 在 $t-1$ 年年末的总资产
解释变量	董事长对总经理的制衡强度	两职分离	PB_CM	哑变量，若董事长和总经理并非为同一人任职，则取值1，否则取值0
	董事会对总经理办公会的制衡强度	高管未兼任董事占比	PB_MBOD	1-高管兼任董事人数/高管总人数
解释变量	董事会内部的制衡强度	独立董事占比	IB	独立董事人数/董事总人数
		外部董事占比	EB	外部董事人数/董事总人数
	综合权力制衡强度积分变量1		PB1	PB_CM + PB_MBOD + IB + EB
	综合权力制衡强度积分变量2		PB2	将 PB_MBOD、IB、EB 分别分行业分年度，从小到大进行排序，如果 PB_MBOD、IB、EB 的数值分别高于行业中位数，则取值1，否则取值0；PB2 = PB_CM + 变换后 PB_MBOD + 变换后 IB + 变换后 EB
	综合权力制衡强度虚拟变量1		PB3	若 (PB_CM + 变换后 PB_MBOD + 变换后 IB + 变换后 EB) ≥ 3，取值1，否则取值0
调节变量	过度投资		Inve	模型6.2大于0的回归残差
控制变量	盈利能力		EBIT_TA	息税前利润/总资产
	成长机会		MB	(股票市场价值+负债账面价值)/总资产
	非债务税盾		DEP_TA	固定资产折旧/总资产
	企业规模		LnTA	总资产的自然对数

续表

变量类型	变量名称	变量符号	变量定义
控制变量	抵押能力	FA_TA	固定资产/总资产
	资本结构行业年度中位数	Indlev	公司某年同一行业所有公司有息负债率的中位数
	年度	Year	年度虚拟变量

三、模型设定

为了检验管理层权力制衡强度对资本结构调整方式的影响，参照现有研究成果（黄继承等，2014；林慧婷等，2016），我们建立了模型 6.3。其中，PB 表示管理层权力制衡强度（同模型 6.4），$Adjust\_N_{i,t}$ 表示资本结构的调整方式，因为目前资本结构的调整方式有许多种，所以 N 表示资本结构调整方式的种类。$Adjust\_N_{i,t}$ 为哑变量，如果公司采用第 N 种方式调整资本结构，则取值 1，否则取值 0。Dev^a 表示资本结构偏离程度的绝对值，具体定义如表 6-1 所示。$X_{i,t-1}$ 是影响资本结构的公司特征变量，包括盈利能力 $EBIT\_TA$、成长机会 MB、非债务税盾 DEP_TA、企业规模 $LnTA$、抵押能力 FA_TA、公司所在行业的资本结构中位数 $Indlev$，以及年度和行业的虚拟变量，与估计目标资本结构的一系列公司特征变量相同，具体定义如表 6-1 所示。本书先假定 Φ 服从 Logistic 分布，使用 Logit 模型进行回归。另外，为了保证研究结论的可靠性，我们在后续稳健性检验中，假定 Φ 服从正态分布，使用 Probit 模型重新进行回归。若模型 6.3 中 α_1 显著为正，则表明资本结构偏离程度越大，公司通过方式 N 进行调整的可能性越高；若 α_3 显著为正，则表明管理层权力制衡强度显著提高了公司通过方式 N 进行资本结构调整的概率；反之，若 α_3 显著为负，则说明管理层权力制衡强度显著降低了通过方式 N 进行资本结构调整的概率。

为了检验过度投资对管理层权力制衡强度与资本结构调整方式之间关系的影响，本书对模型 6.3 进行了扩展，建立了模型 6.4。$Inve$ 表示过度投资，具体定义如表 6-1 所示。如果模型 6.4 中的三次交互项 α_7 显著且与 α_4 符号相反，则表明过度投资对管理层权力制衡强度与资本结构调整方式之间的关系具有显著影响。

$$P(Adjust\_N_{i,t} = 1) = \phi(\alpha_0 + \alpha_1 Dev^a_{i,t-1} + \alpha_2 PB_{i,t}$$
$$+ \alpha_3 PB_{i,t} * Dev^a_{i,t-1}$$
$$+ \beta X_{i,t-1} + \varepsilon_{i,t}) \quad (6.3)$$

$$P(Adjust\_N_{i,t} = 1) = \phi(\alpha_0 + \alpha_1 Dev^a_{i,t-1} + \alpha_2 PB_{i,t}$$
$$+ \alpha_3 Inve_{i,t} + \alpha_4 PB_{i,t} * Dev^a_{i,t-1}$$
$$+ \alpha_5 PB_{i,t} * Inve_{i,t} + \alpha_6 Inve_{i,t}$$
$$* Dev^a_{i,t-1} + \alpha_7 PB_{i,t} * Dev^a_{i,t-1}$$
$$* Inve_{i,t} + \beta X_{i,t-1} + \varepsilon_{i,t}) \quad (6.4)$$

式中，本书用衡量管理层权力制衡强度某一维度的变量和衡量管理层权力制衡强度的综合变量依次代入以上三个模型的 *PB* 中进行回归。

第四节 实证结果及分析

一、描述性统计及相关性分析

（一）描述性统计

表6-2是全样本下管理层权力制衡强度对资本结构调整方式影响的描述性统计结果，由表中 Panel A 的结果可知，全样本下，上市公司目标资本结构 *Lev target* 的均值（中位数）为 0.1988（0.1951），标准差为 0.0939。实际资本结构偏离目标资本结构程度的绝对值 Dev^a 的均值（中位数）为 0.1032（0.0903），标准差为 0.0745；这与已有文献的结论很相近（黄继承等，2016；林慧婷等，2016）。两职分离 *PB_CM* 的均值（中位数）是 0.7941（1.0000），标准差是 0.4044，表明董事长和总经理并非由一人任职的情况占据了样本公司的 79.41%，这说明上市公司中董事长兼任总经理的情况并不普遍，董事长对总经理的制衡强度较大，且不同公司之间差异较大。高管未兼任董事占比 *PB_MBOD* 的均值（中位数）是 0.2858（0.2857），标准差是 0.1869，可见高管兼任董事的现象非常普遍，董事会对总经理办公会的制衡强度较小，且数据分布较为广泛。独立董事占比 *IB* 的均值（中位数）为 0.3770（0.3636），标准差为 0.0547；外部董事占比 *EB* 的均值（中位数）为 0.3774（0.3636），标准差为 0.0549，这表明，从整体上来看，我国上市公司的董事会成员绝大多数为内部

董事，外部董事占比偏低，且外部董事基本由独立董事构成；独立董事比例普遍较低，仅在上市公司要求的最低比例线之上。由此可知，董事会内部的制衡强度较低。综合权力制衡强度方面，$PB1$ 的均值（中位数）是 1.8336（1.9167），标准差是 0.4635；$PB2$ 的均值（中位数）是 2.7730（3.0000），标准差是 1.1762；$PB3$ 的均值（中位数）是 0.6235（1.0000），标准差是 0.4845。$PB2$ 的均值超过其最大值 4 的一半，且 $PB3$ 的均值说明，$PB2$ 的值大于等于 3 的公司在总样本中的比例为 62.35%；这些均表明，管理层综合权力制衡强度较大，且不同公司之间存在较大差异。从区分资本结构不同的调整方向来看，在实际资本结构低于目标资本结构时，偏离绝对值 Dev^a 的均值为 0.0996，而在实际资本结构高于目标资本结构时，偏离绝对值 Dev^a 的均值为 0.1077，说明实际资本结构高于目标水平时，偏离程度较大。

表 6-2 中的 Panel B 为资本结构调整方式的统计结果，由结果可知，净债务融资方面，增加负债和减少负债（占总资产 5% 以上）的均值分别为 0.3275 和 0.1076，表明每年大概有 32.75% 的公司通过增加有息负债来调整资本结构，大概有 10.76% 的公司通过减少有息负债来调整资本结构。同时也说明上市公司中每年大约有 43.51% 的公司对有息负债进行了较大幅度的调整。这与现有的文献结论很接近（黄继承等，2014；黄继承等，2016；林慧婷等，2016）。增加有息负债的公司多于减少有息负债的公司，可能的原因是，每年的盈余会影响公司的股权结构，为了保持一定的资本结构，公司往往会通过增加负债来进行调整（黄继承等，2014）。区分调整方向后，在实际资本结构低于目标资本结构时，增加有息负债的公司占比为 28.82%，而减少有息负债的公司占比仅为 5.47%；在实际资本结构高于目标资本结构时，增加有息负债和减少有息负债的公司比例分别为 37.83% 和 17.59%。我们发现，在资本结构高于目标水平时，尽管减少负债的公司比例大幅度提高，增加负债的公司比例也随之增大了，初步可见，上市公司的负债率普遍较高，且倾向于通过负债对资本结构进行调整。

同理，净权益融资方面，发行股票和现金分红（即增加股权融资和减少股权融资，且占总资产 5% 以上）的均值分别为 0.1813 和 0.0605，表明每年大概有 18.13% 的公司通过发行股票来调整资本结构，大概有 6.05% 的公司通过现金分红来调整资本结构。同时也说明上市公司中每年大约有 24.18% 的公司对股权进行了较大幅度的调整。这些也与现有研究结果接近。区分调整方向后，在实际资本结构低于目标资本结构时，发行股票的公司比例为 14.47%，而现金分红的公司比例仅为 7.73%；在实际资本结构高于目标资本结构时，发行股票和现金分红的公司占比分别为 22.85% 和 3.90%。由此可说明，在资本结构高于目标水平时，公司选择发行股票对资本结构进行调整的可能性更大。以上结果初步表明，当公司资本结构偏离目标时，公司会选择债务融资和股权融资的方式向目标趋近。表 6-2 中的 Panel C 是用于估计目标资本结构的公司特征变量的描述性结果，这里就不再赘述。

表 6-2　基于管理层权力制衡强度与资本结构调整方式之间关系（模型 6.3）的描述性统计

	均值	中位数	标准差	低于目标水平	高于目标水平
Panel A：目标资本结构、偏离程度和权力制衡强度					
Lev target	0.1988	0.1951	0.0939	0.1918	0.2078
Dev[a]	0.1032	0.0903	0.0745	0.0996	0.1077
PB_CM	0.7941	1.0000	0.4044	0.7947	0.7933
PB_MBOD	0.2858	0.2857	0.1869	0.2866	0.2847
IB	0.3770	0.3636	0.0547	0.3763	0.3779
EB	0.3774	0.3636	0.0549	0.3768	0.3781
PB1	1.8336	1.9167	0.4635	1.8334	1.8338
PB2	2.7730	3.0000	1.1762	2.7694	2.7776
PB3	0.6235	1.0000	0.4845	0.6164	0.6326
Panel B：资本结构调整方式					
Net debt increase	0.3275	0.0000	0.4693	0.2881	0.3783
Net debt decrease	0.1076	0.0000	0.3099	0.0547	0.1759
Positive net equity financing	0.1813	0.0000	0.3853	0.1447	0.2285
Negative net equity financing	0.0605	0.0000	0.2385	0.0773	0.0390
Panel C：用于估计目标资本结构的公司特征					
Lev	0.1988	0.1799	0.1610		
EBIT_TA	0.0537	0.0488	0.0530		
MB	2.0228	1.5069	1.7701		

续表

	均值	中位数	标准差	低于目标水平	高于目标水平
Panel C：用于估计目标资本结构的公司特征					
DEP_TA	0.1308	0.0957	0.1205		
LnTA	22.2956	22.1321	1.2326		
FA_TA	0.2301	0.1972	0.1661		
Industry median Lev	0.1498	0.1387	0.0712		

注：样本数 $N=9051$。

表 6-3 为过度投资样本下，管理层权力制衡强度、过度投资与资本结构调整方式之间关系的描述性统计结果。从表中 Panel A 的结果可知，过度投资样本下，上市公司目标资本结构 Lev target 的均值（中位数）为 0.2436 (0.2434)，标准差为 0.0901。实际资本结构偏离目标资本结构程度的绝对值 Dev^a 的均值（中位数）为 0.1101 (0.0953)，标准差为 0.0791。由此可见，过度投资样本的目标资本结构和偏离程度均高于全样本下对应的数值。两职分离 PB_CM 的均值（中位数）是 0.8425 (1.0000)，标准差为 0.3643，这说明董事长兼任总经理的情况在过度投资样本中更不普遍，董事长对总经理的制衡强度较大，且样本分布仍然较广泛。高管未兼任董事占比 PB_MBOD 的均值（中位数）是 0.3030 (0.3000)，标准差为 0.1902，略高于全样本下的 PB_MBOD 值，表明高管兼任董事的现象在过度投资样本中依然很普遍，董事会对总经理办公会的制衡强度较小，数据分布依然广泛。独立董事占比 IB 的均值（中位数）为 0.3755 (0.3636)，标准差为 0.0556，外部董事占比 EB 的均值（中位数）为 0.3760 (0.3636)，标准差为 0.0558，均略低于全样本下 EB 的均值，说明存在过度投资现象的公司，其董事会成员中内部董事占比更高，董事会内部的制衡强度较全样本更低。综合权力制衡强度方面，PB1 的均值（中位数）是 1.8957 (1.9429)，标准差为 0.4316；PB2 的均值（中位数）是 2.7730 (3.0000)，标准差为 1.1762；PB3 的均值（中位数）是 0.6235 (1.0000)，标准差为 0.4768；过度投资样本中的 PB1、PB2、PB3 的平均值均略高于全样本，说明存在过度投资现象的公司，管理层综合权力制衡强度依然较大，且不同公司之间差异也较大。过度投资 Inve 的均值（中位数）为 0.0566 (0.0409)，标准差为 0.0549，表明样本公司过度投资水平为总资产的 5.66%。区分资本结构不同的调整方向来看，在实际资本结构低于目标资本结构时，偏离绝对值 Dev^a 的均

值为 0.1045，而在实际资本结构高于目标资本结构时，偏离绝对值 Dev^a 的均值为 0.1159，偏离的幅度均高于全样本。

表 6-3 中的 Panel B 为过度投资样本下，资本结构调整方式的统计结果。结果显示，净债务融资方面，增加负债和减少负债（占总资产 5% 以上）的均值分别为 0.4140 和 0.0995，可知存在过度投资现象的公司中，每年大约有 51.35% 的公司对有息负债进行了较大幅度的调整，比例要高于全样本下的数值。另外，我们发现，增加负债的公司比例高于全样本下的数值，而减少负债的公司比例略低于全样本下的数值，从侧面可以说明，存在过度投资现象的公司，其负债率也偏高。区分调整方向后，在实际资本结构低于目标水平时，增加有息负债的公司占比为 38.22%，高于全样本下的比值；而减少有息负债的公司占比为 5.07%，与全样本下的比值相近。在实际资本结构高于目标水平时，增加有息负债和减少有息负债的公司比例分别为 44.69% 和 15.01%，可知增加有息负债的比例高于全样本下的数值，减少有息负债的占比却低于全样本下的数值，再次表明了过度投资样本的较高负债率的现象。同时也说明，存在过度投资现象的公司也倾向于通过负债对资本结构进行调整。净权益融资方面，发行股票和现金分红（即增加股权融资和减少股权融资，且占总资产 5% 以上）的均值分别为 0.2089 和 0.0533，与全样本下的数值相差不大，同时也说明存在过度投资现象的公司中，每年大约有 26.22% 的公司对股权进行了较大幅度的调整。区分调整方向后，在实际资本结构低于目标水平时，发行股票和现金分红的公司占比分别为 16.32% 和 7.56%；在实际资本结构高于目标水平时，发行股票和现金分红的公司占比分别为 25.62% 和 3.01%。由此可知，股权调整的公司比例，在全样本和过度投资样本中相差不大。同时也可说明，存在过度投资现象的公司，也会选择债务融资和股权融资的方式向目标趋近。表 6-3 中的 Panel C 为过度投资样本下，用于估计目标资本结构的公司特征变量的描述性结果，这里同样不再赘述。

表 6-3　基于管理层权力制衡强度、过度投资与资本结构调整方式之间关系（模型 6.4）的描述性统计

	均值	中位数	标准差	低于目标水平	高于目标水平
Panel A：目标资本结构、偏离程度、权力制衡强度与过度投资					
Lev target	0.2436	0.2434	0.0901	0.2372	0.2503

续表

	均值	中位数	标准差	低于目标水平	高于目标水平
Panel A：目标资本结构、偏离程度、权力制衡强度与过度投资					
Dev^a	0.1101	0.0953	0.0791	0.1045	0.1159
PB_CM	0.8425	1.0000	0.3643	0.8502	0.8346
PB_MBOD	0.3030	0.3000	0.1902	0.3133	0.2923
IB	0.3755	0.3636	0.0556	0.3762	0.3748
EB	0.3760	0.3636	0.0558	0.3769	0.3750
$PB1$	1.8957	1.9429	0.4316	1.9143	1.8765
$PB2$	2.8848	3.0000	1.1280	2.9345	2.8332
$PB3$	0.6508	1.0000	0.4768	0.6584	0.6429
$Inve$	0.0566	0.0409	0.0549	0.0569	0.0563
Panel B：资本结构调整方式					
Net debt increase	0.4140	0.0000	0.4926	0.3822	0.4469
Net debt decrease	0.0995	0.0000	0.2994	0.0507	0.1501
Positive net equity financing	0.2089	0.0000	0.4065	0.1632	0.2562
Negative net equity financing	0.0533	0.0000	0.2246	0.0756	0.0301
Panel C：用于估计目标资本结构的公司特征					
Lev	0.2605	0.2545	0.1612		
$EBIT\_TA$	0.0568	0.0503	0.0486		
MB	1.3624	0.9656	1.2984		
DEP_TA	0.1448	0.1090	0.1255		
$LnTA$	23.0259	22.9166	1.2137		
FA_TA	0.2611	0.2340	0.1811		
Industry median Lev	0.1642	0.1399	0.0750		

注：样本数 $N=4261$。

（二）相关性分析

表6-4为全样本下管理层权力制衡强度对资本结构调整方式影响的相关

性分析的结果，由表可知：①偏离程度绝对值 Dev^a 与增加负债 NDI①、减少负债 NDD、发行股票 PNEF 和现金分红 NNEF 之间均具有显著性，且偏离程度 Dev^a 与减少负债 NDD 显著正相关（系数为 0.055，显著性水平为 1%），与增加负债 NDI、发行股票 PNEF 和现金分红 NNEF 显著负相关（系数分别为 -0.037、-0.019、-0.049，显著性水平分别为 1%、10%、1%），说明这四种方式为公司趋向目标调整资本结构的常用方式。由于未区分调整方向划分样本，因此偏离程度绝对值 Dev^a 与调整方式之间相关性的符号有正有负，但统计上的显著性初步说明了增加负债、减少负债、发行股票和现金分红为公司调整资本结构的常用方式。②两职分离 PB_CM 与增加负债 NDI 显著负相关（系数为 -0.035，显著性水平为 1%），与减少负债 NDD 显著正相关（系数为 0.025，显著性水平为 5%），与发行股票 PNEF 显著负相关（系数为 -0.022，显著性水平为 5%）；高管未兼任董事占比 PB_MBOD 与增加负债 NDI 在 1% 水平上显著正相关（系数为 0.036）；独立董事占比 IB 均与增加负债、现金分红 NNEF 显著正相关（系数分别为 0.025、0.021，显著性水平分别为 5%、10%），外部董事占比 EB 与增加负债 NDI、现金分红 NNEF 显著正相关（系数分别为 0.025、0.019，显著性水平分别为 5%、10%）；PB1 与四种调整方式没有显著相关性；PB2 与增加负债 NDI 显著正相关（系数为 0.018，显著性水平为 10%），与发行股票 PNEF 显著负相关（系数为 -0.030，显著性水平为 1%）；PB3 与增加负债 NDI 显著正相关（系数为 0.019，显著性水平为 10%），与发行股票 PNEF 显著负相关（系数为 -0.023，显著性水平为 5%）。由于未区分调整方向，以上相关性系数有正有负；但是以上结果初步表明，管理层权力制衡强度与四种调整方式之间有显著的相关性。③调整方向 Direction② 与增加负债 NDI、减少负债 NDD、发行股票 PNEF 显著正相关（系数分别为 0.095、0.194、0.108，显著性水平均为 1%），与现金分红 NNEF 显著负相关（系数为 -0.080，显著性水平为 1%），表明公司倾向于选择增加负债、减少负债、发行股票的方式向下调整资本结构，选择现金分红的方式向上调整资本结构；当资本结构高于目

---

① 为了简化表示，四种调整方式我们均用其首字母缩写来代替，即 NDI 表示增加负债 Net debt increase，NDD 表示减少负债 Net debt decrease，PNEF 表示发行股票 Positive net equity financing，NNEF 表示现金分红 Negative net equity financing。

② 参照盛明泉等（2016）的做法，设置 Direction 变量。Direction 为指示变量，当公司实际资本结构高于目标资本结构时，即向下调整资本结构，取值 1，反之，向上调整资本结构则取值 0。

第六章 管理层权力制衡强度、过度投资与资本结构调整方式

标水平时,公司仍然增加负债,侧面体现出目前上市公司的负债率较高,这也与前文的描述性结果一致。④资本结构 Lev 与调整方式 Direction 在 1% 水平上显著正相关,表明倾向于向下调整资本结构的公司,其负债率往往更高。另外,资本结构 Lev 与非债务税盾 DEP_TA、企业规模 LnTA 和抵押能力 FA_TA 显著正相关,说明公司的偿债能力越强,其债务融资水平会越高。但是,较高的负债水平会对其盈利能力和成长机会产生不利影响。由于相关性分析并未控制其他因素,因此,还需要进行回归分析,才能得出最终的结论。此外,除了解释变量的 IB 与 EB、构建的综合变量与各个维度解释变量、综合变量之间的相关系数较大外,其他变量的相关系数绝对值小于 0.7,模型 6.3 中 VIF 最大值为 7.95,平均值为 3.15,表明模型不存在严重的多重共线性。

表 6-4 模型 6.3 的 Pearson 相关性分析

变量	NDI	NDD	PNEF	NNEF	Dev^a	PB_CM	PB_MBOD
NDI	1						
NDD	-0.242***	1					
PNEF	0.069***	0.091***	1				
NNEF	-0.046***	-0.022**	-0.119***	1			
Dev^a	-0.037***	0.055***	-0.019*	-0.049***	1		
PB_CM	-0.035***	0.025**	-0.022**	-0.000	0.037***	1	
PB_MBOD	0.036***	-0.011	0.011	-0.004	-0.022**	0.014	1
IB	0.025**	-0.015	0.007	0.021*	-0.012	-0.157***	0.420***
EB	0.025**	-0.016	0.006	0.019*	-0.011	-0.156***	0.422***
PB1	-0.010	0.014	-0.013	0.002	0.020*	0.837***	0.516***
PB2	0.018*	-0.001	-0.030***	0.006	0.056***	0.307***	0.510***
PB3	0.019*	0.001	-0.023**	0.011	0.058***	0.160***	0.339***
Lev	0.402***	-0.007	-0.030***	-0.127***	0.167***	0.065***	0.023**
Direction	0.095***	0.194***	0.108***	-0.080***	0.053***	-0.002	-0.005
EBIT_TA	-0.044***	-0.000	-0.014	0.276***	-0.130***	-0.009	0.032***
MB	-0.139***	-0.005	0.031***	0.131***	-0.166***	-0.145***	-0.046***
DEP_TA	-0.137***	0.095***	-0.126***	-0.001	0.051***	0.111***	-0.077***
LnTA	0.171***	-0.038***	0.051***	-0.016	0.087***	0.118***	0.187***
FA_TA	-0.061***	0.088***	-0.082***	-0.044***	0.070***	0.069***	-0.069***

续表

变量	NDI	NDD	PNEF	NNEF	Dev^a	PB_CM	PB_MBOD
Industry median Lev	0.092***	0.030***	-0.054***	-0.046***	0.107***	0.124***	-0.034***

变量	IB	EB	PB1	PB2	PB3	Lev	Direction
IB	1						
EB	0.994***	1					
PB1	0.269***	0.270***	1				
PB2	0.456***	0.456***	0.580***	1			
PB3	0.470***	0.469***	0.389***	0.833***	1		
Lev	-0.001	-0.003	0.065***	0.064***	0.061***	1	
Direction	0.014	0.012	0.000	0.003	0.017	0.613***	1
EBIT_TA	-0.029***	-0.027***	-0.003	0.018*	0.004	-0.224***	-0.102***
MB	0.077***	0.076***	-0.126***	-0.091***	-0.044***	-0.460***	-0.079***
DEP_TA	-0.075***	-0.077***	0.047***	0.019*	0.025**	0.092***	0.048***
LnTA	0.019*	0.022**	0.182***	0.042***	-0.004	0.402***	0.039***
FA_TA	-0.070***	-0.071***	0.014	0.038***	0.049***	0.259***	0.088***
Industry median Lev	-0.008	-0.007	0.092***	0.052***	0.029***	0.312***	0.031***

变量	EBIT_TA	MB	DEP_TA	LnTA	FA_TA	Industry median Lev
EBIT_TA	1					
MB	0.210***	1				
DEP_TA	-0.102***	-0.087***	1			
LnTA	0.071***	-0.516***	-0.028***	1		
FA_TA	-0.060***	-0.144***	0.675***	0.022**	1	
Industry median Lev	-0.051***	-0.290***	0.025**	0.240***	0.078***	1

注：(1) 样本数 $N=9051$。(2) ***、**、* 分别表示变量在1%、5%和10%水平上显著（双尾检验）。

表6-5为过度投资样本下管理层权力制衡强度对资本结构调整方式影响的相关性分析的结果，由表可知：①偏离程度绝对值 Dev^a 与增加负债 NDI、现金分红 NNEF 显著负相关（系数分别为-0.062、-0.047，显著性水平均为

1%），与减少负债显著正相关（系数为0.062，显著性水平为1%），说明过度投资的公司倾向于选择增加负债、减少负债、现金分红的方式对资本结构进行调整；上述分析并未区分资本结构的调整方向，因此偏离程度绝对值 Dev^a 与调整方式之间相关性的符号有正有负，但是相关系数的显著性也初步说明了增加负债、减少负债、现金分红为过度投资公司常用的调整资本结构的方式。与全样本相比，过度投资公司中 Dev^a 与发行股票的方式没有显著相关性。②两职分离 PB_CM 与增加负债 NDI、发行股票 PNEF 均显著负相关（系数分别为 -0.057、-0.063，显著性水平均为1%）；高管未兼任董事占比 PB_MBOD 与发行股票 PNEF 显著负相关（系数为 -0.030，显著性水平为10%），与其他调整方式没有显著相关性；独立董事占比 IB 与增加负债 NDI、现金分红 NNEF 均显著正相关（系数分别为0.025、0.026，显著性水平均为10%），外部董事占比 EB 与增加负债 NDI 显著正相关（系数为0.027，显著性水平为10%）；PB1 与增加负债 NDI、发行股票 PNEF 均显著负相关（系数分别为 -0.036、-0.067，显著性水平分别为5%、1%）；PB2、PB3 均与发行股票 PNEF 显著负相关（系数分别为 -0.046、-0.031，显著性水平分别为1%、5%），且 PB2、PB3 均与其他调整方式没有显著相关。同样由于未区分调整方向，以上相关性系数有正有负。我们发现，在过度投资样本下，管理层权力制衡强度与增加负债、发行股票之间有较显著的相关性，与现金分红之间有较弱的显著相关性，而与减少负债之间没有显著的相关性，可见过度投资的公司倾向于增加外部融资，但在资本结构偏离目标之时，选择减少债务或股权融资方式对资本结构进行合理调整的概率不高，这也初步表明了过度投资对管理层权力制衡强度与调整方式之间关系的扭曲。③过度投资 Inve 与增加负债 NDI、发行股票 PNEF 显著正相关（系数分别为0.237、0.149，显著性水平均为1%），与减少负债 NDD、现金分红 NNEF 显著负相关（系数分别为 -0.098、-0.056，显著性水平均为1%），说明过度投资的公司更倾向于选择增加外部融资对资本结构进行调整，同时还降低了减少债务或者股权融资对资本结构进行合理调整的概率，再次表明过度投资会对公司调整资本结构产生不利影响。④调整方向 Direction 与增加负债 NDI、减少负债 NDD、发行股票 PNEF 和现金分红 NNEF 之间的关系，与全样本下相比，除了系数有不大的差异外，其他结果基本相似，这里就不再赘述。资本结构 Lev 与调整方式 Direction 仍然在1%水平上显著正相关，系数比全样本下的数值略微增大，表明过度投资的公司负债率更高，面临的财务风险较大,急需向下调整资本结构降低风险。另外,资本结构 Lev 与公司特征变量之间的关系与全样本下的结论一致,这里也不再赘述。同样由于相关性分析并未控制其他因素,因此,还需要进行回归分析,才能得出最终的结论。除了解释变量的 IB 与 EB、构建的综合变量与各个维度解释变量、综合变量之间的相关系数较大外,其他变量的相关系数绝对值小于 0.7,模型 6.4 的中 VIF 最大值为 9.57,平均值为 4.06;尽管 VIF 的最大值离 10 很近,但仍然小于 10,基本表明模型不存在严重的多重共线性。

表 6-5　　　　　　　　模型 6.4 的 Pearson 相关性分析

变量	NDI	NDD	PNEF	NNEF	Dev^a	PB_CM	PB_MBOD
NDI	1						
NDD	-0.279***	1					
PNEF	0.033**	0.113***	1				
NNEF	-0.036**	-0.013	-0.122***	1			
Dev^a	-0.062***	0.062***	-0.006	-0.047***	1		
PB_CM	-0.057***	0.021	-0.063***	-0.012	0.0170	1	
PB_MBOD	0.010	-0.019	-0.030*	0.009	-0.051***	-0.010	1
IB	0.025*	-0.016	-0.002	0.026*	0.007	-0.125***	0.426***
EB	0.027*	-0.016	-0.003	0.024	0.009	-0.122***	0.431***
PB1	-0.036**	0.006	-0.067***	-0.001	-0.006	0.801***	0.543***
PB2	-0.006	-0.008	-0.046***	0.008	0.047***	0.279***	0.471***
PB3	0.007	-0.002	-0.031**	0.009	0.069***	0.135***	0.272***
Inve	0.237***	-0.098***	0.149***	-0.056***	0.026*	-0.025	0.032**
Lev	0.342***	-0.037**	-0.085***	-0.143***	0.133***	0.045***	-0.029*
Direction	0.066***	0.166***	0.114***	-0.101***	0.072***	-0.021	-0.055***
EBIT_TA	-0.078***	-0.004	-0.037**	0.315***	-0.120***	-0.030*	0.040***
MB	-0.041***	0.005	0.118***	0.167***	-0.128***	-0.148***	-0.031**
DEP_TA	-0.151***	0.080***	-0.125***	0.006	0.040***	0.111***	-0.086***
LnTA	0.027*	-0.036**	-0.076***	-0.024	0.059***	0.096***	0.208***
FA_TA	-0.091***	0.058***	-0.075***	-0.050***	0.020	0.072***	-0.096***

第六章 管理层权力制衡强度、过度投资与资本结构调整方式

续表

变量	NDI	NDD	PNEF	NNEF	Dev^a	PB_CM	PB_MBOD
Industry median Lev	0.072***	-0.001	-0.073***	-0.065***	0.031**	0.119***	-0.056***

变量	IB	EB	PB1	PB2sum	PB2	Inve	Lev
IB	1						
EB	0.993***	1					
PB1	0.337***	0.341***	1				
PB2	0.440***	0.441***	0.555***	1			
PB3	0.452***	0.452***	0.353***	0.828***	1		
Inve	0.030*	0.029*	-0.000	0.057***	0.071***	1	
Lev	0.014	0.010	0.030*	0.010	0.031**	0.152***	1
Direction	-0.012	-0.017	-0.044***	-0.045***	-0.016	-0.005	0.633***
EBIT_TA	0.002	0.001	-0.009	0.036**	0.019	0.051***	-0.328***
MB	0.012	0.012	-0.136***	-0.075***	-0.043***	-0.012	-0.425***
DEP_TA	-0.073***	-0.077***	0.035**	0.007	0.016	0.074***	0.078***
LnTA	0.115***	0.118***	0.201***	0.039**	0.002	0.198***	0.272***
FA_TA	-0.084***	-0.088***	-0.00	0.028*	0.048***	0.182***	0.217***
Industry median Lev	0.003	0.005	0.075***	0.010	-0.005	-0.006	0.285***

变量	Direction	EBIT_TA	MB	DEP_TA	LnTA	FA_TA	Industry median Lev
Direction	1						
EBIT_TA	-0.182***	1					
MB	-0.102***	0.396***	1				
DEP_TA	0.041***	-0.085***	-0.085***	1			
LnTA	-0.052***	-0.035**	-0.466***	-0.052***	1		
FA_TA	0.083***	-0.037**	-0.087***	0.692***	-0.056***	1	
Industry median Lev	0.020	-0.073***	-0.282***	-0.020	0.230***	0.020	1

注：(1) 样本数 $N=4261$。(2) ***、**、* 分别表示变量在1%、5%和10%水平上显著（双尾检验）。

二、多元回归分析

(一) 管理层权力制衡强度对资本结构调整方式的影响

表6-6和表6-7为管理层不同维度的权力制衡强度与资本结构调整方式的多元回归分析结果,其中,表6-6是董事长对总经理的制衡强度以及董事会对总经理办公会的制衡强度对资本结构调整方式的影响,表6-7是董事会内部的制衡强度对资本结构调整方式的影响。表6-6的回归结果发现,除了董事长对总经理的制衡强度样本组中发行股票列,在其他各列中,偏离程度的绝对值 Dev^a 与四种调整方式均显著为正,表明当公司实际资本结构低于目标资本结构时,公司通过增加负债、现金分红的方式对资本结构进行调整的概率增加;而当公司实际资本结构高于目标资本结构时,公司通过减少负债、发行股票的方式对资本结构进行调整的概率增大。关键解释变量为董事长对总经理的制衡强度与偏离的交互项、董事会对总经理办公会的制衡强度与偏离的交互项,关键解释变量的系数符号及其显著性水平表明了权力制衡强度对调整方式的影响。表6-6前四列的结果显示,两职分离与偏离交互项 $PB\_CM * Dev^a$ 的回归系数在增加负债列中显著为正,显著性水平为5%;在现金分红列中交互项系数显著为负,显著性水平为10%;在减少负债列中交互项系数显著为正,显著性水平为1%;尽管在发行股票列中交互项系数不显著正,但其 T 的统计量大于1,基本表明了提高发行股票概率的趋势。

以上结果表明,董事长对总经理的制衡强度越大,当资本结构低于目标水平时,公司通过增加负债向上调整资本结构的概率增大,通过现金分红向上调整资本结构的概率减少;当资本结构高于目标水平时,公司通过减少负债、发行股票向下调整资本结构的概率增大。同理,表6-6后四列的证据表明,在增加负债列和减少负债列中,高管未兼任董事占比与偏离交互项 $PB\_MBOD * Dev^a$ 的回归系数均在5%水平上显著为正;现金分红列中 $PB\_MBOD * Dev^a$ 的回归系数不显著为负,发行股票列中 $PB\_MBOD * Dev^a$ 的回归系数不显著为正。上述结果说明,董事会对总经理办公会的制衡强度越大,当资本结构低于目标水平时,公司通过增加负债向上调整资本结构的概率增大;当资本结构高于目标水平时,公司通过减少负债向下调整资本结构的概率增加。

第六章 管理层权力制衡强度、过度投资与资本结构调整方式

表6-6　管理层不同维度的权力制衡强度与资本结构调整方式的回归结果

变量	董事长对总经理的制衡强度				董事会对总经理办公会的制衡强度			
	增加负债	现金分红	减少负债	发行股票	增加负债	现金分红	减少负债	发行股票
Dev^a	-2.1737**	6.6128***	6.1561***	0.2343	6.8938***	4.2837***	4.0029***	1.4713**
	(1.97)	(3.34)	(5.77)	(0.24)	(8.31)	(2.89)	(5.83)	(2.06)
$PB\_CM *$ Dev^a	2.5875**	-3.9480*	3.4500***	1.6239				
	(2.28)	(-1.76)	(2.83)	(1.49)				
PB_CM	-0.0179	0.2970	0.6805***	-0.2290				
	(-0.13)	(1.24)	(3.57)	(-1.53)				
$PB\_$ $MBOD *$ Dev^a					2.5542**	-1.1719	2.0218**	0.2052
					(2.47)	(-0.65)	(2.10)	(0.22)
PB_MBOD					-0.1894	-0.0127	0.1687	0.0782
					(-1.63)	(-0.07)	(1.19)	(0.61)
$EBIT\_TA$	-2.0345**	21.7228***	-2.8807***	2.7557***	-1.7822***	22.2226***	-3.2350***	2.3918***
	(-2.21)	(16.41)	(-2.79)	(3.13)	(-2.58)	(17.36)	(-3.22)	(2.73)
MB	-0.0634**	0.0463	-0.1191***	0.0324	-0.0735***	0.0387	-0.1422***	0.0378
	(-2.23)	(0.95)	(-3.54)	(1.25)	(-2.63)	(0.81)	(-4.17)	(1.44)
DEP_TA	-2.4683***	3.4152***	0.2861	-2.3707***	-3.0040***	3.4483***	0.4546	-2.4129***
	(-5.79)	(5.00)	(0.62)	(-4.80)	(-7.13)	(5.07)	(1.00)	(-4.91)
$LnTA$	0.2062***	-0.0518	-0.2439***	-0.1085**	0.1508***	-0.0534	-0.3124***	-0.1111**
	(6.33)	(-0.84)	(-4.88)	(-2.46)	(4.60)	(-0.85)	(-6.17)	(-2.52)
FA_TA	0.6114*	-2.9692***	0.4294	1.1611***	1.2902***	-2.9798***	0.4996	1.1825***
	(1.82)	(-5.14)	(1.30)	(3.69)	(4.73)	(-5.17)	(1.52)	(3.76)
$Indlev$	0.9014	-1.6775	-0.5321	-0.9139	2.2926***	-1.7488*	0.2983	-0.9113
	(1.64)	(-1.63)	(-0.80)	(-1.50)	(4.69)	(-1.70)	(-0.45)	(-1.51)
$\_cons$	-4.4948***	-3.2828**	2.9505***	0.7913	-3.7388***	-3.0188**	4.9254***	0.6246
	(-5.92)	(-2.33)	(2.63)	(0.80)	(-4.98)	(-2.17)	(4.32)	(0.63)
Year	控制	控制	控制	控制	控制	控制	控制	控制
N	5099	5099	3952	3952	5099	5099	3952	3952
$Pseudo\ R^2$	0.0470	0.1961	0.0417	0.0402	0.0457	0.1955	0.0412	0.0399
chi^2	303.65	544.14	153.28	170.77	280.11	542.36	151.86	169.66

注：(1) ***、**、*分别表示变量在1%、5%和10%水平上显著（双尾检验）。(2) 回归括号中的数字为t值。

从表 6-7 的结果可知，偏离程度的绝对值 Dev^a 与四种调整方式在各列中均显著为正，说明当资本结构低于目标水平时，公司通过增加负债、现金分红的方式对资本结构进行调整的概率增加；当资本结构高于目标水平时，公司通过减少负债、发行股票的方式对资本结构进行调整的概率增大。关键解释变量为董事会内部的制衡强度与偏离的交互项，表明了董事会内部的制衡强度对调整方式的影响。由表 6-7 的前四列可知，独立董事占比与偏离交互项 $IB*Dev^a$ 的回归系数只在增加负债列中显著为正，显著性水平为 5%，在现金分红、减少负债及发行股票列均不显著。表 6-7 的后四列显示，外部董事占比与偏离交互项 $EB*Dev^a$ 的回归系数也是只在增加负债列中显著为正，显著性水平为 10%，在现金分红列中不显著为负，在发行股票列中不显著为正，尽管在减少负债列中不显著为正，但其 T 的统计量大于 1，基本表明了提高减少负债概率的趋势。由此可知，董事会内部的制衡强度越大，当资本结构偏离目标水平时，公司通过增加负债向上调整资本结构的概率增大，通过减少负债向下调整资本结构的概率增加。

表 6-7 管理层不同维度的权力制衡强度与资本结构调整方式的回归结果（续表）

变量	董事会内部的制衡强度							
	增加负债	现金分红	减少负债	发行股票	增加负债	现金分红	减少负债	发行股票
Dev^a	6.3639*** (8.61)	4.1777** (2.04)	2.6056*** (3.31)	1.6557** (2.20)	6.2724*** (8.56)	4.0327** (2.00)	1.7908** (2.23)	1.6409** (2.18)
$IB*Dev^a$	1.3494** (2.04)	-0.7608 (-0.34)	0.7708 (0.91)	0.0858 (0.11)				
IB	-0.2997*** (-3.78)	0.2227 (0.89)	-0.1282 (-0.86)	-0.0790 (-0.65)				
$EB*Dev^a$					1.2423* (1.90)	-0.5611 (-0.25)	1.1247 (1.31)	0.0646 (0.08)
EB					-0.3011*** (-3.80)	0.1832 (0.74)	-0.1102 (-0.74)	-0.0839 (-0.69)
$EBIT\_TA$	0.2260 (0.32)	22.4092*** (17.76)	-4.3064*** (-4.19)	2.3346** (2.50)	0.2204 (0.31)	22.4059*** (17.76)	-3.8693*** (-3.76)	2.3449** (2.51)

续表

变量	董事会内部的制衡强度							
	增加负债	现金分红	减少负债	发行股票	增加负债	现金分红	减少负债	发行股票
MB	-0.0169 (-0.59)	0.0322 (0.68)	-0.0996*** (-2.96)	0.0379 (1.42)	-0.0166 (-0.58)	0.0326 (0.68)	-0.1310*** (-3.84)	0.0381 (1.43)
DEP_TA	-2.0715*** (-4.88)	3.4881*** (5.12)	0.6167 (1.35)	-2.4606*** (-4.92)	-2.0781*** (-4.89)	3.4857*** (5.12)	0.6883 (1.53)	-2.4598*** (-4.92)
LnTA	0.2241*** (6.69)	-0.0702 (-1.15)	-0.2073*** (-4.19)	-0.1104** (-2.49)	0.2244*** (6.70)	-0.0702 (-1.15)	-0.2944*** (-5.83)	-0.1103** (-2.48)
FA_TA	0.1096 (0.38)	-2.9832*** (-5.17)	0.0232 (0.07)	1.2078*** (3.56)	0.1119 (0.39)	-2.9851*** (-5.17)	0.1346 (0.40)	1.2056*** (3.55)
Indlev	0.9641* (1.93)	-1.7363* (-1.68)	-0.6075 (-0.92)	-0.9548 (-1.56)	0.9703* (1.94)	-1.7332* (-1.68)	-0.4254 (-0.64)	-0.9566 (-1.56)
_cons	-5.1149*** (-6.79)	-2.8574** (-2.06)	2.9585*** (2.63)	0.7491 (0.75)	-5.1216*** (-6.80)	-2.8229** (-2.04)	4.8117*** (4.21)	0.7503 (0.75)
Year	控制	控制	控制	控制	控制	控制	控制	控制
N	5099	5099	3952	3952	5099	5099	3952	3952
Pseudo R^2	0.0479	0.1955	0.0347	0.0398	0.0478	0.1954	0.0371	0.0398
chi^2	293.20	542.38	127.47	168.97	292.61	542.02	136.50	169.03

注：(1) ***、**、*分别表示变量在1%、5%和10%水平上显著（双尾检验）。(2) 回归括号中的数字为 t 值。

表6-8和表6-9为管理层综合权力制衡强度与资本结构调整方式的多元回归分析结果。表6-8结果显示，除了PB1样本组中发行股票列，在其他各列中，偏离程度的绝对值 Dev^a 与四种调整方式均显著为正，再次说明了公司常用这四种方式调整资本结构。关键解释变量为综合权力制衡强度与偏离的交互项，表明了综合权力制衡强度对调整方式的影响。从表6-8前四列结果可知，$PB1*Dev^a$ 的回归系数在现金分红列中显著为负，显著性水平为10%；在减少负债列中显著为正，显著性水平为1%；在发行股票列中显著为正，显著性水平为10%，在增加负债列中不显著为正。表6-8第（5）—（8）列的证据表明，$PB2*Dev^a$ 的回归系数在减少负债列和发行股票列中均显著为正，显著性水平均为1%；$PB2*Dev^a$ 的回归系数尽管在增加负债列不

显著为正，在现金分红列不显著为负，但其 T 的统计量的绝对值均大于1，基本表明了提高增加负债概率和减少现金分红概率的趋势。同理，由表6-9的结果可知，偏离程度的绝对值 Dev^a 与四种调整方式在各列中均显著为正，再次证明公司经常使用这四种方式对资本结构进行调整的结论。关键解释变量 $PB3*Dev^a$ 的回归系数，只在减少负债列中显著为正，显著性水平为10%，在其他三种调整方式列中均没有显著性。综合 $PB1$、$PB2$ 和 $PB3$ 的结果，我们认为，综合权力制衡强度越大，当资本结构低于目标水平时，公司通过增加负债向上调整资本结构的概率增大，通过现金分红向上调整资本结构的概率降低；当资本结构高于目标水平时，通过减少负债、发行股票向下调整资本结构的概率增加，同时也可看出，综合权力制衡强度体现了各个维度变量的影响。

综合表6-6至表6-9的结果，我们发现，管理层权力制衡强度越大，偏离与增加负债、减少负债和发行股票之间的关系越强，与现金分红之间的关系越弱。虽然管理层权力制衡强度与偏离的回归系数在现金分红列中显著为负，但是显著性水平仅为10%，表明管理层权力制衡强度降低现金分红方式的概率并不高；这也说明在资本结构低于目标水平时，管理层权力制衡强度更倾向于选择增加负债来向上调整资本结构，而非现金分红的方式，这与现有文献结论相似（黄继承等，2014；林慧婷等，2016）。此外，目前A股市场中能稳定实施现金分红的上市公司少之又少，国内还未形成现金分红的良性市场氛围。近年来实施现金分红的上市公司比例逐步提高，主要还是依赖监管机构的强制实施，因此，现金分红列中交互项的实证结果，基本与目前资本市场中现金分红的情况吻合。综合以上分析，我们认为，管理层权力制衡强度越大，当资本结构低于目标水平时，公司通过增加负债向上调整资本结构的概率增大；当资本结构高于目标水平时，通过减少负债、发行股票向下调整资本结构的概率增加，H1 假设得到验证。

表6-8 管理层综合权力制衡强度与资本结构调整方式的回归结果

变量	综合权力制衡强度							
	增加负债	现金分红	减少负债	发行股票	增加负债	现金分红	减少负债	发行股票
Dev^a	6.3699*** (3.00)	8.8339*** (2.78)	10.8340*** (5.69)	2.0103 (1.05)	7.1679*** (5.05)	7.0563*** (2.95)	6.4646*** (5.28)	2.5634*** (2.62)

第六章 管理层权力制衡强度、过度投资与资本结构调整方式

续表

变量	综合权力制衡强度							
	增加负债	现金分红	减少负债	发行股票	增加负债	现金分红	减少负债	发行股票
$PB1*Dev^a$	0.5600 (0.51)	-2.9259* (-1.73)	4.4178*** (4.25)	1.9309* (1.89)				
$PB1$	-0.1681 (-1.38)	0.2027 (1.06)	0.6923*** (4.49)	-0.1939 (-1.45)				
$PB2*Dev^a$					0.6229 (1.39)	-1.2206 (-1.59)	1.2895*** (3.10)	1.2748*** (4.03)
$PB2$					-0.0344 (-0.70)	0.1122 (1.39)	0.1695*** (2.79)	-0.1453*** (-3.05)
$EBIT\_TA$	0.5042 (0.50)	21.1628*** (14.54)	-1.1649 (-1.03)	2.7600*** (3.14)	-1.7866*** (-2.58)	21.6024*** (15.93)	-2.4216** (-2.30)	2.0699** (2.25)
MB	0.0059 (0.16)	0.0515 (1.05)	-0.1661*** (-4.79)	0.0330 (1.27)	-0.0738*** (-2.64)	0.0456 (0.94)	-0.1487*** (-4.36)	0.0279 (1.07)
DEP_TA	-2.0591*** (-4.04)	3.3808*** (4.96)	0.5309 (1.16)	-2.4080*** (-4.89)	-2.9682*** (-7.06)	3.3890*** (4.96)	0.5117 (1.12)	-2.6713*** (-5.32)
$LnTA$	0.2415*** (5.98)	-0.0382 (-0.60)	-0.3473*** (-6.76)	-0.1094** (-2.46)	0.1509*** (4.62)	-0.0509 (-0.81)	-0.3226*** (-6.36)	-0.1179** (-2.67)
FA_TA	-0.0723 (-0.14)	-2.9651*** (-5.14)	0.4869 (1.47)	1.1713*** (3.72)	1.2718*** (4.67)	-2.9518*** (-5.11)	0.4996 (1.52)	1.5898*** (4.47)
$Indlev$	0.6562 (0.91)	-1.6567 (-1.62)	-0.1307 (-0.20)	-0.9609 (-1.59)	2.2951*** (4.69)	-1.6873* (-1.65)	-0.2097 (-0.32)	-0.4213 (-0.66)
$\_cons$	-5.3894*** (-6.81)	-3.7051** (-2.49)	4.3580*** (3.80)	0.9912 (0.99)	-3.7739*** (-4.95)	-3.3955** (-2.37)	4.6874*** (4.09)	1.2162 (1.21)
Year	控制	控制	控制	控制	控制	控制	控制	控制
N	5099	5099	3952	3952	5099	5099	3952	3952
$Pseudo\ R^2$	0.0452	0.1961	0.0461	0.0404	0.0451	0.1960	0.0426	0.0418
chi^2	276.56	544.13	169.68	171.81	275.92	543.68	157.02	177.38

注：(1) ***、**、* 分别表示变量在1%、5%和10%水平上显著（双尾检验）。(2) 回归括号中的数字为 t 值。

表6-9 管理层综合权力制衡强度与资本结构调整方式的回归结果（续表）

变量	综合权力制衡强度			
	增加负债	现金分红	减少负债	发行股票
Dev^a	5.8209***	3.8660**	4.6363***	1.4603**
	(6.41)	(2.18)	(5.93)	(2.12)
$PB3 * Dev^a$	0.6666	-0.3640	1.8702*	0.1983
	(0.61)	(-0.18)	(1.93)	(0.25)
$PB3$	0.0780	0.1549	0.1745	-0.0983
	(0.65)	(0.68)	(1.15)	(-0.77)
$EBIT\_TA$	-1.7632**	22.3814***	-3.6961***	2.4249***
	(-2.55)	(17.73)	(-3.72)	(2.70)
MB	-0.0743***	0.0335	-0.1090***	0.0379
	(-2.65)	(0.70)	(-3.25)	(1.45)
DEP_TA	-2.9632***	3.4775***	0.3453	-2.4187***
	(-7.04)	(5.10)	(0.75)	(-4.88)
$LnTA$	0.1514***	-0.0722	-0.2230***	-0.1085**
	(4.66)	(-1.18)	(-4.50)	(-2.46)
FA_TA	1.2573***	-2.9848***	0.4375	1.1700***
	(4.61)	(-5.17)	(1.32)	(3.52)
$Indlev$	2.3023***	-1.7381*	-0.4772	-0.9692
	(4.70)	(-1.68)	(-0.73)	(-1.59)
$\_cons$	-3.9502***	-2.7379**	2.9780***	0.6984
	(-5.26)	(-1.98)	(2.65)	(0.70)
Year	控制	控制	控制	控制
N	5099	5099	3952	3952
$Pseudo\ R^2$	0.0454	0.1954	0.0391	0.0398
chi^2	277.78	542.01	143.69	168.86

注：(1) ***、**、*分别表示变量在1%、5%和10%水平上显著（双尾检验）。(2) 回归括号中的数字为t值。

（二）管理层权力制衡强度、过度投资与资本结构调整方式

将全样本按照资本结构的调整方向划分为向上调整和向下调整的子样本

时，由于 2018 年使用发行股票方式进行资本结构调整的样本公司过少，因而在回归过程中被 Stata 自动剔除。因此，发行股票列最后保留的样本为 2068 个。表 6-10 和表 6-11 为检验过度投资对管理层不同维度的权力制衡强度与资本结构调整方式之间关系影响的实证结果。从表 6-10 前四列的回归结果发现，$PB\_CM * Dev^a$ 的回归系数在增加负债列中在 1% 水平上显著为正，在现金分红列中在 10% 水平上显著为负，在发行股票列中不显著为正；尽管 $PB\_CM * Dev^a$ 的回归系数在减少负债列中不显著，但其 T 的统计量大于 1，基本表明了提高减少负债方式概率的趋势。以上结果基本能够再次表明，董事长对总经理的制衡强度越大，偏离程度与增加负债、减少负债的关系越强，与现金分红的关系越弱。更为重要的是，三次交互项 $PB\_CM * Inve * Dev^a$ 的回归系数，在增加负债列、减少负债列、发行股票列中均显著为负，且显著性水平均为 5%；$PB\_CM * Inve * Dev^a$ 的回归系数在现金分红列中虽然不显著为正，但其 T 的统计量大于 1，基本表明了对 $PB\_CM * Dev^a$ 变量的负向调节影响。以上结果表明，随着公司过度投资程度的增加，董事长对总经理的制衡强度对资本结构调整方式的影响明显被削弱。同理，表 6-10 后四列的结果显示，$PB\_MBOD * Dev^a$ 的回归系数在减少负债列和发行股票列中均显著为正，在增加负债列和现金分红列中尽管不显著为正，但其 T 的统计量大于 1，基本表明了提高增加负债和现金分红概率的趋势。以上结果基本再次说明，董事会对总经理办公会的制衡强度越大，偏离程度与增加负债、减少负债、发行股票和现金分红的关系越强。关键解释变量 $PB\_MBOD * Inve * Dev^a$ 的回归系数在增加负债列、减少负债列、发行股票列中均显著为负，显著性水平分别为 10%、5% 和 1%。以上结果说明，随着公司过度投资程度的增加，董事会对总经理办公会的制衡强度对资本结构调整方式的影响明显被削弱。表 6-11 证据显示，$IB * Dev^a$ 和 $EB * Dev^a$ 的回归系数在四种调整方式中均不显著为正，但在增加负债和发行股票列中的 T 的统计量均大于 1，基本说明董事会内部的制衡强度越大，偏离程度与增加负债、发行股票的关系越强。三次交互项 $IB * Inve * Dev^a$ 和 $EB * Inve * Dev^a$ 的回归系数在增加负债、减少负债和发行股票列中均显著为负，两个交互项的显著性水平在增加负债、减少负债和发行股票列中都相同，分别为 1%、1% 和 5%。以上结果同样说明，随着公司过度投资程度的增加，董事会内部的制衡强度对资本结构调整方式的影响明显被削弱。

表 6 - 10　　管理层不同维度的权力制衡强度、过度投资与
资本结构调整方式的回归结果

变量	董事长对总经理的制衡强度				董事会对总经理办公会的制衡强度			
	增加负债	现金分红	减少负债	发行股票	增加负债	现金分红	减少负债	发行股票
Dev^a	1.5122 (0.87)	8.9220*** (2.83)	6.3312*** (3.05)	0.6066 (0.37)	8.5850*** (5.61)	2.7686 (1.06)	5.5283*** (3.95)	2.7321* (1.76)
$PB\_CM *$ Dev^a	7.7131*** (3.86)	-5.8711* (-1.68)	3.1182 (1.48)	0.7351 (0.38)				
$PB\_CM *$ $Inve * Dev^a$	-33.4661** (-2.05)	42.3878 (1.01)	-29.0244** (-2.01)	-26.5808** (-2.17)				
$PB\_CM *$ $Inve$	3.7188 (1.55)	-2.2301 (-0.52)	-8.0291*** (-2.62)	1.0714 (0.40)				
PB_CM	0.1164 (0.44)	0.2473 (0.53)	0.9532*** (2.66)	-0.3844 (-1.48)				
$PB\_MBOD *$ Dev^a					2.2824 (1.51)	3.0793 (1.04)	2.9005* (1.90)	3.7155* (1.91)
$PB\_MBOD *$ $Inve * Dev^a$					-31.4454* (-1.91)	45.2236 (1.13)	-49.4268** (-2.18)	-67.5794*** (-2.85)
$PB\_MBOD *$ $Inve$					1.6539 (0.70)	-0.6493 (-0.14)	-6.0796 (-1.34)	7.6771** (2.24)
PB_MBOD					-0.0374 (-0.18)	-0.4126 (-1.06)	0.4421* (1.86)	-0.3679 (-1.37)
$Inve *$ Dev^a	24.6146 (1.50)	-74.6339** (-2.03)	6.6385 (0.49)	-2.3219 (-0.19)	40.9043*** (2.59)	-76.4651** (-2.01)	18.5719 (0.86)	69.7818*** (3.36)
$Inve$	7.6194*** (3.44)	-0.9974 (-0.27)	-4.8274* (-1.66)	4.8005* (1.83)	9.7936*** (4.41)	-1.6610 (-0.39)	-7.3077* (-1.92)	-0.4657 (-0.16)
$EBIT\_TA$	-2.4045 (-1.62)	23.3949*** (10.21)	-1.7939 (-1.04)	0.4861 (0.34)	-4.0231*** (-3.46)	24.4648*** (10.89)	-0.7460 (-0.44)	0.3621 (0.26)
MB	-0.0108 (-0.20)	0.0139 (0.16)	-0.0463 (-0.68)	0.1029** (2.08)	-0.0472 (-0.87)	0.0071 (0.08)	-0.0923 (-1.29)	0.1137** (2.30)
DEP_TA	-1.5930*** (-2.68)	4.2568*** (4.13)	0.2706 (0.40)	-2.6349*** (-4.04)	-2.5555*** (-4.50)	4.3487*** (4.26)	0.7657 (1.16)	-2.5676*** (-3.98)

续表

变量	董事长对总经理的制衡强度				董事会对总经理办公会的制衡强度			
	增加负债	现金分红	减少负债	发行股票	增加负债	现金分红	减少负债	发行股票
$LnTA$	-0.0100 (-0.17)	0.1164 (0.82)	-0.0608 (-0.62)	-0.3164 *** (-4.44)	-0.2718 *** (-4.76)	0.1187 (1.00)	-0.0729 (-0.81)	-0.4624 *** (-6.95)
FA_TA	-1.0966 ** (-2.15)	-2.9900 *** (-3.29)	1.1561 ** (2.42)	0.8733 ** (2.08)	-0.1545 (-0.39)	-3.0618 *** (-3.43)	0.9998 ** (2.08)	0.6429 (1.53)
$Indlev$	0.8942 (1.11)	-2.0706 (-1.22)	-1.4188 (-1.55)	-0.2169 (-0.27)	3.4939 *** (4.84)	-2.1416 (-1.27)	-1.1194 (-1.22)	0.0049 (0.01)
$\_cons$	0.3204 (0.22)	-7.0520 ** (-2.15)	-1.8398 (-0.82)	5.7296 *** (3.57)	5.3697 *** (4.04)	-6.7251 ** (-2.48)	-0.8936 (-0.44)	8.7262 *** (5.70)
$Year$	控制	控制	控制	控制	控制	控制	控制	控制
N	2169	2169	2092	2068	2169	2169	2092	2068
$Pseudo\ R^2$	0.0963	0.2624	0.0717	0.1111	0.1190	0.2587	0.0679	0.1141
chi^2	285.92	304.94	126.90	263.00	343.45	300.71	117.26	270.05

注：(1) ***、**、* 分别表示变量在1%、5%和10%水平上显著（双尾检验）。(2) 回归括号中的数字为 t 值。

表6-11 管理层不同维度的权力制衡强度、过度投资与资本结构调整方式的回归结果（续表）

变量	董事会内部的制衡强度							
	增加负债	现金分红	减少负债	发行股票	增加负债	现金分红	减少负债	发行股票
Dev^a	5.0804 *** (3.76)	1.8061 (0.49)	3.4644 *** (2.61)	1.9367 (1.25)	5.1872 *** (3.83)	1.7710 (0.48)	3.5693 *** (2.68)	1.8635 (1.21)
$IB * Dev^a$	2.1835 (1.30)	2.0359 (0.55)	0.4114 (0.32)	2.1038 (1.17)				
$IB * Inve * Dev^a$	-42.6841 *** (-3.11)	4.9153 (0.10)	-56.0576 *** (-2.88)	-54.4828 ** (-2.32)				
$IB * Inve$	-1.0962 (-0.58)	0.9418 (0.17)	-6.9421 (-1.59)	2.8283 (0.81)				
IB	-0.0269 (-0.15)	0.0533 (0.12)	0.0799 (0.33)	-0.0901 (-0.32)				
$EB * Dev^a$					2.0258 (1.20)	2.1011 (0.57)	0.1949 (0.15)	2.0446 (1.15)

续表

变量	董事会内部的制衡强度							
	增加负债	现金分红	减少负债	发行股票	增加负债	现金分红	减少负债	发行股票
$EB*Inve*Dev^a$				-42.1290***	4.4912	-54.5388***	-52.9438**	
				(-3.07)	(0.09)	(-2.81)	(-2.27)	
$EB*Inve$					-0.9982	0.9987	-6.3361	3.3449
					(-0.53)	(0.18)	(-1.46)	(0.95)
EB					-0.0267	0.0256	0.1520	-0.1025
					(-0.15)	(0.06)	(0.63)	(-0.37)
$Inve*Dev^a$	-22.9328*	-42.4848	-20.5975	-65.2762***	-22.8453*	-42.3529	-19.4502	-63.5131***
	(-1.68)	(-1.07)	(-1.06)	(-3.21)	(-1.67)	(-1.07)	(-1.00)	(-3.15)
$Inve$	12.7921***	-3.1365	-9.0481**	3.2388	12.7533***	-3.1516	-9.4625**	2.8432
	(7.14)	(-0.68)	(-2.40)	(1.15)	(7.12)	(-0.68)	(-2.50)	(1.02)
$EBIT\_TA$	-2.1475*	24.8020***	-3.3879*	1.9410	-2.1437*	24.8129***	-3.4352*	1.9168
	(-1.82)	(11.30)	(-1.93)	(1.23)	(-1.82)	(11.31)	(-1.95)	(1.21)
MB	0.0361	-0.0176	0.0042	0.1518***	0.0357	-0.0174	0.0032	0.1509***
	(0.66)	(-0.20)	(0.06)	(2.96)	(0.65)	(-0.20)	(0.04)	(2.94)
DEP_TA	-1.8171***	4.4161***	0.5522	-2.0121***	-1.8094***	4.4134***	0.5612	-2.0048***
	(-3.16)	(4.31)	(0.83)	(-2.96)	(-3.14)	(4.30)	(0.84)	(-2.95)
$LnTA$	-0.2109***	0.0515	0.0685	-0.4349***	-0.2091***	0.0514	0.0734	-0.4338***
	(-3.23)	(0.41)	(0.73)	(-6.52)	(-3.20)	(0.41)	(0.78)	(-6.50)
FA_TA	-1.3190***	-3.1317***	1.0157**	-0.1055	-1.3194***	-3.1336***	1.0294**	-0.0880
	(-3.12)	(-3.49)	(2.09)	(-0.20)	(-3.13)	(-3.50)	(2.12)	(-0.17)
$Indlev$	2.0392***	-2.1341	-1.3842	-1.0588	2.0264***	-2.1130	-1.3630	-1.0316
	(2.75)	(-1.26)	(-1.47)	(-1.22)	(2.73)	(-1.25)	(-1.45)	(-1.20)
$\_cons$	4.0855***	-5.4818*	-3.8429*	8.0594***	4.0449***	-5.4593*	-4.0003*	8.0331***
	(2.79)	(-1.94)	(-1.81)	(5.32)	(2.76)	(-1.93)	(-1.88)	(5.30)
Year	控制	控制	控制	控制	控制	控制	控制	控制
N	2169	2169	2092	2068	2169	2169	2092	2068
$Pseudo\ R^2$	0.1182	0.2568	0.0725	0.1144	0.1181	0.2566	0.0727	0.1140
chi^2	341.01	298.44	128.31	270.70	340.73	298.28	128.55	269.78

注：（1）***、**、*分别表示变量在1%、5%和10%水平上显著（双尾检验）。（2）回归括号中的数字为 t 值。

第六章 管理层权力制衡强度、过度投资与资本结构调整方式

表 6-12 和表 6-13 为检验过度投资对管理层综合权力制衡强度与资本结构调整方式之间关系影响的实证结果。由表 6-12 和表 6-13 的结果可知，$PB1*Dev^a$ 的回归系数在减少负债列中显著为正，在增加负债和发行股票列中不显著为正，尽管在现金分红列中不显著为负，但其 T 的统计量的绝对值大于 1，基本表明降低现金分红概率的趋势；$PB2*Dev^a$ 的回归系数在减少负债、发行股票列中显著为正，在现金分红列中不显著为负，尽管在增加负债列中不显著为正，但其大于 1 的 T 的统计量同样表明了提高增加负债概率的趋势；$PB3*Dev^a$ 的回归系数只在减少负债列中显著为正，在增加负债和发行股票列中不显著为正，在现金分红列中不显著为负。上述结果基本再次说明，综合权力制衡强度越大，偏离程度与增加负债、减少负债、发行股票的关系增强，与现金分红的关系减弱。关键解释变量 $PB1*Inve*Dev^a$、$PB2*Inve*Dev^a$、$PB3*Inve*Dev^a$ 的回归系数，在增加负债、减少负债和发行股票列中均显著为负，$PB2*Inve*Dev^a$ 的回归系数现金分红列中尽管不显著为正，但其 T 的统计量大于 1，基本表明了对 $PB2*Dev^a$ 变量的负向调节影响，说明随着公司过度投资程度的增加，综合权力制衡强度对资本结构调整方式的影响明显被削弱，从侧面也表明，公司更倾向于选择增加负债、减少负债和发行股票的方式调整资本结构。综合以上分析，我们认为，随着公司过度投资程度的增加，管理层权力制衡强度与资本结构调整方式之间的关系会被显著削弱，H2 假设得到验证。

表 6-12 管理层综合权力制衡强度、过度投资与资本结构调整方式的回归结果

变量	综合权力制衡强度							
	增加负债	现金分红	减少负债	发行股票	增加负债	现金分红	减少负债	发行股票
Dev^a	9.6726** (2.35)	11.7777** (2.02)	12.2909*** (3.62)	1.6359 (0.55)	3.6828* (1.66)	5.2736 (1.26)	10.0019*** (4.85)	4.2545** (2.35)
$PB1*Dev^a$	1.2978 (0.61)	-4.6981 (-1.44)	4.4463** (2.55)	0.6570 (0.40)				
$PB1*Inve*Dev^a$	-47.2585** (-2.06)	39.8519 (0.77)	-21.8887** (-2.41)	-18.4626*** (-2.75)				
$PB1*Inve2$	5.1063*** (3.68)	-2.1290 (-0.80)	-3.0884* (-1.67)	-0.5090 (-0.22)				

续表

变量	综合权力制衡强度							
	增加负债	现金分红	减少负债	发行股票	增加负债	现金分红	减少负债	发行股票
$PB1$	-0.2391 (-1.12)	0.1690 (0.47)	0.8969*** (3.11)	-0.2225 (-0.98)				
$PB2*Dev^a$					1.1501 (1.43)	-0.1742 (-0.13)	1.7807*** (2.75)	1.3600** (2.30)
$PB2*Inve*Dev^a$					-12.9046** (-2.29)	16.2001 (1.18)	-18.8922*** (-3.38)	-18.6754*** (-2.75)
$PB2*Inve$					1.9854** (2.41)	-1.0293 (-0.53)	-0.7970 (-0.45)	1.4489* (1.94)
$PB2$					-0.0801 (-0.85)	0.0260 (0.16)	0.3088*** (2.96)	-0.1259 (-1.46)
$Inve*Dev^a$	127.0478*** (2.85)	-116.7558 (-1.15)	25.9764 (1.34)	-17.5953 (-1.25)	-26.2118 (-1.46)	-81.0853** (-2.27)	53.0556*** (2.96)	77.9453*** (3.44)
$Inve$	-0.5876 (-0.26)	0.8025 (0.19)	-4.8226 (-1.33)	6.7784 (1.53)	5.6411** (2.44)	-0.3701 (-0.07)	-6.7539 (-1.26)	0.9454 (0.42)
$EBIT\_TA$	-0.5891 (-0.32)	22.4891*** (8.75)	0.8865 (0.48)	0.5201 (0.37)	-4.1025*** (-3.57)	24.0592*** (10.11)	0.4125 (0.23)	-0.7346 (-0.47)
MB	0.0909 (1.24)	0.0217 (0.24)	-0.1059 (-1.48)	0.0992** (2.01)	-0.0450 (-0.83)	0.0087 (0.10)	-0.1005 (-1.40)	0.0876* (1.76)
DEP_TA	-1.1516 (-1.43)	4.0836*** (3.96)	0.8436 (1.25)	-2.6116*** (-4.04)	-2.4913*** (-4.42)	4.3613*** (4.23)	0.8400 (1.25)	-3.0412*** (-4.49)
$LnTA$	-0.0861 (-1.11)	0.1131 (0.76)	-0.1124 (-1.07)	-0.3543*** (-4.73)	-0.1295** (-2.05)	0.0717 (0.55)	-0.1686* (-1.89)	-0.4669*** (-5.37)
FA_TA	-2.1558** (-2.22)	-3.0091*** (-3.30)	0.9506* (1.96)	0.8030* (1.92)	0.0494 (0.13)	-3.1268*** (-3.52)	0.8419* (1.76)	1.4659*** (2.77)
$Indlev$	0.7922 (0.62)	-1.9759 (-1.17)	-0.9361 (-1.01)	-0.2092 (-0.26)	3.4196*** (4.75)	-2.2002 (-1.30)	-0.8721 (-0.95)	0.8564 (0.95)
$\_cons$	1.9821 (1.18)	-6.9890** (-1.99)	-1.6194 (-0.67)	6.6766*** (3.96)	2.5208* (1.67)	-6.0076** (-1.98)	0.1963 (0.09)	8.8660*** (4.46)
Year	控制	控制	控制	控制	控制	控制	控制	控制

续表

变量	综合权力制衡强度							
	增加负债	现金分红	减少负债	发行股票	增加负债	现金分红	减少负债	发行股票
N	2169	2169	2092	2068	2169	2169	2092	2068
Pseudo R^2	0.1142	0.2588	0.0687	0.1106	0.1130	0.2573	0.0697	0.1132
chi^2	329.47	300.80	118.66	261.76	326.16	299.06	120.43	267.88

注：(1) ***、**、* 分别表示变量在1%、5%和10%水平上显著（双尾检验）。(2) 回归括号中的数字为 t 值。

表6-13 管理层综合权力制衡强度、过度投资与资本结构调整方式的回归结果（续表）

变量	综合权力制衡强度			
	增加负债	现金分红	减少负债	发行股票
Dev^a	6.5614***	1.7261	5.8724***	0.8516
	(4.29)	(0.61)	(3.99)	(0.75)
$PB3*Dev^a$	0.7861	-0.3793	3.5250**	1.0036
	(0.49)	(-0.12)	(2.33)	(0.83)
$PB3*Inve*Dev^a$	-34.2842**	26.9685	-30.5295*	-24.3467*
	(-2.14)	(0.46)	(-1.96)	(-1.80)
$PB3*Inve$	5.6093**	-7.1402	-2.1978	2.3154
	(2.36)	(-1.19)	(-0.53)	(0.83)
$PB3$	-0.1157	0.2508	0.6704**	-0.1814
	(-0.54)	(0.63)	(2.26)	(-0.86)
$Inve*Dev^a$	40.2368**	-9.0427	1.8191	31.7629***
	(2.48)	(-0.21)	(0.09)	(3.05)
$Inve$	7.7301***	-3.2366	-11.1133***	4.5321**
	(3.75)	(-0.86)	(-2.71)	(2.19)
$EBIT\_TA$	-4.0731***	25.0904***	-2.3031	1.4594
	(-3.51)	(11.37)	(-1.38)	(0.98)
MB	-0.0428	-0.0164	-0.0440	0.0997**
	(-0.79)	(-0.19)	(-0.65)	(2.00)
DEP_TA	-2.5591***	4.2675***	0.3763	-2.2068***
	(-4.51)	(4.20)	(0.56)	(-3.38)

续表

变量	综合权力制衡强度			
	增加负债	现金分红	减少负债	发行股票
LnTA	-0.2671***	-0.0745	0.0693	-0.3544***
	(-4.67)	(-0.58)	(0.82)	(-4.83)
FA_TA	-0.2452	-3.2447***	1.3409***	0.2968
	(-0.62)	(-3.62)	(2.82)	(0.63)
Indlev	3.4620***	-1.9623	-1.4255	-0.7155
	(4.80)	(-1.16)	(-1.56)	(-0.89)
_cons	5.2868***	-2.6684	-4.2067**	6.4463***
	(3.95)	(-0.94)	(-2.14)	(3.82)
Year	控制	控制	控制	控制
N	2169	2169	2092	2068
Pseudo R^2	0.1186	0.2561	0.0768	0.1099
chi^2	342.20	297.64	135.79	260.02

注：(1) ***、**、* 分别表示变量在1%、5%和10%水平上显著（双尾检验）。(2) 回归括号中的数字为 t 值。

第五节 稳健性检验

为了保证研究结论的可靠性，本书还使用 Probit 模型重新进行回归，并从管理层权力制衡强度的其他衡量方法、过度投资的其他衡量方法、资本结构调整方式的其他衡量方法、控制其他变量对资本结构调整方式的影响等四个方面进行了稳健性检验。回归结果（限于篇幅，稳健性检验的结果未列出）再次验证了本文结论。下文具体描述检验的方法。

一、使用 Probit 模型进行回归

前文对于模型6.3、模型6.4是假定 Φ 服从 Logistic 分布，使用 Logit 模型进行回归。另外，为了保证研究结论的可靠性，此部分假定 Φ 服从正态分布，使用 Probit 模型重新进行回归。

二、管理层权力制衡强度的其他衡量方法

以上回归中的董事会对总经理办公会的制衡强度,是用高管未兼任董事占比来衡量,本书又将 PB_MBOD 分行业、分年度,从小到大进行排序,如果高管未兼任董事占比高于行业中位数,则取值 1,否则为 0,以此新构建的变量来替代原来的高管未兼任董事占比,对模型 6.3、模型 6.4 重新进行回归。同样地,对以上回归中的董事会内部的制衡强度,使用独立董事占比、外部董事占比来衡量。本书又将 IB、EB 分行业、分年度从小到大进行排序,如果独立董事占比、外部董事占比分别高于行业中位数,则取值 1,否则为 0,以此新构建的变量替代原来的独立董事占比、外部董事占比,对模型 6.3、模型 6.4 重新进行回归。综合权力制衡强度方面,我们又构建了均值变量,用 $PB4$ 表示,即为 PB_CM、PB_MBOD、IB 以及 EB 四个变量之和的平均值,然后用 $PB4$ 对模型 6.3、模型 6.4 重新进行回归。

三、过度投资的其他衡量方法

过度投资也是本书研究的关键变量之一,目前通过模型 6.2 残差项的符号来划分过度投资和投资不足的做法较为普遍,但此做法的基础是假设样本整体投资水平正常,样本投资水平整体不存在偏差,即整体而言不存在过度投资或者投资不足。若样本整体的投资水平发生了偏差,那么此种划分方法将会有偏误。考虑到此种影响,并借鉴现有成果(李彬,2013;王永海和石青梅,2016),我们将模型 6.2 的残差项,分行业、分年度从小到大进行排序,按照残差项的上下四分位把全样本分为投资不足、正常投资及过度投资三个子样本,即前 25% 为投资不足组,中间 50% 为正常投资组,后 25% 为过度投资组,并对后 25% 样本组重新使用模型 6.4 进行回归。另外,参考赵国宇和禹薇(2018)的做法,我们还通过过度投资的行业中位数对过度投资水平进行调整,重新计算过度投资水平。

四、资本结构调整方式的其他衡量方法

本书借鉴黄继承等(2014)、Leary 和 Roberts(2005)、Hovakimian、Opler 和 Titman(2001)等现有成果的做法,使用其他的方法来衡量资本结构调整方式。首先,将计算增加负债、减少负债、现金分红及发行股票四种调整方式的

公式分母进行替换,将年初总资产替换为年末总资产,计算得出新的四种调整方式的结果,再对模型6.3和模型6.4进行回归。其次,我们修改四种调整方式的阈值,前文是设置为总资产的5%,此处我们修改为总资产的2.5%,同样计算得出新的四种调整方式的结果,并重新对模型6.3和模型6.4进行回归。

五、控制其他变量对资本结构调整方式的影响

借鉴现有的研究（綦好东等,2018;陆正飞等,2015;赵国宇和禹薇,2018）,我们还控制了其他影响资本结构调整方式的几个变量,即在模型6.3和模型6.4中增加流动比率 $Liquidity$、监事会规模 $Lnjs$、股权集中度 H_10 和产权性质 Soe 几个变量,然后重新进行回归。其中,流动比率用流动资产与流动负债的比值来衡量,监事会规模用监事会人数的自然对数来衡量,股权集中度用前十大股东持股比例的平方和来衡量,产权性质为哑变量,当公司为国企时取值1,否则为0。

第六节 进一步研究

由于权力制衡机制的治理效果很大程度上受到组织和内外部环境的影响,因此权力制衡机制的治理效果在不同类型和特征的公司中有所不同（卢馨等,2014;卢锐等,2008）。多数文献证明,国有企业的融资能力更强,较民营企业而言,更易获得银行提供的贷款,预算软约束的情况更普遍（方军雄,2007;江伟和李斌,2006）,IPO和股权再融资时,国企更容易通过审批（祝继高和陆正飞,2012）。与民营企业相比,国企受到的监督、约束程度也更高,那么,国企中权力制衡强度对资本结构调整方式可能会被削弱。另外,同上两章所述,家族企业是民企中的一大类型,而家族成员对于企业的经营决策和发展方向往往过度干预,或者家族成员拥有企业的绝对控制权（Claessens et al.,2000;Bertrand et al.,2008）。因此,我们可以推断,权力制衡强度对资本结构调整方式的影响,在不同产权性质的企业中会有差异。基于此,本书将样本分为国企、非家族企业的民企和家族企业三个子样本,以检验不同产权性质下,管理层权力制衡强度对资本结构调整方式影响的差异。

考虑到家族企业的特征,同上两章一样,我们在沿用本书对管理层权力制

第六章 管理层权力制衡强度、过度投资与资本结构调整方式

衡强度的度量方法的基础上，又添加了几个变量。在董事会对总经理办公会的制衡强度中添加一个变量，即总经理办公会中非家族成员占比，用 PB_MF 表示，$PB\_MF = 1 -$ 家族成员任职高管的人数/高管总人数，数值越大表明制衡强度越大；在董事会内部的制衡强度中也添加一个变量，即董事会中非家族成员占比，用 PB_DF 表示，$PB\_DF = 1 -$ 家族成员任职董事的人数/董事总人数，数值越大表明制衡强度越大。我们还添加了一个维度，即股东大会对董事长的制衡强度，用董事长是否控制该公司进行度量，用 PB_C 表示，此处的控制既包括绝对控制，也包括相对控制。绝对控制是指董事长是该公司的实际控制人，获得了该公司的绝对控制权。相对控制是指虽然该公司董事长并非实际控制人，但其持股比例达到 33.33%，可以对公司的经营决策产生影响。PB_C 为哑变量，若该公司董事长未取得绝对控制权或者相对控制权中的任何一个，则 PB_C 取值 1，否则为 0，数值越大，表明股东大会对董事长的制衡强度越大。同样地，我们将 PB_MF 和 PB_DF 进行变换，将 PB_MF 和 PB_DF 分别分行业、分年度进行从小到大排序，若 PB_MF 和 PB_DF 分别大于同行业、同年度 PB_MF、PB_DF 的中位数，则取值 1，否则为 0。那么，家族企业管理层综合权力制衡强度积分变量 $PB1 = PB\_CM + PB\_MBOD + PB\_MF + IB + EB + PB\_DF + PB\_C$；积分变量 $PB2 = PB\_CM +$ 变换后 $PB\_MBOD +$ 变换后 $PB\_MF +$ 变换后 $IB +$ 变换后 $EB +$ 变换后 $PB\_DF + PB\_C$；虚拟变量 1 仍然用 $PB3$ 表示，若 $PB2$ 大于等于 6，则取值为 1，否则为 0。由于新添加的这几个变量数据缺失较重，因此家族企业最后保留的样本为 2634 个。另外，国有企业样本为 4071 个，非家族企业的民企样本为 522 个，说明本书样本区间的民企样本绝大多数为家族企业。为了简化表达，下文中非家族企业的民企样本，我们直接用民企来表示。区分调整方向后，在增加负债和现金分红列中，国企样本为 2296 个，非家族企业的民企样本为 312 个，家族企业样本为 1574 个；在减少负债和发行股票列中，国企样本为 1775 个，非家族企业的民企样本为 210 个，家族企业为 1060 个。由于划分为子样本时，某些年份的样本量较少，在回归过程中被 Stata 自动剔除，即国企样本的减少负债列和发行股票列中均被剔除了 2018 年的 1 个样本，非家族企业的民企样本中减少负债列被剔除了 2011 年的 11 个样本。因此，国企的减少负债、发行股票列最后保留了 1774 个样本，非家族企业的民企中减少负债列最后保留了 199 个样本。下文中，我们基于模型 6.3 对国企、民企、家族企业进行检验，具体的回归结果如表 6-14 至表 6-29 所示。

表 6-14 和表 6-15 为不同产权性质下董事长对总经理的制衡强度与资本结构调整方式的回归结果,由表 6-14 前三列的结果可知,在增加负债列中,$PB\_CM * Dev^a$ 的回归系数在国企中显著为正,显著性水平为 1%,尽管 $PB\_CM * Dev^a$ 的回归系数在非家族企业的民企和家族企业中不显著,但其 T 的统计量大于 1,基本也表明了提高增加负债概率的趋势。表 6-14 后三列中的证据显示,在现金分红列中,$PB\_CM * Dev^a$ 的回归系数在国企中显著为负,显著性水平为 10%,$PB\_CM * Dev^a$ 的回归系数在非家族企业的民企中不显著为负,在家族企业中不显著为正。从表 6-15 的结果发现,在减少负债列中,$PB\_CM * Dev^a$ 的回归系数在国企和家族企业中均显著为正,显著性水平分别为 1%、5%。在发行股票列中,$PB\_CM * Dev^a$ 的回归系数在非家族企业的民企中显著为正,显著性水平为 10%。以上结果基本表明,董事长对总经理的制衡强度越大,当资本结构低于目标水平时,国企通过增加负债向上调整资本结构的概率越大。此特征其次表现在非家族企业和家族企业中。另外,国企通过现金分红向上调整资本结构的概率显著下降,这与目前国企现金分红较少的现象吻合;当资本结构高于目标水平时,国企、家族企业通过减少负债向下调整资本结构的概率明显增大,非家族企业的民企通过发行股票向下调整资本结构的概率显著增大。

表 6-14   不同产权性质下董事长对总经理的制衡强度与资本结构调整方式的回归结果

变量	董事长对总经理的制衡强度					
	增加负债			现金分红		
	国企	民企	家族企业	国企	民企	家族企业
Dev^a	0.4278 (0.21)	5.0849 (1.13)	3.1004* (1.76)	8.3214* (1.93)	16.1500** (2.50)	5.7218* (1.79)
$PB\_CM * Dev^a$	5.3400*** (2.60)	5.0346 (1.01)	2.4100 (1.12)	-8.0678* (-1.72)	-5.7393 (-0.74)	1.9086 (0.49)
PB_CM	0.4201 (1.45)	-0.5896 (-1.03)	0.1400 (0.64)	1.2342* (1.83)	-0.1334 (-0.15)	-0.1928 (-0.49)
$EBIT\_TA$	-2.0508 (-1.27)	0.2803 (0.11)	-0.1304 (-0.10)	21.5639*** (9.42)	23.9120*** (5.06)	23.4857*** (9.79)
MB	-0.1524*** (-2.61)	-0.1454 (-1.36)	-0.0427 (-0.95)	0.0698 (0.75)	0.1504 (0.99)	-0.0398 (-0.51)

续表

变量	董事长对总经理的制衡强度					
	增加负债			现金分红		
	国企	民企	家族企业	国企	民企	家族企业
DEP_TA	-0.5739	-3.0615*	-3.5421***	4.1658***	6.5550***	6.0585***
	(-0.96)	(-1.83)	(-3.40)	(3.99)	(2.81)	(4.01)
$LnTA$	0.2158***	0.1323	0.2642***	0.1044	0.0659	-0.1515
	(4.48)	(1.07)	(3.61)	(1.13)	(0.28)	(-1.09)
FA_TA	-1.1704**	1.9433*	2.3932***	-4.7233***	-4.1168**	-3.0146***
	(-2.11)	(1.88)	(4.04)	(-4.84)	(-2.05)	(-2.71)
$Indlev$	0.8372	-1.8533	1.9480*	-1.8255	-2.5625	-1.9360
	(1.00)	(-0.89)	(1.71)	(-1.17)	(-0.64)	(-0.90)
$\_cons$	-4.8386***	-2.8813	-6.7570***	-7.0475***	-6.3077	-2.3138
	(-4.04)	(-0.97)	(-4.09)	(-3.14)	(-1.17)	(-0.75)
Year	控制	控制	控制	控制	控制	控制
N	2296	312	1574	2296	312	1574
$Pseudo\ R^2$	0.0672	0.1443	0.0407	0.2393	0.3391	0.2065
chi^2	189.43	58.79	80.32	265.30	86.08	191.20

注：(1) ***、**、* 分别表示变量在1%、5%和10%水平上显著（双尾检验）。(2) 回归括号中的数字为 t 值。

表6-15 不同产权性质下董事长对总经理的制衡强度与资本结构调整方式的回归结果（续表）

变量	董事长对总经理的制衡强度					
	减少负债			发行股票		
	国企	民企	家族企业	国企	民企	家族企业
Dev^a	11.6428***	6.6387	4.3113***	0.5930	4.9619	0.3673
	(4.19)	(0.82)	(2.62)	(0.22)	(0.80)	(0.25)
PB_CM*Dev^a	10.2992***	6.7191	4.1707**	1.6904	12.4626*	1.4332
	(3.50)	(0.85)	(2.05)	(0.62)	(1.92)	(0.78)
PB_CM	1.5887***	1.3464	-0.1174	-0.2610	-1.1397	0.0906
	(3.29)	(1.10)	(-0.38)	(-0.70)	(-1.52)	(0.37)

续表

变量	董事长对总经理的制衡强度					
	减少负债			发行股票		
	国企	民企	家族企业	国企	民企	家族企业
EBIT_TA	-0.1662	-12.6848***	-2.7771	3.5740**	-1.3827	1.8533
	(-0.10)	(-2.79)	(-1.22)	(2.24)	(-0.35)	(1.07)
MB	-0.1488**	-0.0253	0.0192	0.0072	0.2572**	0.1413***
	(-2.29)	(-0.16)	(0.31)	(0.12)	(2.04)	(3.05)
DEP_TA	-0.3555	3.2429	4.7658***	-1.8812***	-4.4225	-2.0538
	(-0.58)	(1.19)	(3.38)	(-2.77)	(-1.58)	(-1.57)
LnTA	-0.2762***	-0.5025	-0.2769**	-0.1170*	0.2526	0.0844
	(-3.85)	(-1.63)	(-2.23)	(-1.69)	(1.05)	(0.90)
FA_TA	0.5296	-1.5538	-0.6058	1.2833***	0.9940	1.0512
	(1.21)	(-0.76)	(-0.69)	(2.85)	(0.60)	(1.48)
Indlev	-1.2243	-0.0994	3.3845*	-1.5893*	1.1250	-0.1155
	(-1.43)	(-0.03)	(1.83)	(-1.83)	(0.39)	(-0.08)
_cons	2.9245*	8.8764	1.7495	1.1198	-8.0697	-4.1070**
	(1.75)	(1.27)	(0.65)	(0.69)	(-1.45)	(-1.99)
Year	控制	控制	控制	控制	控制	控制
N	1774	199	1060	1774	210	1060
Pseudo R^2	0.0391	0.1613	0.0983	0.0315	0.1815	0.0628
chi^2	65.92	28.32	89.75	51.46	39.62	79.15

注：(1) ***、**、* 分别表示变量在1%、5%和10%水平上显著（双尾检验）。(2) 回归括号中的数字为 t 值。

表 6-16、表 6-17 和表 6-18 为不同产权性质下董事会对总经理办公会的制衡强度与资本结构调整方式的回归结果。从表 6-16 的结果可知，在增加负债列中，$PB\_MBOD * Dev^a$ 的回归系数在国企中显著为正，显著性水平为 1%，在其他样本中均无明显的显著性；在现金分红列中，$PB\_MBOD * Dev^a$ 的回归系数在非家族企业的民企中显著为正，显著性水平为 5%，尽管在家族企业中不显著为负，但其 T 的统计量大于 1，表明较弱的降低现金分红概率的趋势。表 6-17 的数据显示，在减少负债列中，$PB\_MBOD * Dev^a$ 的回归系数在国企中显著为正，显著性水平为 10%，尽管在家族企业中没有显著性，但其 T 的

统计量大于1，暗含了提高减少负债的趋势；在发行股票列中，$PB\_MBOD * Dev^a$ 的回归系数在各个子样本中均不显著，但非家族企业的民企和家族企业中，其 T 的统计量大于1，基本表明了提高发行股票概率的趋势。表6-18为家族企业中，总经理办公会中非家族成员占比 PB_MF 对资本结构调整方式的影响，结果显示，$PB\_MF * Dev^a$ 的回归系数在增加负债、发行股票列中显著为正，显著性水平分别为5%、10%，尽管在减少负债列中不显著为正，但其大于1的 T 的统计量基本表明提高减少负债概率的趋势。以上结果基本说明，董事会对总经理办公会的制衡强度越大，当资本结构低于目标水平时，国企、家族企业通过增加负债向上调整资本结构的概率显著增加，非家族企业的民企通过现金分红向上调整资本结构的概率明显增大，家族企业通过现金分红向上调整资本结构的概率有下降趋势；当资本结构高于目标水平时，国企通过减少负债向下调整资本结构的概率明显增大，其次为家族企业；家族企业通过发行股票向下调整资本结构的概率明显增大，其次为非家族企业的民企。

表6-16 不同产权性质下董事会对总经理办公会的制衡强度与资本结构调整方式的回归结果

变量	董事会对总经理办公会的制衡强度					
	增加负债			现金分红		
	国企	民企	家族企业	国企	民企	家族企业
Dev^a	9.3862*** (7.45)	5.0595 (1.47)	4.1666*** (2.87)	2.7144 (1.18)	6.5805 (1.14)	10.3284*** (3.38)
$PB\_MBOD * Dev^a$	5.4348*** (3.57)	1.4542 (0.33)	0.9020 (0.49)	-2.2440 (-0.78)	13.4379** (2.03)	-5.6353 (-1.53)
PB_MBOD	-0.5339*** (-2.86)	-0.3582 (-0.70)	-0.0268 (-0.15)	0.0500 (0.14)	-1.0832 (-1.43)	0.4483 (1.20)
$EBIT\_TA$	-2.7665** (-2.36)	0.0529 (0.02)	0.0709 (0.06)	22.7208*** (10.60)	22.9456*** (4.86)	22.1439*** (9.40)
MB	-0.1664*** (-2.90)	-0.1749 (-1.45)	-0.0404 (-0.90)	0.0572 (0.62)	0.0864 (0.56)	-0.0175 (-0.22)
DEP_TA	-1.1335** (-2.13)	-5.0009** (-2.53)	-3.4674*** (-3.31)	4.2266*** (4.10)	6.0969*** (2.74)	6.0265*** (4.02)

续表

变量	董事会对总经理办公会的制衡强度					
	增加负债			现金分红		
	国企	民企	家族企业	国企	民企	家族企业
$LnTA$	0.1955*** (4.15)	0.1431 (1.08)	0.2763*** (3.64)	0.1068 (1.14)	-0.0194 (-0.08)	-0.1119 (-0.79)
FA_TA	0.0377 (0.10)	3.2827*** (2.93)	2.3414*** (3.90)	-4.7073*** (-4.87)	-3.2840* (-1.68)	-2.9910*** (-2.68)
$Indlev$	3.0931*** (4.53)	0.6578 (0.32)	1.8565 (1.64)	-2.0469 (-1.30)	-0.8458 (-0.21)	-2.0165 (-0.94)
$\_cons$	-4.4012*** (-3.96)	-4.2634 (-1.36)	-6.9258*** (-4.08)	-6.0439*** (-2.83)	-4.2311 (-0.80)	-3.5194 (-1.13)
Year	控制	控制	控制	控制	控制	控制
N	2296	312	1574	2296	312	1574
$Pseudo\ R^2$	0.0762	0.0720	0.0404	0.2371	0.3481	0.2087
chi^2	200.68	25.27	79.76	262.77	88.36	193.26

注:(1) ***、**、* 分别表示变量在1%、5%和10%水平上显著(双尾检验)。(2) 回归括号中的数字为 t 值。

表6-17 不同产权性质下董事会对总经理办公会的制衡强度与资本结构调整方式的回归结果(续表)

变量	董事会对总经理办公会的制衡强度					
	减少负债			发行股票		
	国企	民企	家族企业	国企	民企	家族企业
Dev^a	3.3961*** (3.35)	0.6056 (0.15)	8.4269*** (4.92)	3.0896*** (2.78)	9.7534*** (2.61)	0.9271 (0.62)
$PB\_MBOD * Dev^a$	2.3533* (1.66)	3.8825 (0.75)	6.4903 (1.33)	1.4307 (0.96)	5.6932 (1.26)	5.3845 (1.35)
PB_MBOD	0.3309 (1.54)	0.1257 (0.20)	0.9877 (1.35)	0.3044 (1.37)	0.7777 (1.21)	-0.1061 (-0.19)
$EBIT\_TA$	-0.9543 (-0.61)	-15.8354*** (-3.24)	-2.2211 (-0.98)	3.0555* (1.92)	-4.0182 (-1.12)	2.1664 (1.20)
MB	-0.1774*** (-2.67)	-0.1061 (-0.59)	-0.0154 (-0.24)	0.0180 (0.30)	0.2659** (2.12)	0.1295*** (2.68)

续表

变量	董事会对总经理办公会的制衡强度					
	减少负债			发行股票		
	国企	民企	家族企业	国企	民企	家族企业
DEP_TA	-0.2593	0.7746	4.1427***	-1.8981***	-4.5524	-1.7945
	(-0.43)	(0.26)	(2.91)	(-2.79)	(-1.63)	(-1.39)
$LnTA$	-0.3655***	-0.4195	-0.2506**	-0.1180*	0.1631	0.0758
	(-5.04)	(-1.31)	(-2.07)	(-1.70)	(0.67)	(0.81)
FA_TA	0.2435	0.4617	0.1634	1.2787***	1.1287	1.0393
	(0.56)	(0.22)	(0.18)	(2.84)	(0.70)	(1.45)
$Indlev$	-1.5202*	-1.0865	4.3578**	-1.5538*	0.7600	0.0818
	(-1.77)	(-0.28)	(2.35)	(-1.79)	(0.27)	(0.06)
$\_cons$	6.4539***	8.9446	0.7782	0.7179	-6.9751	-3.7735*
	(3.83)	(1.23)	(0.29)	(0.44)	(-1.23)	(-1.81)
Year	控制	控制	控制	控制	控制	控制
N	1774	199	1060	1774	210	1060
$Pseudo\ R^2$	0.0364	0.1654	0.0963	0.0324	0.1679	0.0622
chi^2	62.37	26.74	88.00	52.91	36.63	78.41

注：(1) ***、**、*分别表示变量在1%、5%和10%水平上显著（双尾检验）。(2) 回归括号中的数字为 t 值。

表6-18 不同产权性质下董事会对总经理办公会的制衡强度与
资本结构调整方式的回归结果（续表，家族企业样本）

变量	董事会对总经理办公会的制衡强度			
	增加负债	现金分红	减少负债	发行股票
Dev^a	3.0607**	7.2458**	7.5460***	3.1014***
	(2.33)	(2.43)	(5.28)	(2.91)
$PB\_MF * Dev^a$	2.9052**	-0.4850	1.7648	2.3247*
	(2.00)	(-0.13)	(1.12)	(1.79)
PB_MF	1.2227**	-0.1165	2.0039**	1.2809*
	(2.30)	(-0.32)	(2.20)	(1.94)
$EBIT\_TA$	-0.2732	23.0535***	-1.4651	2.6612
	(-0.22)	(9.88)	(-0.66)	(1.50)

续表

变量	董事会对总经理办公会的制衡强度			
	增加负债	现金分红	减少负债	发行股票
MB	-0.0364	-0.0254	-0.0177	0.1289***
	(-0.82)	(-0.33)	(-0.28)	(2.75)
DEP_TA	-3.3584***	6.1528***	3.4202**	-2.1085
	(-3.18)	(4.06)	(2.41)	(-1.61)
$LnTA$	0.2600***	-0.1275	-0.1951	0.0793
	(3.49)	(-0.92)	(-1.64)	(0.84)
FA_TA	2.3219***	-3.0616***	-0.0928	1.2870*
	(3.86)	(-2.74)	(-0.10)	(1.78)
$Indlev$	1.6617	-1.9241	3.4998*	-0.0566
	(1.47)	(-0.89)	(1.96)	(-0.04)
$\_cons$	-7.6095***	-2.8513	-1.5962	-5.1769**
	(-4.47)	(-0.93)	(-0.60)	(-2.45)
$Year$	控制	控制	控制	控制
N	1574	1574	1060	1060
$Pseudo\ R^2$	0.0429	0.2068	0.0879	0.0667
chi^2	84.71	191.50	81.45	84.08

注：(1) ***、**、* 分别表示变量在1%、5%和10%水平上显著（双尾检验）。(2) 回归括号中的数字为 t 值。

表6-19至表6-23为不同产权性质下董事会内部的制衡强度与资本结构调整方式的回归结果，以及家族企业中股东大会对董事长的制衡强度对资本结构调整方式影响的实证结果。表6-19的结果显示，在增加负债列中，$IB * Dev^a$ 的回归系数在各个子样本中均不显著为正，但是家族企业中的 T 值大于1，表明了提高增加负债概率的趋势；在现金分红列中，$IB * Dev^a$ 的回归系数同样在子样本中均不显著，但家族企业中的 T 值大于1，也表明了提高现金分红概率的趋势。从表6-20的结果可知，在减少负债列中，$IB * Dev^a$ 的回归系数在家族企业中显著为正，显著性水平为10%，尽管在国企中不显著为正，但其 T 的统计量大于1，暗含了提高减少负债概率的趋势；在发行股票列中，$IB * Dev^a$ 的回归系数在子样本中均不显著为正，但家族企业中的 T 值大于1，基本表明了提高发行股票概率的趋势。同理，表6-21的证据表明，在增加负债列

中，$EB*Dev^a$ 的回归系数在子样本中均不显著为正，但家族企业样本的 T 值大于 1，可以表明提高增加负债概率的趋势；在现金分红列中，$EB*Dev^a$ 的回归系数在子样本中均无统计上的显著性。由表 6-22 的结果可知，在减少负债列中，$EB*Dev^a$ 的回归系数在家族企业中显著为正，显著性水平为 10%，尽管在国企中不显著，但其大于 1 的 T 的统计量基本也说明了提高减少负债概率的趋势；在发行股票列中，$EB*Dev^a$ 的回归系数在子样本中均不显著为正，但家族企业大于 1 的 T 值可以表明提高发行股票概率的趋势。紧接着，表 6-23 是家族企业中多设置的两个权力制衡变量对资本结构调整方式影响的实证结果。由结果可知，PB_DF*Dev^a 的回归系数在增加负债、发行股票列中均显著为正，显著性水平均为 5%；PB_C*Dev^a 的回归系数在增加负债、减少负债和发行股票列中均显著为正，显著性水平都为 10%，尽管在现金分红列不显著为负，但其大于 1 的 T 统计量，暗含了降低现金分红概率的趋势。

以上结果基本说明，董事会对总经理办公会的制衡强度越大，当资本结构低于目标水平时，家族企业通过增加负债向上调整资本结构的概率显著增加，家族企业通过现金分红向上调整资本结构的概率也会增大。当资本结构高于目标水平时，家族企业通过减少负债向下调整资本结构的概率显著增大，其次为国企，家族企业通过发行股票向下调整资本结构的概率同样显著增大。股东大会对董事长的制衡强度越大，当资本结构低于目标水平时，家族企业通过增加负债向上调整资本结构的概率显著增加，通过现金分红向上调整资本结构的概率有下降趋势；当资本结构高于目标水平时，家族企业通过减少负债、发行股票向下调整资本结构的概率都会明显增大。

表 6-19　　不同产权性质下董事会内部的制衡强度与资本结构调整方式的回归结果

变量	董事会内部的制衡强度					
	增加负债			现金分红		
	国企	民企	家族企业	国企	民企	家族企业
Dev^a	6.3579*** (5.80)	7.3828* (1.74)	6.0854*** (4.36)	2.4553 (0.72)	12.7638* (1.89)	5.0990* (1.85)
$IB*Dev^a$	0.6331 (0.63)	4.9277 (1.00)	1.9346 (1.56)	-1.3042 (-0.35)	-0.8171 (-0.11)	2.7244 (1.02)

续表

变量	董事会内部的制衡强度					
	增加负债			现金分红		
	国企	民企	家族企业	国企	民企	家族企业
IB	-0.2225 (-1.28)	-0.4395 (-0.81)	-0.0361 (-0.30)	0.1821 (0.39)	0.2756 (0.30)	-0.2939 (-0.14)
EBIT_TA	-0.6231 (-0.53)	2.6112 (0.92)	1.4637 (1.19)	22.9264*** (10.84)	23.2873*** (5.34)	23.8581*** (9.90)
MB	-0.0878 (-1.52)	-0.1599 (-1.29)	-0.0045 (-0.10)	0.0526 (0.57)	0.1614 (1.08)	-0.0533 (-0.67)
DEP_TA	-0.2344 (-0.43)	-4.2973** (-2.24)	-2.5002** (-2.37)	4.2619*** (4.15)	6.5748*** (2.89)	5.7163*** (3.75)
LnTA	0.2713*** (5.58)	0.1402 (1.06)	0.2381*** (3.28)	0.0856 (0.94)	0.0516 (0.23)	-0.1734 (-1.23)
FA_TA	-1.2246*** (-2.96)	2.4333** (2.28)	1.4904** (2.45)	-4.6745*** (-4.86)	-4.0513** (-2.05)	-2.8623** (-2.56)
Indlev	1.5801** (2.27)	-0.2862 (-0.14)	0.9672 (0.84)	-1.9964 (-1.27)	-1.3075 (-0.35)	-1.7598 (-0.82)
_cons	-6.1103*** (-5.43)	-4.0573 (-1.26)	-6.2160*** (-3.82)	-5.7076*** (-2.69)	-6.4703 (-1.25)	-1.9325 (-0.59)
Year	控制	控制	控制	控制	控制	控制
N	2296	312	1574	2296	312	1574
Pseudo R^2	0.0720	0.0728	0.0413	0.2360	0.3297	0.2075
chi^2	189.67	25.55	81.55	261.58	83.70	192.18

注：(1) ***、**、*分别表示变量在1%、5%和10%水平上显著（双尾检验）。(2) 回归括号中的数字为 t 值。

表6-20　不同产权性质下董事会内部的制衡强度与资本结构调整方式的回归结果（续表）

变量	董事会内部的制衡强度					
	减少负债			发行股票		
	国企	民企	家族企业	国企	民企	家族企业
Dev^a	3.3238*** (2.81)	2.3325 (0.62)	3.3290* (1.73)	2.2757* (1.90)	3.8360 (1.01)	2.6916* (1.87)

续表

变量	董事会内部的制衡强度					
	减少负债			发行股票		
	国企	民企	家族企业	国企	民企	家族企业
$IB*Dev^a$	1.3626 (1.02)	2.0825 (0.51)	4.0396* (1.95)	0.0736 (0.06)	2.8520 (0.77)	2.1111 (1.36)
IB	0.3375 (1.32)	-0.9320 (-1.32)	-0.4134 (-1.37)	-0.0117 (-0.05)	-0.3445 (-0.60)	0.5205 (0.31)
$EBIT\_TA$	-2.9531* (-1.86)	-14.0708*** (-3.11)	-3.6890* (-1.66)	3.0199* (1.82)	-3.2584 (-0.86)	1.9573 (1.12)
MB	-0.1202* (-1.83)	-0.0271 (-0.17)	0.0173 (0.27)	0.0112 (0.19)	0.3002** (2.37)	0.1385*** (2.98)
DEP_TA	-0.6084 (-0.97)	2.5525 (0.89)	4.8167*** (3.45)	-1.9361*** (-2.79)	-4.5289* (-1.66)	-1.8712 (-1.44)
$LnTA$	-0.2458*** (-3.45)	-0.6883** (-2.03)	-0.2153* (-1.78)	-0.1174* (-1.69)	0.2642 (1.09)	0.0784 (0.84)
FA_TA	0.7928 (1.63)	-1.0204 (-0.48)	-0.4767 (-0.54)	1.3079*** (2.63)	0.7304 (0.43)	0.9207 (1.30)
$Indlev$	-1.1600 (-1.31)	1.6626 (0.44)	4.1339** (2.25)	-1.6205* (-1.83)	0.1146 (0.04)	0.0371 (0.03)
$\_cons$	3.5751** (2.18)	14.6606* (1.93)	0.7623 (0.28)	0.9366 (0.58)	-8.5268 (-1.52)	-4.0546* (-1.87)
Year	控制	控制	控制	控制	控制	控制
N	1774	199	1060	1774	210	1060
$Pseudo\ R^2$	0.0313	0.1815	0.0895	0.0312	0.1625	0.0621
chi^2	52.88	31.86	81.75	50.98	35.46	78.28

注：(1) ***、**、*分别表示变量在1%、5%和10%水平上显著(双尾检验)。(2) 回归括号中的数字为 t 值。

表 6-21　不同产权性质下董事会内部的制衡强度与资本结构调整方式的回归结果（续表）

变量	董事会内部的制衡强度					
	增加负债			现金分红		
	国企	民企	家族企业	国企	民企	家族企业
Dev^a	6.3122*** (5.83)	7.3828* (1.74)	5.8389*** (4.23)	2.0603 (0.61)	12.7638* (1.89)	5.7376** (2.12)
$EB*Dev^a$	0.5824 (0.58)	4.9277 (1.00)	1.6101 (1.31)	-0.8217 (-0.22)	-0.8171 (-0.11)	1.7994 (0.68)
EB	-0.2235 (-1.29)	-0.4395 (-0.81)	-0.0404 (-0.33)	0.1288 (0.28)	0.2756 (0.30)	-0.1092 (-0.05)
$EBIT\_TA$	-0.6253 (-0.53)	2.6112 (0.92)	1.4475 (1.18)	22.9259*** (10.84)	23.2873*** (5.34)	23.5875*** (9.86)
MB	-0.0877 (-1.52)	-0.1599 (-1.29)	-0.0033 (-0.07)	0.0528 (0.58)	0.1614 (1.08)	-0.0451 (-0.57)
DEP_TA	-0.2376 (-0.44)	-4.2973** (-2.24)	-2.5127** (-2.38)	4.2637*** (4.15)	6.5748*** (2.89)	5.7983*** (3.80)
$LnTA$	0.2714*** (5.58)	0.1402 (1.06)	0.2388*** (3.29)	0.0854 (0.94)	0.0516 (0.23)	-0.1627 (-1.15)
FA_TA	-1.2230*** (-2.95)	2.4333** (2.28)	1.4870** (2.44)	-4.6755*** (-4.86)	-4.0513** (-2.05)	-2.9156*** (-2.61)
$Indlev$	1.5838** (2.27)	-0.2862 (-0.14)	0.9765 (0.84)	-2.0007 (-1.27)	-1.3075 (-0.35)	-1.8059 (-0.84)
$\_cons$	-6.1140*** (-5.43)	-4.0573 (-1.26)	-6.2244*** (-3.82)	-5.6592*** (-2.67)	-6.4703 (-1.25)	-2.1969 (-0.67)
Year	控制	控制	控制	控制	控制	控制
N	2296	312	1574	2296	312	1574
$Pseudo\ R^2$	0.0720	0.0728	0.0410	0.2359	0.3297	0.2068
chi^2	189.62	25.55	80.82	261.51	83.70	191.52

注：(1) ***、**、* 分别表示变量在1%、5%和10%水平上显著（双尾检验）。(2) 回归括号中的数字为 t 值。

第六章 管理层权力制衡强度、过度投资与资本结构调整方式

表 6-22 不同产权性质下董事会内部的制衡强度与资本结构调整方式的回归结果（续表）

变量	董事会内部的制衡强度					
	减少负债			发行股票		
	国企	民企	家族企业	国企	民企	家族企业
Dev^a	3.3827*** (2.85)	2.3325 (0.62)	3.7665** (1.98)	2.5378** (2.11)	3.8360 (1.01)	2.5622* (1.79)
$EB*Dev^a$	1.4397 (1.07)	2.0825 (0.51)	3.4991* (1.70)	0.4371 (0.33)	2.8520 (0.77)	1.9437 (1.26)
EB	0.3726 (1.46)	-0.9320 (-1.32)	-0.3772 (-1.25)	0.0743 (0.31)	-0.3445 (-0.60)	0.4250 (0.25)
$EBIT\_TA$	-2.9702* (-1.87)	-14.0708*** (-3.11)	-3.7873* (-1.71)	2.9001* (1.74)	-3.2584 (-0.86)	1.9604 (1.13)
MB	-0.1223* (-1.86)	-0.0271 (-0.17)	0.0194 (0.31)	0.0090 (0.15)	0.3002** (2.37)	0.1386*** (2.99)
DEP_TA	-0.6025 (-0.96)	2.5525 (0.89)	4.8423*** (3.48)	-1.9666*** (-2.83)	-4.5289* (-1.66)	-1.8666 (-1.43)
$LnTA$	-0.2473*** (-3.47)	-0.6883** (-2.03)	-0.2156* (-1.78)	-0.1204* (-1.73)	0.2642 (1.09)	0.0788 (0.84)
FA_TA	0.7995 (1.64)	-1.0204 (-0.48)	-0.5281 (-0.60)	1.3602*** (2.73)	0.7304 (0.43)	0.9248 (1.31)
$Indlev$	-1.1359 (-1.28)	1.6626 (0.44)	4.0811** (2.22)	-1.5564* (-1.75)	0.1146 (0.04)	0.0509 (0.04)
$\_cons$	3.5764** (2.18)	14.6606* (1.93)	0.7689 (0.28)	0.9280 (0.58)	-8.5268 (-1.52)	-4.0357* (-1.86)
Year	控制	控制	控制	控制	控制	控制
N	1774	199	1060	1774	210	1060
$Pseudo\ R^2$	0.0316	0.1815	0.0885	0.0312	0.1625	0.0618
chi^2	53.28	31.86	80.80	51.07	35.46	78.00

注：(1) ***、**、*分别表示变量在1%、5%和10%水平上显著（双尾检验）。(2) 回归括号中的数字为 t 值。

表 6-23　　家族企业管理层不同维度的权力制衡强度与资本结构调整方式的回归结果

变量	董事会内部的权力制衡强度				股东大会对董事长的权力制衡强度			
	增加负债	现金分红	减少负债	发行股票	增加负债	现金分红	减少负债	发行股票
Dev^a	2.8377**	7.3037**	5.5042***	3.2146**	2.3015***	8.4538***	5.1872***	2.5622***
	(2.12)	(2.39)	(3.45)	(3.06)	(2.93)	(3.60)	(4.19)	(2.79)
$PB\_DF * Dev^a$	2.9631**	-0.7295	1.1582	2.6670**				
	(2.06)	(-0.20)	(0.71)	(2.08)				
PB_DF	1.7875***	-0.0083	1.4688	1.3947*				
	(2.58)	(-0.02)	(1.41)	(1.75)				
$PB\_C * Dev^a$					3.9423*	-6.8341	4.2440*	3.9738*
					(1.71)	(-1.52)	(1.87)	(1.82)
PB_C					0.1797	0.7121	-0.3513	-0.0372
					(0.73)	(1.49)	(-1.01)	(-0.14)
$EBIT\_TA$	0.8688	23.0458***	-3.2248	2.9845*	0.5154	22.9036***	-3.6037*	2.2846
	(0.70)	(9.88)	(-1.49)	(1.67)	(0.43)	(10.07)	(-1.66)	(1.29)
MB	-0.0379	-0.0302	0.0076	0.1169**	-0.0334	-0.0143	0.0297	0.1321***
	(-0.85)	(-0.39)	(0.12)	(2.46)	(-0.76)	(-0.19)	(0.48)	(2.82)
DEP_TA	-3.2253***	5.9923***	4.0570***	-2.0040	-3.1583***	5.6072***	4.6703***	-1.2807
	(-3.06)	(4.01)	(2.86)	(-1.54)	(-2.98)	(3.67)	(3.20)	(-0.97)
$LnTA$	0.2253***	-0.1393	-0.1754	0.0764	0.2445***	-0.1004	-0.1356	0.0995
	(3.05)	(-1.01)	(-1.47)	(0.81)	(3.36)	(-0.72)	(-1.15)	(1.06)
FA_TA	2.1554***	-2.9940***	-1.0300	1.2781*	2.1071***	-2.9158***	-1.2729	0.8877
	(3.53)	(-2.69)	(-1.18)	(1.78)	(3.52)	(-2.60)	(-1.45)	(1.24)
$Indlev$	1.4527	-1.9393	3.3044*	-0.0247	1.8483	-2.1492	3.5891**	0.3020
	(1.27)	(-0.90)	(1.88)	(-0.02)	(1.62)	(-1.00)	(2.03)	(0.21)
$\_cons$	-7.3222***	-2.6607	-1.1702	-5.0972**	-6.4820***	-3.6278	-0.8892	-4.4447**
	(-4.40)	(-0.88)	(-0.44)	(-2.42)	(-3.98)	(-1.17)	(-0.34)	(-2.13)
Year	控制	控制	控制	控制	控制	控制	控制	控制
N	1574	1574	1060	1060	1574	1574	1060	1060
$Pseudo\ R^2$	0.0435	0.2064	0.0833	0.0669	0.0390	0.2089	0.0814	0.0692
chi^2	85.73	191.09	77.21	84.42	76.88	193.43	75.46	87.26

注：(1) ***、**、* 分别表示变量在 1%、5% 和 10% 水平上显著（双尾检验）。(2) 回归括号中的数字为 t 值。

第六章 管理层权力制衡强度、过度投资与资本结构调整方式

表 6-24 至表 6-29 为不同产权性质下，综合权力制衡强度对资本结构调整方式影响的回归结果。从表 6-24 的结果发现，在增加负债列中，$PB1 * Dev^a$ 的回归系数在家族企业中显著为正，显著性水平为 1%，尽管在国企中不显著为正，但其 T 的统计量大于 1，基本说明提高增加负债概率的趋势；在现金分红列中，$PB1 * Dev^a$ 的回归系数在国企中显著为负，显著性水平为 10%，尽管在家族企业中不显著为负，但其大于 1 的 T 值表明了降低现金分红概率的趋势。表 6-25 的数据显示，在减少负债列中，$PB1 * Dev^a$ 的回归系数在国企和家族企业中均显著为正，显著性水平分别为 1%、10%；在发行股票列中，$PB1 * Dev^a$ 的回归系数在非家族企业的民企和家族企业中均显著为正，显著性水平分别为 5%、10%。同理，表 6-26 的数据显示，在增加负债列中，$PB2 * Dev^a$ 的回归系数在国企和家族企业中均显著为正，显著性水平都为 5%；在现金分红列中，$PB2 * Dev^a$ 的回归系数在家族企业中显著为正，显著性水平为 10%，尽管在国企中不显著为负，但其 T 的统计量大于 1，基本表明了降低现金分红概率的趋势。由表 6-27 的结果可知，在减少负债列中，$PB2 * Dev^a$ 的回归系数在国企和家族企业中均显著为正，显著性水平分别为 1%、10%；在发行股票列中，$PB2 * Dev^a$ 的回归系数在家族企业中显著为正，显著性水平为 5%。紧接着，从表 6-28 的结果可知，在增加负债列中，$PB3 * Dev^a$ 的回归系数在子样本中均不显著为正，但国企和家族企业中的 T 值均大于 1，基本表明提高增加负债概率的趋势；在现金分红列中，$PB3 * Dev^a$ 的回归系数在非家族企业的民企中显著为正，显著性水平为 5%。表 6-29 的证据显示，在减少负债列中，$PB3 * Dev^a$ 的回归系数在国企中显著为正，尽管在非家族企业的民企中不显著，但其 T 的统计量大于 1，基本表明提高减少负债概率的趋势；在发行股票列中，$PB3 * Dev^a$ 的回归系数在非家族企业的民企和家族企业中均显著为正，显著性水平分别为 10%、1%。以上结果基本说明，综合权力制衡强度越大，当资本结构低于目标水平时，国企和家族企业通过增加负债向上调整资本结构的概率显著增加，非家族企业的民企和家族企业通过现金分红向上调整资本结构的概率显著增大，国企通过现金分红向上调整资本结构的概率降低；当资本结构高于目标水平时，国企和家族企业通过减少负债向下调整资本结构的概率明显增大，其次为非家族企业的民企；非家族企业的民企和家族企业通过发行股票向下调整资本结构的概率同样明显增大。由此可见，综合权力制衡强度体现了各个维度变量的影响。

表 6-24　不同产权性质下管理层综合权力制衡强度与资本结构调整方式的回归结果

变量	综合权力制衡强度					
	增加负债			现金分红		
	国企	民企	家族企业	国企	民企	家族企业
Dev^a	10.4959***	5.9460	1.1054	11.1245**	5.5922	15.6773**
	(2.71)	(0.65)	(0.50)	(1.97)	(0.51)	(2.02)
$PB1*Dev^a$	2.3657	1.0725	1.6064***	-5.2600*	4.2416	-2.5061
	(1.23)	(0.22)	(2.71)	(-1.79)	(0.67)	(-1.17)
$PB1$	-0.2380	-0.2197	0.1052	0.4940	-0.7650	0.1327
	(-0.99)	(-0.39)	(1.12)	(1.24)	(-1.01)	(0.58)
$EBIT\_TA$	1.0598	3.6440	0.6870	20.7281***	25.2725***	20.7886***
	(0.59)	(0.91)	(0.48)	(8.50)	(4.99)	(6.94)
MB	-0.0330	-0.1272	-0.0570	0.0858	0.1612	0.0069
	(-0.45)	(-0.76)	(-1.21)	(0.91)	(1.07)	(0.08)
DEP_TA	0.3958	-4.0296*	-3.5836***	4.0453***	6.6552***	5.9726***
	(0.53)	(-1.79)	(-3.33)	(3.89)	(2.90)	(3.88)
$LnTA$	0.3233***	0.1803	0.2506***	0.1274	0.0350	-0.0724
	(4.94)	(1.10)	(3.23)	(1.33)	(0.15)	(-0.49)
FA_TA	-2.2032**	2.0313	2.4408***	-4.6520***	-4.0412**	-3.0367***
	(-2.48)	(0.97)	(3.94)	(-4.81)	(-2.05)	(-2.69)
$Indlev$	0.3900	-0.7119	1.9357*	-1.9375	-1.4804	-1.8175
	(0.33)	(-0.23)	(1.70)	(-1.24)	(-0.40)	(-0.84)
$\_cons$	-6.8602***	-4.8054	-6.7718***	-7.3660***	-4.7111	-4.4865
	(-5.66)	(-1.47)	(-4.06)	(-3.16)	(-0.87)	(-1.29)
Year	控制	控制	控制	控制	控制	控制
N	2296	312	1574	2296	312	1574
$Pseudo\ R^2$	0.0718	0.0705	0.0415	0.2388	0.3335	0.2080
chi^2	189.10	24.72	81.77	264.69	84.67	192.64

注：(1) ***、**、* 分别表示变量在1%、5%和10%水平上显著（双尾检验）。(2) 回归括号中的数字为 t 值。

表 6-25　不同产权性质下管理层综合权力制衡强度与资本
结构调整方式的回归结果（续表）

变量	综合权力制衡强度					
	减少负债			发行股票		
	国企	民企	家族企业	国企	民企	家族企业
Dev^a	13.6078***	11.9850	3.4084*	1.1567	17.6422	1.6501
	(3.86)	(0.83)	(1.64)	(0.28)	(1.50)	(0.98)
$PB1*Dev^a$	6.1186***	4.2780	0.9537*	0.5227	12.2098**	0.8390*
	(3.30)	(0.62)	(1.93)	(0.24)	(2.04)	(1.95)
$PB1$	0.8963***	-0.2851	0.1458	-0.0087	-1.3759*	-0.0335
	(3.20)	(-0.33)	(1.05)	(-0.03)	(-1.90)	(-0.31)
$EBIT\_TA$	1.8459	-16.3937***	-3.2839	3.5768**	-3.6940	2.1979
	(1.03)	(-3.34)	(-1.43)	(2.24)	(-0.99)	(1.26)
MB	-0.2214***	-0.0531	-0.0011	0.0065	0.2943**	0.1368***
	(-3.31)	(-0.31)	(-0.02)	(0.11)	(2.37)	(2.95)
DEP_TA	-0.0343	1.1750	3.7681**	-1.8746***	-4.7925*	-1.8688
	(-0.06)	(0.40)	(2.57)	(-2.76)	(-1.68)	(-1.40)
$LnTA$	-0.4109***	-0.3193	-0.2435**	-0.1211*	0.3399	0.0974
	(-5.55)	(-1.04)	(-1.98)	(-1.74)	(1.38)	(1.04)
FA_TA	0.1793	0.2342	0.2722	1.2677***	1.0510	0.9717
	(0.41)	(0.12)	(0.30)	(2.82)	(0.63)	(1.34)
$Indlev$	-1.1979	-0.2242	3.9000**	-1.5834*	1.1100	0.0695
	(-1.38)	(-0.06)	(2.07)	(-1.82)	(0.39)	(0.05)
$\_cons$	5.7073***	7.1403	0.5196	0.9887	-8.2061	-4.2290**
	(3.33)	(1.02)	(0.19)	(0.59)	(-1.46)	(-2.04)
Year	控制	控制	控制	控制	控制	控制
N	1774	199	1060	1774	210	1060
Pseudo R^2	0.0419	0.1639	0.1003	0.0313	0.1865	0.0635
chi^2	71.77	26.50	91.56	51.12	40.70	80.06

注：(1) ***、**、* 分别表示变量在1%、5%和10%水平上显著（双尾检验）。(2) 回归括号中的数字为 t 值。

表 6 – 26　不同产权性质下管理层综合权力制衡强度与资本结构调整方式的回归结果（续表）

变量	综合权力制衡强度					
	增加负债			现金分红		
	国企	民企	家族企业	国企	民企	家族企业
Dev^a	10.4887***	7.5763	1.1333	6.6511	9.3843	2.6872
	(4.49)	(1.38)	(1.09)	(1.61)	(1.29)	(0.48)
$PB2*Dev^a$	1.4784**	1.3204	0.7467**	-1.7624	1.2434	2.3003*
	(2.11)	(0.72)	(2.24)	(-1.37)	(0.50)	(1.80)
$PB2$	-0.1166	-0.1926	0.0731	0.1643	-0.1254	-0.2415
	(-1.39)	(-0.91)	(1.51)	(1.07)	(-0.42)	(-1.51)
$EBIT\_TA$	-2.7333**	1.3946	1.0865	21.8117***	24.0882***	21.0805***
	(-2.34)	(0.51)	(0.87)	(9.64)	(5.21)	(8.35)
MB	-0.1635***	-0.1947	-0.0125	0.0664	0.1670	-0.1417
	(-2.85)	(-1.61)	(-0.28)	(0.72)	(1.10)	(-1.45)
DEP_TA	-1.0467**	-4.9084**	-2.8458***	4.1589***	6.6896***	3.7227*
	(-1.97)	(-2.52)	(-2.63)	(4.01)	(2.93)	(1.94)
$LnTA$	0.1914***	0.1013	0.2404***	0.1076	0.0344	-0.1387
	(4.06)	(0.79)	(3.28)	(1.15)	(0.15)	(-0.99)
FA_TA	-0.0081	3.2517***	1.7840***	-4.6686***	-4.1959**	-1.1163
	(-0.02)	(2.88)	(2.81)	(-4.83)	(-2.12)	(-0.75)
$Indlev$	3.1327***	0.7421	1.3355	-1.9573	-1.3047	-0.1250
	(4.57)	(0.37)	(1.14)	(-1.25)	(-0.36)	(-0.05)
$\_cons$	-4.3321***	-3.0552	-6.6411***	-6.5053***	-5.6049	-1.4926
	(-3.82)	(-0.96)	(-4.07)	(-2.95)	(-1.08)	(-0.48)
Year	控制	控制	控制	控制	控制	控制
N	2296	312	1574	2296	312	1574
$Pseudo\ R^2$	0.0731	0.0722	0.0395	0.2375	0.3302	0.2097
chi^2	192.41	25.35	77.90	263.29	83.81	194.18

注：（1）***、**、*分别表示变量在1%、5%和10%水平上显著（双尾检验）。（2）回归括号中的数字为 t 值。

表 6-27　不同产权性质下管理层综合权力制衡强度与资本结构调整方式的回归结果（续表）

变量	综合权力制衡强度					
	减少负债			发行股票		
	国企	民企	家族企业	国企	民企	家族企业
Dev^a	7.1502***	4.9973	3.9056**	2.9891*	2.7572	4.7579***
	(3.82)	(0.61)	(2.44)	(1.73)	(0.62)	(3.60)
$PB2 * Dev^a$	1.7587***	0.7893	0.6249*	0.2915	1.1458	0.8356**
	(2.83)	(0.33)	(1.67)	(0.53)	(0.87)	(2.51)
$PB2$	0.3087***	-0.3254	0.0108	0.0628	-0.1213	0.0655
	(3.19)	(-1.09)	(0.14)	(0.64)	(-0.53)	(1.11)
$EBIT\_TA$	0.2615	-17.3977***	-3.3782	3.2843*	-2.4436	1.4725
	(0.16)	(-3.49)	(-1.48)	(1.95)	(-0.68)	(0.83)
MB	-0.1874***	-0.0542	0.0118	-0.0009	0.2962**	0.1015**
	(-2.84)	(-0.32)	(0.18)	(-0.01)	(2.37)	(2.07)
DEP_TA	-0.0718	0.1957	4.7113***	-1.9844***	-4.1833	-2.2653*
	(-0.12)	(0.06)	(3.26)	(-2.77)	(-1.52)	(-1.70)
$LnTA$	-0.3770***	-0.3960	-0.2169*	-0.1321*	0.2939	0.1252
	(-5.18)	(-1.26)	(-1.79)	(-1.85)	(1.17)	(1.32)
FA_TA	0.1806	0.6924	-0.3831	1.4516**	0.4450	1.5593**
	(0.41)	(0.33)	(-0.42)	(2.52)	(0.25)	(2.07)
$Indlev$	-1.3478	-0.3033	4.2484**	-1.3419	0.0020	0.8099
	(-1.55)	(-0.08)	(2.25)	(-1.40)	(0.00)	(0.55)
$\_cons$	5.8216***	9.3463	0.4157	0.9885	-9.2311	-5.1264**
	(3.42)	(1.29)	(0.15)	(0.61)	(-1.59)	(-2.43)
Year	控制	控制	控制	控制	控制	控制
N	1774	199	1060	1774	210	1060
$Pseudo\ R^2$	0.0411	0.1698	0.0952	0.0314	0.1674	0.0696
chi^2	70.34	27.45	86.91	51.39	36.54	87.78

注：(1) ***、**、* 分别表示变量在1%、5%和10%水平上显著（双尾检验）。(2) 回归括号中的数字为 t 值。

表 6-28　不同产权性质下管理层综合权力制衡强度与资本结构调整方式的回归结果（续表）

变量	综合权力制衡强度					
	增加负债			现金分红		
	国企	民企	家族企业	国企	民企	家族企业
Dev^a	7.3195***	4.6259	4.0210***	3.5017	3.4197	7.2284***
	(5.09)	(1.27)	(3.48)	(1.22)	(0.53)	(3.11)
$PB3*Dev^a$	1.9514	0.6443	3.9554	-2.8480	14.2185**	-1.3884
	(1.18)	(0.16)	(1.46)	(-0.88)	(1.97)	(-0.32)
$PB3$	-0.0438	-0.2570	0.4891*	0.3400	-1.2438	0.1345
	(-0.22)	(-0.52)	(1.69)	(0.81)	(-1.46)	(0.26)
$EBIT\_TA$	-2.6894**	0.0447	0.3058	22.8900***	23.9335***	23.0990***
	(-2.31)	(0.01)	(0.25)	(10.82)	(5.30)	(10.14)
MB	-0.1635***	-0.1894	-0.0491	0.0556	0.1748	-0.0295
	(-2.86)	(-1.53)	(-1.12)	(0.61)	(1.11)	(-0.38)
DEP_TA	-1.0205*	-5.0622**	-3.5765***	4.2936***	6.8069***	5.9484***
	(-1.92)	(-2.49)	(-3.44)	(4.15)	(3.01)	(3.95)
$LnTA$	0.1912***	0.1055	0.2589***	0.0888	-0.0096	-0.1385
	(4.07)	(0.79)	(3.54)	(0.97)	(-0.04)	(-1.00)
FA_TA	-0.0376	3.3963***	2.4169***	-4.6902***	-4.5885**	-2.9692***
	(-0.10)	(2.65)	(4.08)	(-4.85)	(-2.30)	(-2.66)
$Indlev$	3.1400***	0.8568	1.9053*	-2.0152	-0.6035	-1.9844
	(4.58)	(0.41)	(1.68)	(-1.28)	(-0.17)	(-0.92)
$\_cons$	-4.6736***	-3.4463	-6.7047***	-5.8842***	-4.4022	-2.7162
	(-4.19)	(-1.05)	(-4.10)	(-2.78)	(-0.83)	(-0.89)
Year	控制	控制	控制	控制	控制	控制
N	2296	312	1574	2296	312	1574
Pseudo R^2	0.0724	0.0713	0.0414	0.2365	0.3461	0.2063
chi^2	190.63	25.03	81.69	262.21	87.86	191.04

注：(1) ***、**、*分别表示变量在1%、5%和10%水平上显著（双尾检验）。(2) 回归括号中的数字为 t 值。

表 6-29　不同产权性质下管理层综合权力制衡强度与资本结构调整方式的回归结果（续表）

变量	综合权力制衡强度					
	减少负债			发行股票		
	国企	民企	家族企业	国企	民企	家族企业
Dev^a	4.5682***	3.9849	6.0565***	1.9980*	1.8350	2.0260**
	(3.79)	(1.07)	(5.07)	(1.70)	(0.54)	(2.11)
$PB3*Dev^a$	3.3136**	6.0313	1.6917	0.3643	6.7830*	5.7899**
	(2.25)	(1.26)	(0.73)	(0.27)	(1.71)	(2.47)
$PB3$	0.5837**	-0.8459	0.4196	0.0894	-1.0487*	0.7195**
	(2.40)	(-1.13)	(1.10)	(0.37)	(-1.65)	(2.47)
$EBIT\_TA$	-2.4782	-14.0096***	-2.9945	3.2257*	-3.1799	1.6170
	(-1.59)	(-3.04)	(-1.35)	(1.95)	(-0.87)	(0.92)
MB	-0.1076*	-0.0494	0.0012	0.0095	0.3283***	0.1354***
	(-1.66)	(-0.31)	(0.02)	(0.16)	(2.59)	(2.91)
DEP_TA	-0.4164	2.5373	3.7179***	-1.8583***	-4.5274	-1.8834
	(-0.68)	(0.87)	(2.63)	(-2.68)	(-1.63)	(-1.44)
$LnTA$	-0.2312***	-0.8034**	-0.1361	-0.1177*	0.3212	0.0945
	(-3.29)	(-2.33)	(-1.16)	(-1.70)	(1.27)	(1.01)
FA_TA	0.5895	-1.0823	-0.3658	1.1962**	0.3949	1.1102
	(1.34)	(-0.51)	(-0.42)	(2.41)	(0.23)	(1.56)
$Indlev$	-1.3992	1.2635	2.9306	-1.6419*	-0.3680	0.1998
	(-1.63)	(0.35)	(1.64)	(-1.85)	(-0.13)	(0.14)
$\_cons$	3.1016*	17.2495**	-1.0618	0.8427	-9.5310	-4.4043**
	(1.88)	(2.20)	(-0.40)	(0.52)	(-1.64)	(-2.13)
Year	控制	控制	控制	控制	控制	控制
N	1774	199	1060	1774	210	1060
$Pseudo\ R^2$	0.0340	0.2078	0.0890	0.0318	0.1794	0.0665
chi^2	57.29	36.47	82.47	51.98	39.14	83.84

注：(1) ***、**、*分别表示变量在1%、5%和10%水平上显著（双尾检验）。(2) 回归括号中的数字为 t 值。

综合以上分析，我们认为，随着管理层权力制衡强度的增大，国企偏好通过增加负债、减少负债来调整资本结构，不偏向通过现金分红对资本结构进行调整，这也与目前资本市场中，国企实施现金分红的比例远远低于民企的情况相吻合。非家族企业的民企偏好通过现金分红、发行股票来调整资本结构，有通过增加负债、减少负债对资本结构进行调整的趋势；而家族企业通过增加负债、现金分红、减少负债和发行股票对资本结构进行调整的概率均有明显的提高。分析发现，管理层权力制衡强度对民营企业的股权融资方式产生较为明显的影响，而对国有企业的债权融资方式产生较为显著的影响，可能的原因在于，民企面临的债务约束远高于国企，在通过债务方式较难调整资本结构之时，会倾向于选择权益方式。另外，在家族企业中，管理层权力制衡强度对四种调整方式均有明显影响，可能的原因是，家族成员对家族企业的经营决策往往过度干预，且家族成员拥有的权力也不低，"家族治理"的内部环境不利于企业的长期发展。因此，相较于非家族企业的民企而言，在家族企业中，管理层的权力制衡机制对资本结构调整方式能够产生更明显的作用。以上实证结果说明，不同产权性质下，管理层权力制衡强度对资本结构调整方式的影响具有显著差异。

第七节　本章小结

本书以2010—2018年沪深两市A股非金融类上市公司为例，实证检验了管理层权力制衡强度对资本结构调整方式的影响，并检验了过度投资的调节作用。经研究发现，首先，管理层权力制衡强度越大，当资本结构低于目标水平时，公司通过增加负债向上调整资本结构的概率增大；当资本结构高于目标水平时，通过减少负债、发行股票向下调整资本结构的概率增加。其次，随着公司过度投资程度的增加，管理层权力制衡强度与资本结构调整方式之间的关系会被显著削弱。在使用Probit模型重新进行回归，并考虑管理层权力制衡强度的其他衡量方法、过度投资的其他衡量方法、资本结构调整方式的其他衡量方法、控制其他变量对资本结构调整方式的影响后，上述结论依然稳健。进一步的研究发现，不同产权性质下，管理层权力制衡强度对资本结构调整方式的影响具有显著差异，即随着管理层权力制衡强度的增大，国企偏好通过增加负债、减少负债来调整资本结构，不倾向于通过现金分红对资本结构进行调整；非家族企业的民企偏好通过现金分红、发行股票来调整资本结构，有通过增加负债、减少负债对资本结构进行调整的趋势；而家族企业通过增加负债、现金分红、减少负债和发行股票对资本结构进行调整的概率均有明显的提高。

第七章 研究结论和启示

《国企改革三年行动方案（2020—2022年）》的提出，给我国企业的进一步发展指明了方向，即坚持党组织的领导，建立中国特色现代企业制度。这也使企业内部治理存在的问题、如何提升其治理水平等备受关注。因此，本书选取了2010—2018年沪深两市A股非金融类上市公司的数据，围绕管理层权力制衡强度对资本结构的影响进行实证研究，并从投资驱动的视角，检验其内在影响机理，形成了研究结论、启示，以及本书存在的局限性、对未来研究的展望。

第一节 主要研究结论

一、管理层权力制衡强度、过度投资与公司负债水平

（1）管理层权力制衡强度对公司负债水平能够产生显著的影响，但是，管理层三个维度的制衡强度对公司负债水平的影响效果不同。董事长对总经理的制衡强度和董事会对总经理办公会的制衡强度都能够显著降低公司的负债水平，而董事会内部的制衡强度能够显著提高公司的负债水平。

（2）管理层权力制衡强度通过缓解过度投资程度，从而影响公司负债水平。

（3）进一步研究发现，国企身份会显著削弱管理层权力制衡强度对公司负债水平的治理作用，即管理层权力制衡机制在非国企中能发挥更显著的治理效用。此外，债务对管理层权力制衡机制的约束效应在高成长性的公司中更强，即公司的成长机会越高，越会促进管理层权力制衡强度降低公司的负债水平、抑制管理层权力制衡强度提高公司的负债水平。

（4）拓展性检验表明，管理层权力制衡强度对公司负债水平的影响，以及管理层权力制衡强度通过缓解过度投资程度来影响公司负债水平的治理效应，

在家族企业中最明显，其次为非家族企业的民企，在国企中不明显。

二、管理层权力制衡强度、过度投资与资本结构调整速度

（1）管理层权力制衡强度越大，公司资本结构调整速度越快。区分资本结构向上和向下的调整方向后，结论依然不变。

（2）管理层权力制衡强度通过缓解过度投资对资本结构动态调整的扭曲，从而提高资本结构调整速度。区分资本结构向上和向下的调整方向后，结论依然不变。

（3）进一步研究发现，国企身份会显著削弱管理层权力制衡强度对资本结构调整速度的治理效用。那么，管理层权力制衡机制在非国企中能发挥更显著的治理效用。此外，在高成长性的公司中，债务对管理层权力制衡机制的约束效应更强，因而会明显削弱管理层权力制衡强度对资本结构调整速度的治理效用。

（4）拓展性检验表明，管理层权力制衡强度能够显著提高资本结构调整速度，以及管理层权力制衡强度通过缓解过度投资程度来提高资本结构调整速度的治理效应，在家族企业中最明显，其次为国企和非家族企业的民企。

三、管理层权力制衡强度、过度投资与资本结构调整方式

（1）管理层权力制衡强度越大，当资本结构低于目标水平时，公司通过增加负债向上调整资本结构的概率增大；当资本结构高于目标水平时，通过减少负债、发行股票向下调整资本结构的概率增加。

（2）随着公司过度投资程度的增加，管理层权力制衡强度与资本结构调整方式之间的关系会被显著削弱。

（3）进一步研究发现，不同产权性质下，管理层权力制衡强度对资本结构调整方式的影响具有显著差异，即随着管理层权力制衡强度的增大，国企偏好通过增加负债、减少负债来调整资本结构，不倾向于通过现金分红对资本结构进行调整；非家族企业的民企偏好通过现金分红、发行股票来调整资本结构，有通过增加负债、减少负债对资本结构进行调整的趋势；而家族企业通过增加负债、现金分红、减少负债和发行股票对资本结构进行调整的概率均有明显的提高。

第二节　政策启示

（1）《国企改革三年行动方案（2020—2022年）》（下文简称《方案》）的提出给我国企业（包括国有企业、民营企业）的进一步发展指明了方向，该方案还要求正确处理党组织与董事会、总经理办公会等治理主体之间的关系。《方案》指出，党组织的职责是"把方向、管大局、保落实"。一来，"把方向、管大局"表明党组织主要负责企业发展方向，应将党组织的领导与企业治理的完善有效结合，切实将党组织嵌入企业内部治理结构，能够从机制上保障党组织领导作用的发挥。二来，"保落实"表明党组织负责各类决策的落实，而非参与日常经营决策，即董事会拥有决策权，总经理办公会拥有执行权，党组织监督董事、高管等管理层经营决策的落实情况。然而，使用分权制衡方式，增强董事、高管这类管理层人员内部的权力制衡强度，能够有效强化企业内部的监督体系，利于党组织"保落实"职责的充分发挥。

（2）加快推进企业建立规范的法人治理结构，增大董事、高管这类管理层人员内部的权力制衡强度，进而有利于公司作出正确的决策。就董事会和总经理办公会而言，以董事会的决策权和总经理办公会的执行权的分立为基础，对董事长、总经理、内部董事、独立董事等人员，按其职责分配权力，使董事、高管等管理层的权力、责任、利益达到平衡。具体来说，董事长和总经理的职位分离，降低高管兼任董事的比例，提高外部董事、独立董事的比重，都会增大董事、高管这类管理层人员内部的权力制衡强度，进而有利于公司作出合理的资本结构决策。

（3）提高董事、高管等管理层中拥有财务经历的人员比重，有利于增大管理层权力制衡强度，进而对优化公司的静态资本结构水平产生积极作用。

（4）加强公司内部的监督力度，以防董事、高管合谋减弱管理层权力制衡强度，从而影响资本结构决策。可以从股东大会、董事会及监事会的角度来提高公司的监督水平，股东大会可以设定一个政策，当股东合计持有的股权达到一定比例，可以跳过董事会，直接罢免高管。董事会尤其是委员会的设置中，应当提高独立董事、外部董事的比重，秉持独立董事占多数的原则，同时，在选拔独立董事时应当注重其独立性和专业胜任能力。加大监事会对董事、高管的监督，可考虑由独立董事、外部董事向股东大会推荐监事人选。

（5）权力制衡强调各方利益主体的权力、责任、利益的平衡，然而现实的公司中，无法明确具体责任人及责任的大小，因而会影响制衡体系的发挥。可以参照经济发达国家的董事会备忘录制度，将其运用到董事会、总经理办公会上，在董事会、总经理办公会中均设置问责机制，明确不同利益主体的责任。具体说来就是，对于每次决策要求明确记载所有参与人的意见，将集体责任落实到个人，从而提高董事、高管决策的谨慎性。这样一来，权力制衡才会得到进一步强化，从而促使公司优化资本结构决策。

（6）全面深化国企改革，深入实施国企改革三年行动，必须坚持党对国企的全面领导以及加强企业党委会的建设不动摇。党委会要结合国企现状、改革要求等，做好员工的思想工作，加强对国企改革的领导，并积极推动国企取得相应成效。例如，国企应当摒弃"行政型治理"模式，而转向"经济型治理"的现代公司治理模式，使其作为市场主体，能够有效参与市场竞争，增强其对市场经济活动的敏感性。较为典型的是国企的预算软约束现象，降低融资软约束，能够切实增强管理层权力制衡强度在国企资本结构决策方面的促进作用。

（7）在企业党组织的领导下，充分调动各级员工参与企业经营管理的积极性，增强企业内部治理结构、运行机制的有效性，激发企业内部发展的竞争力、活力、抗风险能力等。例如，企业应当关注其生命周期情况，当其处于低成长性或是成熟期、衰退期之类的低成长阶段时，提高管理层权力制衡强度会对资本结构的优化产生积极作用。

（8）就政府角度而言，应当加大市场机制（产品市场、资本市场、经理人市场）的透明度、完善法律环境，从而提高外部监督水平，进而给公司内部制衡体系的运作提供了良好条件，促使公司优化资本结构。

第三节　研究局限性

（1）在管理层权力制衡强度度量方面，本书选取董事长对总经理的制衡强度、董事会对总经理办公会的制衡强度、董事会内部的制衡强度三个维度变量以及三个维度构成的三个综合变量来衡量，与现有文献相比，这种既有单一指标又有综合指标的度量方法更系统、全面，但在设置维度以及选取各维度替代变量的过程中可能还会受到主观因素的影响。另外，对于资本结构的度量，本书参照了大多数学者的做法（黄继成等，2016；姜付秀和黄继承，2011；郭雪萌等，2019），选取有息负债率作为替代变量。但是，现有文献中，还有部分学者使用资产负债率、长期资产负债率、负债与权益之比等作为资本结构的替代变量，此处替代变量的选择可能受主观因素影响。

（2）一般来说，企业的经营发展会受到当时所处的经济环境的影响，譬如外国学者 Jin（2005）研究发现，公司众多财务指标与经济周期、公司对经济周期的敏感度密切相关，如果公司对经济周期的变化较为敏感，则在经济繁荣期的盈余增长更快，在经济衰退期的盈余下降更快。另外，不同行业的公司治理存在不同的特点，管理层权力制衡强度可能存在偏重，各个维度变量对资本结构的影响也可能存在差异。因此，本书的研究未考虑经济周期、行业差异的影响，可能会对研究结论有影响。

（3）本书的样本是沪深两市 A 股非金融类上市公司，主要是以上市公司为研究目标。但是，上市公司只是企业中的一类群体，由其得出的结论是否适用于所有类型的企业可能值得商榷。另外，考虑到 2008 年金融危机的影响以及滞后数据的必要性，本书选取的样本区间是 2010—2018 年，属于经济下行期，未考虑经济上行期的影响，可能也会影响结论的解释力。

第四节　未来研究方向

（1）公司内部治理结构是各方权力机构权责利相互监督制衡形成的制度体系，那么除了权力制衡外，还应当存在责任制衡。责任制衡同样也是对称的，总经理需要对董事会负责，即总经理需在法律法规、公司规章和董事会授权下执行业务活动；董事会也需要对总经理负责，即董事会不能随意干预总经理的经营决策。因此，责任制衡对资本结构或是公司其他决策的影响，也值得未来进一步研究。

（2）董事与高管之间合伙谋取私利，是管理层权力制衡强度较弱的表现之一。那么，董事与高管之间如何进行合谋获取私利，具体的合谋获取私利的方式如何，是资金流失、关联交易，还是其他方式，还有其中的合谋机理是什么，获取的利益在两者之间如何分配等，都值得未来进一步研究。

（3）在前文研究基础上，分别考虑经济周期的变化、行业差异以及成长阶段的影响。具体说来，将经济周期的变量引入其中，检验管理层权力制衡强度对资本结构的影响以及内在影响机理。同样地，将样本分别划分为不同行业、不同成长阶段，并重复上述操作。

第五节 本章小结

本章是全书的总结部分，依据管理层权力制衡强度对静态资本结构和动态资本结构调整的实证研究结果，得出本书的主要研究结论。基于主要的结论，笔者还概括了一些政策启示。最后，本书提出了研究存在的局限性，并指出未来值得进一步研究的方向。

参考文献

[1] 彼得·布劳. 社会生活中的交换与权力 [M]. 苏国勋, 李国武, 译. 北京: 华夏出版社, 1988.

[2] 方军雄. 所有制, 制度环境与信贷资金配置 [J]. 经济研究, 2007 (12): 82-92.

[3] 方红星, 金玉娜. 公司治理、内部控制与非效率投资: 理论分析与经验证据 [J]. 会计研究, 2013 (7): 63-69.

[4] 冯根福, 马亚军. 上市公司高管人员自利对资本结构影响的实证分析 [J]. 财贸经济, 2004 (6): 16-22, 96.

[5] 范合君, 叶胜然. 中国女性领导者真的能够抑制企业过度投资吗?——基于经济周期不同阶段的实证研究 [J]. 经济管理, 2014 (4): 74-81.

[6] 高明华. 国企混改的核心是建立制衡机制 [N]. 经济参考报, 2018 (4): 1-4.

[7] 郭雪萌, 梁彭, 解子睿. 高管薪酬激励、资本结构动态调整与企业绩效 [J]. 山西财经大学学报, 2019 (4): 78-91.

[8] 黄毅峰. 社会冲突强度及其影响因素分析 [J]. 行政论坛, 2013 (4): 37-41.

[9] 黄继承, 阚铄, 朱冰, 郑志刚. 经理薪酬激励与资本结构动态调整 [J]. 管理世界, 2016 (11): 156-171.

[10] 黄继承, 朱冰, 向东. 法律环境与资本结构动态调整 [J]. 管理世界, 2014 (5): 142-156.

[11] 韩文. 董事会治理优化路径研究: 专门委员会制度的重构 [J]. 法学杂志, 2019 (7): 91-98.

[12] 郝二辉. 高管团队背景特征、行为选择与财务困境 [D]. 成都: 西南财经大学, 2011.

[13] 杭建民, 于蕾. 国企高管权力强度和资本投资与公司业绩波动 [J].

天津大学学报，2016（4）：298-303.

［14］姜付秀，黄继承．市场化进程与资本结构动态调整［J］．管理世界，2011（3）：124-134.

［15］姜付秀，黄继承．CEO 财务经历与资本结构决策［J］．会计研究，2013（5）：27-34.

［16］姜付秀，张敏，陆正飞，陈才东．管理者过度自信、企业扩张与财务困境［J］．经济研究，2009（1）：131-143.

［17］贾明琪，杜蕊，贾文劭，罗浩．关系股东视角的大股东控制与上市公司投资效率关系研究［J］．兰州大学学报，2017（5）：137-147.

［18］李彬．管理层权利、过度投资与公司价值——基于集权与分权理论的分析［J］．财经论丛，2013（6）：75-82.

［19］李云鹤．企业成长、管理者代理与公司资本配置效率［J］．系统管理学报，2014，23（6）：789-796.

［20］李焰，秦义尧，张肖飞．企业产权、管理者背景、特征与投资效率［J］．管理世界，2011（1）：135-144.

［21］李心合，王亚星，叶玲．债务异质性假说与资本结构选择理论的新解释［J］．会计研究，2014（12）：3-10.

［22］刘俊杰．当代中国权力制衡结构的完善与变革［J］．当代世界与社会主义，2009（1）：113-116.

［23］洛克．政府论（下篇）［M］．北京：商务印书馆，1982.

［24］卢锐．管理层权力、薪酬激励与绩效——基于中国证券市场的理论与实证研究［M］．北京：经济科学出版社，2008.

［25］卢锐．管理层权力、薪酬差距与绩效［J］．南方经济，2007（7）：60-70.

［26］卢锐，魏明海，黎文靖．管理层权力、在职消费与产权效率——来自中国上市公司的证据［J］．南开管理评论，2008（5）：85-92.

［27］卢梭．社会契约论［M］．何兆武，译．北京：商务印书馆，1980.

［28］卢馨，吴婷，张小芬．管理层权力对企业投资的影响［J］．管理评论，2014（8）：168-180.

［29］林慧婷，何玉润，王茂林，朱冰．媒体报道与企业资本结构动态调整［J］．会计研究，2016（9）：41-46.

[30] 林朝南,林怡.高层管理者背景特征与企业投资效率——来自中国上市公司的经验证据[J].厦门大学学报,2014(2):100-109.

[31] 吕长江,张海平.股权激励计划对公司投资行为的影响[J].管理世界,2011(11):118-126,188.

[32] 陆正飞,何捷,窦欢.谁更过度负债:国有还是非国有企业[J].经济研究,2015(12):54-67.

[33] 孟德斯鸠.论法的精神(上册)[M].张雁深,译.北京:商务印书馆,1982.

[34] 穆宏燕.权力结构与权力制衡:反思伊朗伊斯兰革命[J].西亚非洲,2019(1):30-47.

[35] 马俊峰.高管权力、薪酬粘性与企业投资行为研究[D].北京:中央财经大学,2015.

[36] 马娜,钟田丽.创业板上市公司负债融资与过度投资的相互关系[J].经济与管理研究,2013(2):72-78.

[37] 綦好东,刘浩,朱炜.过度负债企业"去杠杆"绩效研究[J].会计研究,2018(12):3-11.

[38] 石少侠.论公司内部的权力分配与制衡[J].中国法学,1996(2):52-56.

[39] 盛明泉,张春强,王烨.高管股权激励与资本结构动态调整[J].会计研究,2016(2):44-50.

[40] 汤洪波.公司治理、管理层权力与公司价值研究[M].北京:经济科学出版社,2011.

[41] 沃尔夫.达伦多夫及其冲突论[J].国外社会学文摘,1983(11):55-56.

[42] 王化成,曹丰,叶康涛.监督还是掏空:大股东持股比例与股价崩盘风险[J].管理世界,2015(2):45-57.

[43] 汪茜,郝云宏,叶燕华.多个大股东结构下第二大股东的制衡动因分析[J].经济与管理研究,2017(4):115-123.

[44] 辛清泉,林斌,王彦超.政府控制、经理薪酬与资本投资[J].经济研究,2007(8):110-122.

[45] 余明桂,李文贵,潘红波.民营化、产权保护与企业风险承担[J].

经济研究，2013（9）：112－124.

[46] 殷裕品. 股权结构对过度投资行为的治理效应——基于混合所有制企业异质股权制衡的理论与经验证据［J］. 中国流通经济，2017（6）：113－122.

[47] 中国注册会计师协会. 公司战略与风险管理［M］. 北京：中国财政经济出版社，2018.

[48] 赵宝云. 西方六国权力制衡机制通论［M］. 北京：中国人民公安大学出版社，2009.

[49] 赵青华，黄登仕. 高管权力、股票期权激励与公司业绩：基于中国上市公司的实证分析［J］. 经济体制改革，2011（5）：125－129.

[50] 赵国宇，禹薇. 大股东股权制衡的公司治理效应——来自民营上市公司的证据［J］. 外国经济与管理，2018（11）：60－72.

[51] 张敦力，张婷. 管理层权力与或有事项信息披露——基于环境不确定性的调节效应研究［J］. 审计与经济研究，2018（2）：60－68.

[52] 张兆国，曾牧，刘永丽. 政治关系、债务融资与企业投资行为——来自中国上市公司的经验证据［J］. 中国软科学，2011（5）：106－120.

[53] 张博，庄汶资，袁红柳. 新会计准则实施与资本结构优化调整［J］. 会计研究，2018（11）：21－27.

[54] 周黎安，转型中的地方政府——官员激励与治理［M］. 上海：格致出版社，2008.

[55] 仲继银. 董事会与公司治理［M］. 北京：中国发展出版社，2009.

[56] 祝继高，陆正飞. 融资需求、产权性质与股权融资歧视——基于企业上市问题的研究［J］. 南开管理评论，2012（4）：141－150.

[57] 左晶晶，唐跃军，眭悦. 第二类代理问题、大股东制衡与公司创新投资［J］. 财经研究，2013（4）：38－47.

[58] Adams R, Ahneida H, Ferreira D. Powerful CEOs and their impact on corporate performance［J］. Review of Financial Studies, 2005（18）：1403－1432.

[59] Aggarwal R K, Samwick A A. Why do managers diversify their firms? Agency reconsidered［J］. The Journal of Finance, 2003, 58（1）：71－118.

[60] Aggarwal R K, Samwick A A. Empire－builders and shirkers: Investment, firm performance, and managerial incentives［J］. Joumal of Corporate Fina-

ice, 2006, 12 (3): 489 – 515.

[61] Allen F, Qian J, Qian M. Law, finance and economic growth in China [J]. Journal of Financial Economics, 2005 (77): 57 – 116.

[62] Anderson C, Galinsky A D. Power, optimism, and risk taking [J]. Journal of Social, 2006 (36): 511 – 536.

[63] Anderson R C, Mansi S A, Reeb D M. Board characteristics, accounting report integrity, and the cost of debt [J]. Journal of Accounting and Economics, 2004, 37 (3): 315 – 342.

[64] Bebchuk L A, Fried J M, Walker D I. Managerial power and rent extraction in the design of executive compensation [J]. University of Chicago Law Review, 2002, 69 (3): 751 – 846.

[65] Bebchuk L, Fred J. Pay without performance: the unfulfilled promise of executive compensation [M]. Boston: Harvard University Press, 2004.

[66] Bertrand M, Johnson S, Samphantharak K, Schoar A. Mixing family with business: A study of thai business groups and the families behind them [J]. Journal of Financial Economics, 2008, 88 (3): 466 – 498.

[67] Blanchard O J, Lopez – de – Silanes F, Shleifer A. What do firms do with cash windfalls [J]. Journal of Financial Economics, 1994, 36 (3): 337 – 360.

[68] Blundell R, Bond S. Initial conditions and moment restrictions in dynamic panel data models [J]. Journal of Econometrics, 1998 (87): 115 – 143.

[69] Cheng S J. Board size and the variability of corporate performance [J]. Journal of Financial Economics, 2008 (87): 157 – 176.

[70] Claessens S, Djankov S, Lang L H P. The separation of ownership and control in east asian corporations [J]. Journal of Financial Economics, 2000, 58 (1 – 2): 81 – 112.

[71] Cook D O, Tang T. Macroeconomic conditions and capital structure adjustment speed [J]. Journal of Corporate Finance, 2010, 16 (1): 73 – 87.

[72] DeAngelo H, DeAngelo L, Wrack K H. Asset liquidity, debt covenants, and managerial discretion in financial distress: the collapse of L. A. Gear [J]. Journal of Financial Economics, 2002 (1): 3 – 34.

[73] Dyck A, Zingales L. Private benefits of control: An international compar-

ison [J]. The Journal of Finance, 2004, 59 (2): 537 – 600.

[74] Faccio M. Politically connected firms [J]. American Economic Review, 2006 (96): 369 – 386.

[75] Fahlenbrach R. Shareholder rights, boards, and CEO compensation [J]. Review of Finance, 2009, 13 (1): 81 – 113.

[76] Faulkender M, Flannery M J, Hankins K W, Smith J M. Cash flows and leverage adjustments [J]. Journal of Financial Economics, 2012 (103): 632 – 646.

[77] Fazzari S M, Hubbard R G, Petersen B C. Financing constraints and corporate investment [J]. Brookings Papers on Economic Activity, 1988 (1): 111 – 206.

[78] Finkelstein S. Power in top management teams: dimensions, measurement and validation [J]. Academy of Management Journal, 1992 (35).

[79] Fischer E, Heinkel R, Zechner J. Dynamic capital structure choice: theory and tests [J]. The Journal of Finance, 1989 (46): 297 – 355.

[80] Flannery M J, Rangan K P. Partial adjustment toward target capital structures [J]. Journal of Financial Economics, 2006, 79 (3): 469 – 506.

[81] Friend I, Lang L H P. An empirical test of the impact of managerial self – interest on corporate capital structure [J]. The Journal of Finance, 1988, 43 (2): 271 – 281.

[82] Gomes J, Livdan D. Optimal diversification: Reconciling theory and evidence [J]. The Journal of Finance, 2004, 59 (2): 507 – 535.

[83] Graham J, Harvey C, Puri M. Managerial attitudes and corporate actions [J]. Journal of Financial Economics, 2013, 109 (1): 103 – 121.

[84] Harjoto M A, Jo H. CEO power and firm performance: A test of the life – cycle theory [J]. Asia – Pacific Journal of Financial Studies, 2009 (38): 35 – 66.

[85] Hart O. Firms, contracts, and financial structure [M]. Oxford: Oxford university press, 1995.

[86] Hayes R M, Lemmon M, Qiu M. Stock options and managerial incentives for risk taking: Evidence from FAS 123R [J]. Journal of Financial Economics, 2012, 105 (1): 174 – 190.

[87] Huang R, Ritter J. Testing theories of capital structure and estimating the

speed of adjustment [J]. Journal of Financial and Quantitative Analysis, 2009 (44): 237 – 271.

[88] Hovakimian A, Opler T, Titman S. The debt – equity choice [J]. Journal of Financial and Quantitative Analysis, 2001 (36): 1 – 24.

[89] Jensen M C, Meckling W H. Theory of the firm: Managerial behavior, agency cost and ownership structure [J]. Journal of Finance Economy, 1976, 3 (4): 305 – 360.

[90] Jensen M C. Agency costs of free cash flow, corporate finance and takeovers [J]. American Economics Review, 1986 (76): 323 – 329.

[91] Jordan O. Executive pay's faulty market [J]. European Business Forum, 2008 (32): 8 – 9.

[92] La Porta R, Lopez – de – Silanes F, Shleifer A. Investor protection and corporate governance [J]. Journal of Financial Economics, 2000, 58 (1): 3 – 27.

[93] Laux C, Laux V. Board committees, CEO compensation, and earnings management [J]. The Accounting Review, 2009, 84 (3): 869 – 891.

[94] Leary M, Roberts M. Do firms rebalance their capital structures [J]. The Journal of Finance, 2005 (60): 2575 – 2619.

[95] Lehmann E, Weigand J. Does the governed corporation perform better? Governance structure and the arket of corporate control in germany [J]. European Finance Review, 2000 (4): 157 – 195.

[96] Lemmon M, Roberts M, Zender J. Back to the beginning: Persistence and the cross – section of corporate capital structure [J]. The Journal of Finance, 2008 (63): 1575 – 1608.

[97] Lewellyn K B, Muller – Kahle M I. CEO power and risk – taking: Evidence from the subprime lending industry [J]. Corporate Governance: An international review, 2012 (20): 289 – 307.

[98] Miller M H. Debt and taxes [J]. The Journal of Finance, 1977 (32): 261 – 275.

[99] Morse A, Nanda V, Seru A. Are incentive contracts rigged by powerful CEOs [J]. The Journal of Finance, 2011, 66 (5): 1779 – 1821.

[100] Modigliani F, Miller M H. The cost of capital, corporation finance and

the theory of investment [J]. The American Economic Review, 1958, 48 (3): 261 -297.

[101] Modigliani F, Miller M H. Corporate income taxes and the cost of capital: A correction [J]. The American Economic Reicu, 1963, 53 (3): 433 -443.

[102] Morellec E, Nikolov B, Schürhoff N. Corporate governance and capital structure dynamics [J]. The Journal of Finance, 2012 (67): 803 -848.

[103] Myers S C. Determinants of corporate borrowing [J]. Journal of Financial Economics, 1977, 5 (2): 147 -175.

[104] Myers S C, Majluf N S. Corporate financing and investment decisions when firms have information that investors do not have [J]. Journal of Financial Ecomomics, 1984, 18 (2): 187 -221.

[105] Narayanan M P. Managerial incentives for short - tern results [J]. The Journal of Finance, 1985, 40 (5): 1469 -1484.

[106] Öztekin Ö, Flannery M. Institutional determinants of capital structure adjustment speeds [J]. Journal of Financial Economics, 2012 (103): 88 -112.

[107] Pathan S. Strong boards, CEO power and bank risk - taking [J]. Journal of Banking and Finance, 2009, 33 (7): 1340 -1350.

[108] Richardson S. Over - investment of free cash flow [J]. Review of Accounting Studies, 2006, 11 (2 -3): 159 -189.

[109] Shleifer A, Vishny R. The grabbing hand: government pathologies and their cures, cambridge [M]. Mass: Harvard University Press, 1998.

[110] Titman S, Wessles R. The determinants of capital structure choice [J]. Journal of Finance, 1988, 43 (1): 1 -19.

[111] Volpin P F. Governance with poor investor protection: Evidence from top executive turnover in Italy [J]. Journal of Financial Economics, 2002 (64): 61 -90.